111 GRÜNDE, FORTUNA DÜSSELDORF ZU LIEBEN

Niko Hinz und Jens Wangenheim

111 GRÜNDE, FORTUNA DÜSSELDORF ZU LIEBEN

Eine Liebeserklärung an den großartigsten Fußballverein der Welt

Aktualisierte und erweiterte Neuausgabe mit elf Bonusgründen

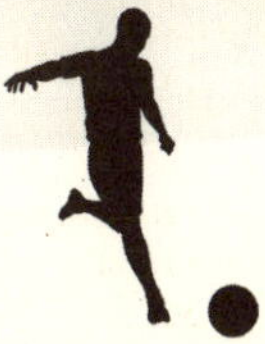

WIR SIND DER ZWÖLFTE MANN,
FUSSBALL IST UNSERE LIEBE!

INHALT

FORTUNA – ERFOLGE SIND NICHT ALLES

Vorwort zur erweiterten Neuausgabe

Liebe Fortunen! Wir schreiben Mai 2018: Fortuna Düsseldorf ist zurück in der 1. Bundesliga. Zum sechsten Mal aufgestiegen, mit und dank Rekordaufstiegstrainer Friedhelm Funkel. Dank der linken Klebe von Rouwen Hennings in Dresden. Und dank einer tollen Mannschaftsleistung. Eine überragende Saison liegt hinter uns.

Vor uns liegt die Hoffnung, dass sich unsere Fortuna – der deutsche Fußballmeister von 1933 – endlich wieder in der Bundesliga etabliert. Um alle Fortuna-Träumer auf die kommende glorreiche Ära einzustimmen, haben wir nun dieses Buch überarbeitet und der Fortuna elf Bonusgründe gewidmet. Es geht um Fink und Bodzek, um die Champions League, um Last-Minute-Tore, aber auch ums hässlichste Tor aller Zeiten.

Dazu gibt es 111 Gründe, die unsere ganze Liebe für diesen Verein ausdrücken. Sie sind emotional und amüsant, aufregend und überzeugend. Im Ganzen ist dieses Buch eine Chronik zwischen Triumph und Tragödie, Oberhaus und Oberliga, Stolz und Sturz. Es ist eine emotionale Achterbahnfahrt durch mehr als 100 Jahre Vereinsgeschichte

Fortuna gehörte seit Anbeginn zu den großen Vereinen in Deutschland, hat aber in der Vergangenheit auch gezeigt, dass Erfolge nicht alles sind im Fußball. Fußball ist auch, Niederlagen mit erhobenem Haupt zu ertragen. Fußball mit Fortuna ist, stolz zu sein, auch wenn es keinen Grund dazu gibt. Fortuna ist Lebenseinstellung: arrogant und demütig zugleich. Jeder, der das begriffen und einmal richtig gespürt hat, muss diesen Verein einfach lieben.

Niko Hinz & Jens Wangenheim

1. KAPITEL

FUSSBALLKULTUR

DAS LEBENSGEFÜHL FORTUNA DÜSSELDORF

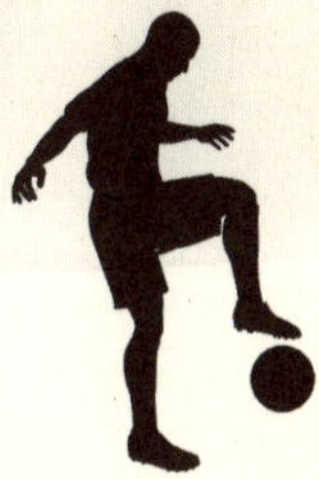

1. GRUND

Weil uns keiner mag und es uns egal ist

Es gibt da diesen wunderschönen Fangesang, den Fortunas Fans so gerne intonieren, wenn aus dem gegnerischen Fanblock mal wieder Hass herüberweht: »Keiner mag uns; Keiner mag uns; Keiner mag uns, scheißegal; Wir sind Düsseldorf; Super Düsseldorf; Keiner mag uns, scheißegal!« Warum dieser Gesang schön ist? Weil er stimmt und weil es uns wirklich egal ist. Dadurch, dass Fortuna in den vergangenen Jahrzehnten nicht nur durch die Bundesligastadien in Nordrhein-Westfalen getingelt ist, sondern in letzter Zeit auch oft genug in Essen, Wuppertal oder Duisburg zu Gast war (ja, die waren auch mal alle in der Bundesliga, aber schon lange nicht mehr gemeinsam mit F95), sind wir wirklich überall eher verhasst.

Rivalität lebt sich ja am besten, wenn man möglichst häufig in derselben Liga spielt und aufeinandertrifft. Welche Rivalität sollten heute noch Wuppertal und Dortmund oder Essen und Köln pflegen? Aber Fortuna – die mag wirklich niemand, die hat um sich herum nur Rivalen. Überall halten sie uns mindestens für arrogant (na gut, »Kniet nieder, ihr Bauern, die Hauptstadt ist zu Gast!« zeugt jetzt auch nicht zwingend von geringem Selbstvertrauen).

Besonders in Duisburg gönnen sie uns nicht mal das Schwarze unter den Fingernägeln, was – man kann es nur erahnen – wohl mit einem Minderwertigkeitskomplex gegenüber der Landeshauptstadt zusammenhängt, den die Duisburger qua Geburt mit auf den Weg bekommen und größtenteils auch zeit ihres Lebens nicht mehr wegbekommen. »Dummdorfer«, »Dödeldorfer«, »das Dorf an der Düssel«, wahnsinnig originelle Wortspiele – nicht nur aus Duisburg – prasseln auf uns ein. Mann, macht uns das betroffen.

Viele auswärtige Fans glauben, Düsseldorf wäre Kö und Mode und Pelzmäntel und Schickimicki, was man natürlich nur glauben kann, wenn man von Düsseldorf nur die Kö kennt und noch nie in einem der netteren Stadtteile war. Aber lass die das doch glauben, wenn es ihnen hilft, ihre eigene Unzufriedenheit (die womöglich daher rührt, dass sie keine Düsseldorfer sind) zu vergessen. Das können wir doch ab, und die Süffisanteren unter uns freuen sich doch sogar darüber, so viel Gefühl in anderen auszulösen.

Der größte Erfolg der letzten Jahre ist übrigens nicht, dass sie uns in ganz NRW nicht mögen (Ausnahmen bestätigen die Regel). Nein, das Schönste ist, dass uns auch im Rest von Deutschland wieder einige Vereine gepflegt hassen. Klingt jetzt blöd, wer wird schon gern gehasst. Aber man wird ja nur nicht gemocht, wenn die anderen auch Gründe haben, einen nicht zu mögen. Und die kriegt man nur im direkten sportlichen Vergleich und nicht, wenn man in Liga 4 rumdümpelt und kaum wahrgenommen wird. Die Nicht-Liebe der Frankfurter oder Herthaner ist doch nichts anderes als die große Angst, gegen uns zu verlieren. Wir haben die Angst nicht, denn uns kann nach den dunklen Jahren keine Niederlage mehr nachhaltig schocken. Aber die anderen: Denen schlottern die Beine, seit wir wieder da sind.

»Hass« klingt jetzt natürlich immer hart und viele werden sagen, der hat im Sport nichts zu suchen. Von mir aus darf man diese Gefühle auch gerne abschwächen und einfach Antipathie nennen. Wichtig ist, dass man sie versteht. Und da kann man gut über das Gegenteil argumentieren. Das Gegenteil wäre Freundschaft. Fan-Freundschaft! Ja, was soll das denn? Freundschaft ist im wahren Leben etwas Tolles, aber ich gehe doch nicht zum Fußball, um mich mit den Fans anderer Vereine anzufreunden.

Gemeinsam Bier trinken und quatschen, klar. Aber Freundschaft? Nein, die starken Gefühle beim Sport leben doch gerade von der Gemeinschaft mit Gleichgesinnten und der darüber erzeugten ganz klaren Abgrenzung gegenüber Andersdenkenden. Ich darf bei Spielen anderer Vereine natürlich auch für andere Klubs sein, damit es spannender ist. Aber mein Verein sollte, nein muss, über allem anderen stehen. Wer das nicht fühlt, ist noch beim falschen Verein und sollte einen anderen suchen. Man muss nicht hassen als Fußballfan. Aber den Hass anderer genießen zu können, das ist schon ein vorteilhaftes Talent.

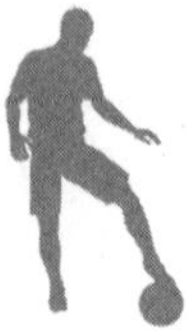

2. GRUND

Weil Fortuna auf Klatschpappen und »Danke«-»Bitte«-Spielchen verzichtet

Die Eventisierung der Bundesliga ist in vollem Gange – die Stadien sind wahre Schlachthöfe der Urigkeit, alles wird vermarktet, inzwischen gibt man den Zuschauern schon Klatschpappen in die Hand, damit sie nicht mehr selbst applaudieren müssen. Inklusive Sponsorenaufdruck, versteht sich. In vielen Stadien ist das Publikum bereits im Dämmerzustand, erwacht nur noch, wenn es ein Tor zu feiern gibt und der Stadionsprecher dann 27 Mal den Torschützen vorliest und danach gemeinsam mit den Fans den Spielstand brüllt. Beispiel: Spielstand 5:3. Stadionsprecher: »Schalke«. Fans: »Füüüünf«. Sprecher: »Hannover«. Fans: »Nuuuull« (Sinn?). Gefolgt vom obligatorischen »Danke« (Stadionsprecher) und »Bitte« (Fans).

Es mag kleinkariert sein, aber für viele Hüter der Fankultur ist gerade diese sinnlose Bespaßung nach Rummelplatz-Art das Böse. Nicht zu Unrecht. An Fortuna ist diese Entwicklung zum Glück so gut wie vorbeigegangen. Aus zweierlei Gründen: Zum einen war Fortuna viert- und drittklassig, als die Bundesligazuschauer peu à peu an diese familienfreundliche Kirmesatmosphäre gewöhnt wurden. Zum anderen gibt es in Düsseldorf eine aktive Fanszene und etwas untypische Verantwortliche, die sich gemeinsam gegen diese Entwicklungen verwehren.

Die Stadionsprecher sagen, sie würden eher ihren Job hinschmeißen, als einmal das »Danke«-»Bitte«-Spielchen zu spielen. Der Stadion-DJ spielt lieber Punkrock und Düsseldorfer Liedgut als jene Right-Said-Fred-Chartmucke, mit der man in anderen Stadien beschallt wird. Wenn Klatschpappen auf den Sitzen lägen, könnte man davon ausgehen, dass die Fans sie vor dem Spiel einsammeln und draußen vor das Stadion werfen würden. Das ist schön.

Als kürzlich Mainz 05 in Düsseldorf gastierte, beklagten sich die Gästefans, dass vor dem Spiel ziemliche Ruhe im Stadion herrsche, es werde kaum gesungen. Wer einmal in Mainz war, weiß, was fehlte: In Mainz gibt es einen Animateur von Stadionsprecher, der den Zuschauern vor dem Spiel einheizt, in einer Lautstärke, dass einem fast die Ohren wegfliegen. Kurz vor dem Spiel wird dann Liedgut (von Karneval bis *You'll Never Walk Alone*) so dezibelkräftig aufgelegt, dass es keinen Unterschied macht, ob die Fans mitsingen oder nicht, man kann sie sowieso nicht hören.

Einziger Lichtblick in Mainz: Als Fortuna dort spielte, gab es auf den Tribünen keine Klatschpappen. Als ich dies anschließend in meinem Blog lobend erwähnte, antworteten mir einige Fachkundige: Purer Zufall. Bei 50 Prozent der Spiele würden diese Quälgeister aus Pappe, die man sonst beispielsweise aus Fürth oder München kennt, auch in Mainz verteilt.

Wir lieben den Verein dafür, dass er sich manchem Trend verwehrt. Natürlich muss auch Fortuna sich gewissen Gesetzen der Bundesliga beugen. In Sachen Stimmung vertraut man aber immer noch seinen Fans.

3. GRUND

Weil Fortuna die besten Bewegtbild-Chronisten im Profifußball hat

Als Fortuna Düsseldorf am 11. Juni 1933 ausgerechnet in Köln zum ersten und bislang einzigen Mal zum Deutschen Fußballmeister gekrönt wurde, waren Handys mit Videofunktion noch eher unterrepräsentiert. Ein einziges Dokument der Zeitgeschichte existiert von diesem glorreichen Tag – eine schwarz-weiß-krisselige Aufnahme des WDR, die in launiger Schnitttechnik und ohne Kommentar die Höhepunkte zusammenfasste. Die wahren Emotionen dieses größten Erfolges der Vereinsgeschichte werden nicht so richtig fühlbar. Dabei gäbe es für viele Fans nichts Erhabeneres, als diesen Tag nacherleben zu können.

80 Jahre später sieht das ganz anders aus. Jedes Spiel der Bundesliga läuft in voller Länge, selbst Jahre später finden sich noch Ausschnitte auf einschlägigen Videoportalen. Fortunas Fanszene geht allerdings noch darüber hinaus und leistet sich eigene audiovisuelle Chefchronisten, die die jüngere Historie des Klubs nicht nur sicht- und hörbar machen. Nein, mit ihren Bildern wird alles noch einmal lebendig, dem Zuschauer kommt es vor, als wäre er noch einmal beim Spiel.

Gemeint sind die Jungs von Fortuna-Videos. Mit ihren DVD-Dokumentationen *Aufstieg 2009 – alles andere ist nur Gänsehaut*, *Auswärts in Liga Zwei – unterwegs mit Fortuna Düsseldorf*, *NRW in Flammen (Best of 2010/11)* und *Aufstieg 2012 – Normal aufsteigen kann jeder* haben sie ein Denkmal geschaffen, das sicher auch noch in 80 Jahren Fortuna-Fans faszinieren wird. Ihr Fokus liegt dabei nicht auf den Spielszenen – die kann man sich auch woanders anschauen. Im Scheinwerferlicht stehen vielmehr die Fans. Während der Spiele den Fanblock zu filmen, ist besser als jedes Tragikomödien-Drehbuch. Hier sind alle Emotionen: Anspannung, Trauer, Jubel, Fassungslosigkeit, Hoffnung. Die Bilder von fortuna-videos.de sind ein Kondensat der Gefühlswelt von 90 Minuten Fußball.

Das vielleicht größte Monument ist allerdings die Dokumentation *Nie mehr Oberliga – 2 Jahre in der Viertklassigkeit mit Fortuna Düsseldorf.* Darin erzählen Fortuna-Videos-Gründer Mathias Brühl und seine Mitstreiter in Spielszenen und Interviews die Geschichte von der großen Wiederauferstehung der Fortuna. Es waren nicht viele Fans, die damals den Gang in die Oberliga mit dem Klub angetreten haben. Für alle, die damals zu Hause blieben, gibt es mit dieser DVD die Chance, Verpasstes doch noch zu erleben.

Wer Vereinsliebe verstehen will – auch als Fan eines anderen Vereins –, sollte diesen Film schauen. Er zeigt primär verrückte Charaktere, die die Bundesliga gewohnt waren und plötzlich in der 4. Liga entdeckten, was der Kern des Fußballs ist. Der Kern des Fußballs – auf diese Formel lässt sich das Werk von Fortuna-Videos eigentlich komprimieren. Ihre Kameras erfassen, was den Fußball wirklich ausmacht. Nicht auszudenken, was diese Jungs für einen Film geschaffen hätten, wären sie 1933 schon dabei gewesen. Oder zumindest 1979 beim Europapokalfinale in Basel.

4. GRUND

Weil Fortuna innerhalb von sechs Jahren aus 2.000 Mitgliedern über 20.000 gemacht hat

Als Fortuna sich Mitte der Nullerjahre so langsam wieder aufrappelte und zumindest ansatzweise zu ahnen war, dass die Reise bald wieder Richtung Profifußball gehen könnte, betrug die Habenseite bei den Mitgliedern 2.000. Verglichen mit den zigtausend Mitgliedern, die schon damals bei den Bayern, in Dortmund oder Köln zu verzeichnen waren, ist diese Zahl dermaßen lächerlich, dass man jedem Einzelnen von ihnen heute danken müsste, dass er sich überhaupt getraut hat, dem Verein derart seine Anhängerschaft auszudrücken – wobei zu den Mitgliedern natürlich auch die aktiven Sportler des Vereins zählen, die mit der Ersten Mannschaft womöglich gar nicht viel am Hut haben.

Lange Rede, kurzer Sinn: Noch vor wenigen Jahren war es extrem unsexy, Mitglied bei Fortuna zu sein oder eine Dauerkarte zu haben. Dann kam der Boom und auch eine gewisse Knappheit bei der Eintrittskartenvergabe, und plötzlich explodierten in Düsseldorf die Zahlen. Innerhalb kürzester Zeit hat Fortuna ihre Mitgliederzahl mindestens verzehnfacht – aktuell (Stand März 2018) sind es 20.780 zahlende Mitglieder.[1] Hinzu kommen mehr als 10.000 Dauerkarten (2012 waren es sogar mehr als 30.000). Man muss sich schon ganz schön am Kopf kratzen, wenn man verstehen will, was hier in den vergangenen Jahren abgegangen ist.

Plötzlich tauchten überall in Düsseldorf Fortuna-Flaggen auf, im Schulunterricht trauten sich die F95-Sympathisanten wieder mit Vereinstrikot in die Turnhalle und in vielen noch so kleinen Lotto-Toto-Läden gibt es mittlerweile einen kleinen Fortuna-Verkaufsbereich. Das gab es, solange ich lebe, noch nie in Düsseldorf. Möglicherweise sah die Stadt zu Zeiten der großen Titel mal ähnlich aus, doch wenn man Ältere fragt oder auch nur mal die Zuschauerzahlen von damals anschaut, kann man ahnen, dass Düsseldorf zum ersten Mal so richtig rot-weiß ist.

Das ist aufregend. Früher gab es häufig nur ein müdes, mitleidiges Lächeln von anderen Düsseldorfern, wenn man mit dem Schal in der Straßenbahn zum Spiel fuhr oder wenn man im privaten Gespräch erzählte, dass man zur Fortuna gehe. Fragte man, ob jemand mitkommen wolle, erntete man meist die Antwort: »Fortuna? Ach, bleib mir mit denen weg.«

Und jetzt balgt sich die halbe Stadt um Karten für die Spiele (auch wenn das in Liga 2 wieder etwas weniger geworden ist) und Fortuna ist plötzlich hip, sexy, in. Aufregend ist es vor allem deshalb, weil nicht nur viele Menschen zur Fortuna zurückfinden, die früher glühende Anhänger waren und dann vor allem durch die miesepetrige Zeit der Abstiege vertrieben wurden. Nein, auch eine ganze Generation von Kindern und Jugendlichen, die mit Viertligafußball nichts anfangen konnten und deshalb erst mal ein Dortmund-, Bayern- oder Gladbachjersey überzogen, kommt nun mit Fortuna in Kontakt und ist begeistert, dass es in der eigenen Stadt auch einen Verein gibt, dessen Team nicht ganz übel kickt. The sky is the limit. Was passiert, wenn Fortuna eines Tages mal wieder in den Europapokal einzieht und die Kartenschlacht von Neuem beginnt? Eigentlich ist alles jenseits der 25.000 absolut illusorisch, doch die Steigerungsrate der vergangenen Jahre war mindestens genauso illusorisch, und trotzdem ist es passiert. Die wichtigste Aufgabe wird sein, dass der Verein mitwächst – dass sich die Organisation anpasst, um aus dem Aufschwung auch nachhaltig Kapital zu schlagen. Düsseldorf ist bereit. Fortuna hoffentlich bald auch.

5. GRUND

Weil es bei Fortuna freiwillige Geisterspiele gibt

Wir sind Fortuna, wir können alles. Auch ein freiwilliges Geisterspiel der besonderen Art. Ein frostiger Abend im November 2004. Es ist kühl, aber trocken. Man versammelt sich auf der Sitzplatztribüne des Paul-Janes-Stadions am Flinger Broich, um 19.30 Uhr geht's los. Es beginnt gut. Erste »Fortuna, Fortuna!«-Sprechchöre können gehört werden. Gesänge wie *Unsere Heimat, unsere Liebe …* und *Wir sind alles Düsseldorfer …* zeugen von der Zufriedenheit der Zuschauer. So kann es gerne weitergehen.

Aber nun scheint es eng zu werden. Man zittert mit, man leidet, es gibt umstrittene Entscheidungen. »Ohne Schiri habt ihr keine Chance!«, wird trotzig gerufen. Fast erwartet man, gleich eine Durchsage über Stadion-Lautsprecher zu vernehmen: »Schiedsrichter XY wird nach dem Spiel unverzüglich zu den Überresten seines Autos gebeten.« Vereinzelt können Pfiffe gehört werden. Ohoh, das wird eng. Not schweißt zusammen, selbst ansonsten eher ruhige Stadionbesucher, selbst die Diplomaten unter den Fans sind nicht mehr zurückzuhalten, recken den Vereinsschal in die Höhe und singen: *You'll Never Walk Alone.* Jede Stimme zählt. Fahnen werden geschwenkt, Transparente hochgehalten. Eine Humba wird aus dem Stegreif auf die Tribüne gezaubert, alle, alle machen mit. Jetzt nur nicht die Mannschaft im Stich lassen!

Und dank dieser fabelhaften Unterstützung klappt es schließlich auch. *Es ist besser, jetzt zu gehen* und *Ihr könnt nach Hause fahren* als freundlicher Denkanstoß für den Gegner deuten darauf hin, dass alles den Verlauf genommen hat, den der Fortuna-Fan am liebsten mag. Es ist mal wieder gut gegangen.

Ein schönes Spiel. Wenn denn ein Spiel gewesen wäre. Aber es waren nur Fans im Stadion, kein Spieler irrte auf dem Rasen umher, kein Schiri übersah diese glasklare Abseitsstellung, die man noch von der Tribüne hatte erkennen können, und kein Stürmer versuchte, mit trockenem 16-Meter-Schuss die Kleingartenanlage hinter der Nordtribüne zu treffen.

Es handelte sich um Filmaufnahmen des Schauspielers Lars Pape für seinen ersten Dokumentarfilm als Regisseur. Und da Pape bekennender Fortuna-Fan ist, versammelten sich nach seinem Aufruf Hunderte Fortuna-Fans im leeren Stadion und zelebrierten ein Spiel der paradoxen Art. Die Kamera lief jede Minute mit, der Regisseur verwendete die Aufnahmen in seiner Fußball-Doku *Warum halb vier?*, die 2005 zunächst im Kino lief und anschließend auf DVD erschien.

Übrigens: Das Ergebnis jenes Abends, als im Paul-Janes-Stadion ganz viel passierte, obwohl eigentlich gar nix los war, wurde von allen Beteiligten nahezu gleich gesehen: »Hauptsache, nicht verloren!«

Ein Gastbeitrag von Carsten Koslowski

6. GRUND

Weil die Fortuna-Fans die Aktion 25.000+ auf die Beine stellten

Ein Tapeziertisch vor den Bilker Arcaden, der Himmel ist wolkenverhangen Anfang April 2009, es droht zu regnen. An dem Tisch stehen ein paar Gestalten und verteilen Flyer. Sie werben für das kommende Heimspiel der Fortuna gegen Tabellenführer Union Berlin – es ist Aufstiegskampf. Sehen will den aber – verglichen mit heute – kaum jemand. Das ehrgeizige Ziel der Flyerverteiler: 25.000 Zuschauer bei ebenjenem Heimspiel. Vermutlich müssen sie mit ihrer Aktion sechs- bis siebentausend Leute ins Stadion locken, die unter normalen Umständen nicht kommen würden, um ihr Ziel zu erreichen.

Die Resonanz auf der Straße ist eher traurig: Viele Passanten winken ab, wollen mit der Fortuna nichts zu tun haben, empfinden es fast schon als Zumutung, überhaupt die Worte »am Wochenende mal wieder zur Fortuna gehen!?« hören zu müssen. Einige wenige lassen sich entschuldigen, wünschen aber immerhin viel Glück für das Spiel und das Rennen um den Aufstieg. Und ganz, ganz wenige bleiben sogar stehen und informieren sich über den Termin und wo es denn Karten dafür gebe. Am schönsten ist es, als eine sechsköpfige Gruppe junger Mädchen ganz aufgeregt fragt, ob wir auch die Karten verkaufen oder wo sie welche bekämen – sie wollten unbedingt mal zu Fortuna gehen. Ein Lichtblick zwischen viel Schatten.

Der Tapeziertisch steht in den folgenden Tagen auch in der Altstadt und auf der Schadowstraße. Flyer werden in allen Stadtteilen von fleißigen Distributoren in Friseurläden und Büdchen verteilt und in jeden Briefkasten gesteckt, auf dem das Schild »Keine Werbung« fehlt. Das Organisationskomitee sammelt Spenden, um neben den Flyern auch große Plakate zu finanzieren, die später am

Bahnhof oder am Flughafen hängen und virtuell beispielsweise am U-Bahnhof Heinrich-Heine-Allee über den Bildschirm flimmern.

Die Düsseldorfer Medien ziehen mit, auch der Verein präsentiert die Aktion. Wenn schon die Düsseldorfer nicht an Fortuna glauben – dann glauben die Fortunen wenigstens an die Düsseldorfer. Nach gut sechs Wochen steht der Spieltag vor der Tür, und am Vorverkauf ist abzusehen, dass es eng wird. Die Aktion ist zwar bereits ein Erfolg, denn rund 23.000 Karten gingen lange nicht mehr vor einem Spieltag über den Ladentisch, doch ob die 25.000 wirklich erreicht werden, hängt nun auch davon ab, wie erfolgreich die Fans im Freundes- und Familienkreis kurzfristig Zuschauer akquirieren können. Die Organisatoren und Helfer sind aufgeregt.

Doch dann folgt ein Desaster. Damit ist nicht das Ergebnis des Spiels (0:1) gemeint. Nein, die Polizei Düsseldorf kesselt an der Gaststätte Kastanie mehr als hundert Fans ein, damit sie – laut Angaben der Polizei – nicht mit einem Trupp gewaltbereiter Union-Fans zusammentreffen, die vom Freiligrathplatz zum Stadion eskortiert werden. Komischerweise setzt die Polizei diese Aktion (die auch eine kleine Pfeffersprayübung enthält), die sich vor allem gegen Mitglieder der aktiven Fanszene, aber auch gegen Kinder, Frauen und Ältere richtet, auch noch fort, als die Unioner längst im Stadion sind, und auch, als das Spiel längst läuft. Am Ende werden die meisten der Eingekesselten vom Spiel überhaupt nichts gesehen haben, erst Minuten vor dem Abpfiff gelingt ihnen über einen Hinterausgang die Flucht. Als der Kessel plötzlich leer ist, löst die Polizei ihre Blockade auf, viel zu spät.

Im Stadion herrscht eine merkwürdige Stimmung. Aus Solidarität mit den Eingekesselten haben die Ultras ihren Support weitestgehend eingestellt – zu Recht! Ein eigentlich wunderschöner Tag wird so getrübt. Der einzige erhabene Moment ist jener, an dem die Zuschauerzahl auf der Anzeigetafel erscheint. 27.345! Das Ziel ist locker erreicht, ein neuer Rekord für die neue 3. Liga aufgestellt. Niemand konnte ahnen, dass nur wenige Wochen später zum Aufstiegsfinale gegen Bremen II über 50.000 Menschen in die Arena strömen würden. Doch das ist der Aufstiegseuphorie geschuldet. Die Aktion 25.000+ und ihr Erfolg hingegen waren allein der Begeisterungsfähigkeit und der Akquise aller damaligen Fortuna-Fans zuzurechnen. Noch nicht einmal zehn Jahre ist es her, dass man in Düsseldorf um jeden einzelnen Stadionbesucher kämpfen musste und dabei viel Hohn und Spott ertragen musste. Schön, dass diese Zeiten vorbei sind.

7. GRUND

Weil Fortuna Künstler zu Höchstleistungen inspiriert

Woran denkt man als Fortuna-Fan beim Wort »Monkey« zuerst? Vermutlich an die ehemalige Strandbar »Monkey's Island« im Düsseldorfer Medienhafen. Und natürlich auch an das Trikotsponsoring durch ebenjene Bar, deren Besitzer der ehemalige Fortuna-Präsident Helge Achenbach war. Von 1998 bis 2001 übte Achenbach das Amt des Präsidenten aus, bevor er von Michael Steffes-Holländer abgelöst wurde. Der Affe (Monkey's Island) löste in der Saison 2003/2004 den Totenkopf (Die Toten Hosen) als Sponsorenaufdruck auf den Düsseldorfer Fußballleibchen ab. Doch zurück zum Affen beziehungsweise zum »Monkey«. Woran könnte der geneigte Fortuna-Fan denn nun noch denken, wenn es um den »Monkey« geht? Ganz klar, an den DüsselMonkey, den Jens Wangenheim für dieses Buch zum Interview getroffen hat. Eines von über 3000 registrierten Mitgliedern im »95er Forum«.

Wodurch er sich von den anderen, mehr als 3000 Mitgliedern unterscheidet? Durch seine originellen, witzigen und kunstvollen Zeichnungen, die er Woche für Woche zu jedem neuen Fortuna-Spiel anfertigt und im Forum präsentiert. Seine erste Zeichnung entstand in der Anfangsphase der Saison 2010/2011. Genauer gesagt zum DFB-Pokal-Zweitrundenspiel gegen 1860 München.

»Eigentlich hab ich das in der Mittagspause in der Firma gezeichnet und dann ganz beiläufig meinem Arbeitskollegen, der ebenfalls Fortuna-Düsseldorf-Fan ist, gezeigt.« Dieser war von dem Erstlingswerk so begeistert, dass er den »Monkey« sofort dazu antrieb, seine Zeichnung im Forum hochzuladen und der Online-Gemeinde der Fortuna zu präsentieren. »Er meinte, ich soll's mal im Forum posten. Ich hab eigentlich an eine einmalige Sache gedacht und mich auf herbe Kritik seitens der Fans eingestellt. Aber genau das Gegenteil geschah. Die wollten mehr … und da hatte ich den Salat.« Es dauerte keine zehn Minuten, bis der Erste Fortuna vorschlug, Aufkleber von seiner Zeichnung zu drucken.

Wenn man sich seine knapp 70 Zeichnungen so anschaut, dann fragt man sich unweigerlich auch, was das eigentlich für ein Typ ist, dieser DüsselMonkey. Wirklich viel möchte er nicht über sich preisgeben. Doch ich bleibe hartnäckig und will wissen, wie er zur Fortuna kam, oder die Fortuna zu ihm. »Ich bin in Meerbusch Osterath aufgewachsen. Dass das halbe Dorf da mit dem Fortuna-Virus infiziert ist, ist ja schon immer so gewesen. Von unserem Haus aus konnte man die Flutlichtanlagen der alten Schüssel, des Rheinstadions, sehen. Außerdem habe ich meine Ausbildung in Düsseldorf gemacht und war mit meinen Kollegen damals fast jeden Freitag in der Altstadt. Das geht ja auch nicht spurlos an einem vorüber«, sagt er, begleitet von einem Zwinkern. »Ich bin halt einfach mit Düsseldorf und der Fortuna aufgewachsen.«

Die sportliche Talfahrt sowie die Gründung einer kleinen Familie sorgten dann eine Zeit lang dafür, dass DüsselMonkey weniger oft ins Stadion ging. Klar, man muss halt Prioritäten setzen … »Aber die Fortuna hab ich stets beobachtet, und immer auf ein Comeback gehofft«, schiebt er hinterher. »Mit einem Kumpel habe ich damals einen Deal abgeschlossen.« Die beiden saßen in der Altstadtkneipe »Zille«, als sie sich gegenseitig schworen: »Steigt die Fortuna wieder in die 2. Liga auf, dann besorgen wir uns ein neues Trikot und gehen wieder zu den Spielen, egal was die Frau sagt.« DüsselMonkey hat sich das Trikot mit der Nummer 17 geholt. Mit seinem Lumpi-Trikot war er fortan wieder regelmäßig live dabei. Begeistert erzählt er mir auch davon, einmal ein Spiel aus Block 42 verfolgt zu haben. »Zwei Reihen hinter den Trommlern – und abends hatte ich keine Stimme mehr. Mann war das geil …«

Doch zurück zu seinen Bildern. Die sehen alle so gut aus, dass ich wissen möchte, wo er so gut zeichnen gelernt hat. Er mache das beruflich, sagt er. Aber dann hauptsächlich am Computer und eher im Bereich Maschinenbau als zur Belustigung anderer. Oft sind seine Zeichnungen durchaus provokant den gegnerischen Vereinen gegenüber. Deshalb gab es auch schon mal ein paar böse Nachrichten bei Facebook, sagt DüsselMonkey. Ein Gladbach-Fan fand es beispielsweise weniger witzig, den bergischen Löwen auf einem Fohlen reiten zu sehen. »Der wollte mich vermöbeln und hat sich tierisch aufgeregt. Aber so ist das halt im Internet.«

Es gab aber natürlich auch eine Menge positiver Reaktionen, wenn auch logischerweise vorwiegend aus dem Fortuna-Lager. Viele Fans schreiben ihn im Forum oder bei Facebook an und fragen, ob sie seine Zeichnungen weiter verlinken und posten dürfen. »Fortunen haben halt Anstand«, lacht er. »Im Forum wollte man sogar Geld für mich sammeln und mir ein Grafiktablet schenken, damit ich die Fortuna-Zeichnungen direkt am Computer anfertigen kann.« Zum Schluss möchte ich noch wissen, welche seine persönlichen Lieblingszeichnungen sind. »Nach der netten Facebook-Nachricht von dem Gladbach-Fan auf jeden Fall die mit dem Löwen, der das Fohlen reitet«, sagt er sofort, ohne zu überlegen. Ansonsten gefallen ihm auch das Bild mit der Seeschlacht vom Spiel gegen Mainz 05 und das Rotzlöffel-Bild mit Sascha Rösler sehr gut.

Man muss nicht jede Woche im Stadion sein, um als echter Fan zu gelten. Es sind auch Leute wie DüsselMonkey, die den Verein Fortuna Düsseldorf so liebenswert machen.

8. GRUND

Weil wir nicht die Ersten waren, die beim Aufstieg den Platz stürmten – aber die Wirkungsvollsten

Diese Berichterstattung war schon extrem schwer zu ertragen. Nach dem Platzsturm einiger(!) Düsseldorfer Fans beim Relegations-Rückspiel gegen Hertha BSC im Mai 2012 wurde von einigen deutschen Fernsehmenschen ein »bürgerkriegsähnlicher« Zustand ausgerufen. »Chaoten«, »Vandalen«, »Kriminelle« – kein Terminus war gefährlich genug, um dieses Ereignis zu beschreiben. Was war passiert? 1 ½ Minuten vor dem wirklichen Schlusspfiff waren Fortuna-Fans auf den Rasen gelaufen, um den Aufstieg zu feiern. Zwei, drei Minuten vorher hatten sie sich am Spielfeldrand versammelt. Nicht ganz die feine englische Art, allerdings auch kein Grund, den Untergang des Abendlandes zu verkünden.

Dennoch wurde eine mediale Welle losgetreten, die den Eindruck vermittelte, deutsche Stadien seien Kriegsgebiete, nichts könne gefährlicher sein, als ein Fußballspiel zu besuchen. Maischberger sprach von den Ultras als »Taliban«, Kerner fackelte im Fernsehstudio eine Puppe ab, um zu zeigen, wie gefährlich Bengalen sind, wenn man sie nur zwei oder auch 200 Sekunden an eine Jacke hält. Dabei hätte es all den Sensationsheischern, die die Düsseldorfer für die Schlimmsten aller Schlimmen hielten, gutgetan, einfach ein wenig in die Historie zu schauen.

Besonders schöne Bilder gibt es vom EM-Triumph der Deutschen 1972 im Finale zu Brüssel gegen die UdSSR. Da standen die Fans schon Minuten vor dem Abpfiff halb im Feld, stürmten dieses ziemlich ankündigungslos, und da Deutschland schon 3:0 führte, wurde auch gar nicht erst nachgefragt, ob der Schiedsrichter schon abgepfiffen hatte. Übrigens bei einem Spiel des DFB, dessen Mitarbeiter 40 Jahre später das Verhalten der Fortuna-Fans schwer geißelten.

Es gibt Dutzende Beispiele für Platzstürme in der älteren und jüngeren Vergangenheit. Auch war der Platzsturm in Düsseldorf nicht der erste, der sich schon vor Abpfiff des Spiels zutrug. Schon aus den 20er-Jahren sind solche Emotionsexzesse überliefert. Bisher sprach dabei aber niemand von Kreaturen, die man am besten per Eilverfahren ins Gefängnis steckte. Doch der Platzsturm von Düsseldorf, dem ein relativ pyromanisch-asoziales Verhalten der Hertha-Fans und ein pyromanisch-übliches Verhalten der Düsseldorfer Fans vorausgegangen war – er ging in die Historie ein als »Fußball-Schande von Düsseldorf« (www.bild.de), als Kern allen Übels auf der Welt, als Gefährdung des intergalaktischen Friedens.

Es bleibt einem als Düsseldorfer wohl nur übrig, darüber zu schmunzeln. Und sich der Tatsache zu erfreuen, dass dieser – insgesamt eher ärgerliche, weil sinnfreie – Zu-früh-Platzsturm im Gedächtnis der Menschen haften bleiben wird. Es gäbe schönere Assoziationen mit Fortuna, beispielsweise könnten endlich mal alle rund sieben Milliarden Erdenbewohner feststellen, dass Fortuna der liebenswerteste Verein der Welt ist. Aber gut, immerhin sind wir dadurch wieder ein Stück bekannter geworden.

Ach so, einen haben wir noch, als speziellen Gruß an Michael P., der inzwischen in Berlin seine Brötchen verdient: 1989 stieg Fortuna Düsseldorf durch ein 4:1 gegen den SV Meppen in die Bundesliga auf, inklusive Platzsturm versteht sich. Mittendrin: Nachwuchsstürmer Michael Preetz. Der Mann, der selbst heute vor Halbangst kaum atmen kann, hat damals relativ entspannt diesen Platzsturm überlebt. Er hätte also wissen können, was und wer da kommt. Er zog es allerdings vor, so zu tun, als wären die Platzstürmer bis auf die Zähne bewaffnet direkt auf ihn zugerannt. Gut, dass die Hertha-Fans beim letzten Aufstieg so brav geblieben sind.

9. GRUND

Weil das Paul-Janes-Stadion der industrieromantischste Ort auf Erden ist

Der Moment, als ich mich endgültig in diesen Ausblick verliebte, trug sich am 28. April 2006 zu. Das Spiel zwischen Fortuna und Hertha BSC II war um 19.30 angepfiffen worden. Um kurz nach neun ging langsam die Sonne über der Haupttribüne des Paul-Janes-Stadions unter. Ich hatte schon Dutzende Male auf der Osttribüne gegenüber gestanden, viele Fortuna-Spiele dort gesehen. Ich hatte schon oft auf die hinter der Tribüne aufragenden Schornsteine der Müllverbrennungsanlage geschaut, doch jetzt packte mich diese Szenerie irgendwie.

Das Fußballspiel direkt vor mir, dahinter die gebannt dreinschauenden Fans, und wiederum dahinter die Umrisse der Fabrik vor einem wilden Himmel aus Sonnenuntergang und dem langsam verbleichenden Tageslicht. Den Moment perfektionierte in der 83. Minute Fortuna-Stürmer Ivan Pusic. Er erlief einen Pass, ignorierte Hertha-Tormann Kevin Stuhr Ellegaard und netzte zum 1:0 ein. Es folgte ein unangemessen großer Jubel, denn eigentlich war dieses Spiel völlig unwichtig, kurz vor Saisonende stand Fortuna im oberen Niemandsland der Tabelle.

Das Paul-Janes-Stadion ist keine Schönheit, es ist nicht besonders gemütlich, die Anfahrtswege und die Parkmöglichkeiten sind ähnlich unvollkommen wie die Einlasssituation. Und trotzdem gibt es fast nichts Größeres, als dort hinzugehen. Alles an diesem Ort riecht nach stolzer Vergangenheit. Insbesondere die Erzählungen der Älteren, die hier in den 60ern noch auf rasenbefleckten Tribünenhängen standen, sind besonders. Und die Vorstellung, dass in dieser 1930 erbauten Anlage 1950 einmal 36.000 Zuschauer einem Fußballspiel beiwohnten. Zur letzten Blütezeit des PJS, als die Fortuna in der Viertklassigkeit kickte, war man einigermaßen zufrieden, wenn ein Zehntel von 36.000 kamen. Heute verlaufen sich mit viel Glück noch mal 2.000 Menschen zu einem Spiel der Zweiten Mannschaft dorthin. Aber immer wenn ich da bin, ergreift mich wieder dieses Gefühl, dass dies seit mehr als 80 Jahren die Urstätte unseres Vereins ist. Dieser rustikale Charme, der sich irgendwo zwischen Bezirkssportanlage und großer Fußballwelt bewegt: urig-bezaubernd.

Eigentlich ist dieser Beitrag auch ein wenig ein Plädoyer dafür, dort einfach mal wieder hinzugehen. Zwote, A-Jugend, irgendein Juniorenspiel. Hier ist der Fußball ehrlich, das Umfeld familiär (inklusive leckerer Wurst und kurzer Bierbuden-Ansteh-Zeiten, weil die Jungs genau wissen, was sie da beim Zapfen tun), die Aura bedeutender Spieler und großer Fußballerlegenden ist in jedem Eckchen der zugegeben bröckelnden Anlage spürbar.

Ach so, zurück zur Industrieromantik. Manch einer wird sagen, die Zechen im Ruhrgebiet oder die Tagebaustätten im Osten kommen weit vor diesem x-beliebigen Stadion. Aber auch Flingern war ein Arbeiterstadtteil und ist es teilweise noch heute. Die Müllverbrennungsanlage, eine sehr moderne übrigens, wirkt wie ein Relikt aus einer Zeit, als hier tatsächlich noch malocht wurde. Es ist schön, diese Nähe zu den Ursprüngen zu haben. Und trotzdem modernen Fußball zu sehen. An dieser Stelle darf kurz einmal heimlich gelacht werden.

Die Sicht von der Osttribüne hinüber zu den Müllverbrennungstürmen über der antik anmutenden Haupttribüne kann übrigens jederzeit genossen werden, der Weg bis zum Zaun der Osttribüne ist zugänglich. Diese Information nur für den Fall, dass jemand dort mal einen Sonnenuntergang miterleben möchte.

10. GRUND

Weil wir Dietmar Hopp gezeigt haben, dass es sich lohnt, Fortuna Düsseldorf wieder in die Bundesliga zu holen

Die Fortuna-Fans waren durchaus erzürnt, als Dietmar Hopp im Jahre 2008 der *Frankfurter Allgemeinen Zeitung* ein Interview gab. Er sprach darin über Fußball und Marktwirtschaft und all die hehren Pläne, die er mit seiner TSG Hoffenheim verfolgen wollte, diesem tollen Verein aus dem Kraichgau. Nicht nur, dass er von diesen Plänen in der Folgezeit so gut wie keinen einzigen umsetzen konnte – mit einem bestimmten Satz machte er sich auch nachhaltig unbeliebt in Düsseldorf und Umgebung.

»Klar, wir hatten eine Anschubfinanzierung, aber die haben grundsätzlich nicht weniger als wir. Noch mal: Das ganze Gerede von Traditionen verstehe ich nicht. Sehr viele Traditionsvereine sind längst verschwunden, oder wollen wir jetzt Fortuna Düsseldorf zurück in die Bundesliga holen? Das ist Marktwirtschaft. Auch im Sport, vor allem im Fußball.«[3]

Danke, Dietmar! Als wären nicht schon genug Abgesänge auf die Fortuna in jenen Zeiten produziert worden, kam noch mal eine zusätzliche Motivationsspritze aus dem traditionsgeschüttelten Hoffenheim nach Düsseldorf. In diesem Buch wird an anderer Stelle noch über Tradition geschrieben werden. Für den Moment wollen wir aber doch kurz die Freude auskosten, dass es gerade einmal rund fünf Jahre nach dieser marktwirtschaftlichen Belehrung des Mäzens der Nation schon wieder ein Comeback der Fortuna in der Bundesliga gab.

Auch mit Spielen gegen Hoffenheim, denen Herr Hopp leider fernblieb und die die Fortuna noch leiderer beide wenig erfolgreich gestalten konnte. Am Ende blieb dieses Geschwür am Bodensatz des deutschen Fußballs sogar aufgrund unserer Unfähigkeit noch in der Liga. Dennoch ist die »längst verschwundene« Fortuna wieder auf der Landkarte des deutschen Oberhaus-Fußballs aufgetaucht, und möglicherweise ist es doch nur eine Frage der Zeit, bis Robert Schäfer in einem Interview fragt: »Oder wollen wir jetzt die TSG Hoffenheim zurück in die Bundesliga holen?«

Ach komm, wieso soll in so einem guten Fanbuch nicht auch ein wenig Hoffenheimschelte vorkommen. Also befassen wir uns an dieser Stelle noch mal kurz mit der Ankündigung von Dietmar H., sein Klub solle keine Legionärsansammlung werden, sondern vor allem gefüttert durch das gute eigene Ausbildungsprogramm – ein Klub aus dem Kraichgau für den Kraichgau quasi.

Es lohnt sich, diese Ankündigung mal einem genaueren Reality-Check zu unterziehen, denn wenn man dies tut, stellt man fest, dass die Zahl jener Spieler, die aus der eigenen Jugend in den Profibereich der TSG gewechselt sind, extrem gering ist. Zumindest gab es kaum jemanden, der es auch nur ansatzweise zum Stammspieler im Legionärssammelsurium der Hoffenheimer geschafft hätte.

Kein Klub bringt jedes Jahr zehn neue Eigengewächse in der Ersten Mannschaft unter. Aber ab und zu fällt schon mal einer rein und gerade, wenn man zunächst ankündigt, man werde quasi eine Kraichgau-Dynastie begründen und dann später vertröstet, man habe diesbezüglich ein paar Startschwierigkeiten gehabt, jetzt werde man aber bald ernten, dann ist das schon irgendwie peinlich. Fast so peinlich wie dieser Satz aus dem Interview mit der *FAZ*.

11. GRUND

Weil wir aus Otto Rehhagels »Halbangst« einen Klassiker der Filmgeschichte machten

Die finale Pointe des Relegationsrückspiels 2012 lieferte Otto Rehhagel bei der Befragung durch den DFB-Kontrollausschuss. Auf die Frage, ob er denn Angst empfunden hätte, als die Düsseldorfer

Fans immer näher an ihn heranrückten und schließlich den Platz stürmten, antwortete der Altinternationale sinngemäß: Nun ja, Angst nicht direkt. Eher so Halbangst.

Poet Otto. »Halbangst«, ein genialer Terminus, irgendwo zwischen keine Angst und der Angst im Essener Kohlekeller von 1943. Grund genug für ein paar künstlerisch sehr begabte Düsseldorfer, diese Terminologie zu ihrem Markenzeichen zu machen und unter diesem Namen kleine Filmchen zu drehen, die sich mit den kleinen Feindschaften der Fortuna mit anderen Traditionsvereinen auseinandersetzen. Die Liebe zum Verein in Sieben-Minuten-Clips sozusagen.

Alles begann in der Lieblingskneipe – oder wie die Filmer selbst sagen: »auf der Terrasse unseres verlängerten Wohnzimmers«. Dort langweilte die Gruppe gerade ein EM-Spiel, als man sich noch einmal verbal an das Nachspiel des Duells Fortuna gegen Hertha erinnerte. »Wir sind zu der Erkenntnis gelangt, dass es eine geile Retourkutsche geben müsste«, entsinnt sich ein »Halbangst«-Mitglied. Gesagt, getan. Heraus kam ein aberwitziges Filmchen, bei dem sieben harmlos anmutende Düsseldorfer Rentner zwei Hertha-Fans in die Flucht schlugen. Was professionell aussah, war eher einer Laune der Improvisation entsprungen. »Die Szenen haben wir uns während des Drehs ausgedacht«, dazu kam ein Lied, das halb auf dem Papier, halb im Tonstudio entstand.

Der Erfolg von *Halbangst 1* war überwältigend und stachelte die Truppe an, einen Schritt weiterzugehen. Für *Halbangst 2* nahmen die Filmemacher die Fehde zwischen Eintracht Frankfurts damaligem Sympathieträger Armin Veh und »Rotzlöffel« Sascha Rösler auf die Schippe. Und wie! *Das Haus vom Veh*, bei dem eine düsseldorfweit bekannte soziale Einrichtung zufälligerweise immer wieder während des Refrains ins Bild gerückt wurde, verbreitete sich viralst – sogar Armin Veh musste dazu auf einer Pressekonferenz Stellung nehmen und tat dies ungewohnt selbstironisch, indem er sogar Lob nach Düsseldorf schickte.

»Wir wollten das Ganze mit mehr Geschichte und kuriosen Dingen anreichern als beim ersten Mal«, sagten die Urheber. Man kann es schlecht beschreiben, wie viele kleine versteckte Anspielungen in diesem Video zu finden sind – aber die »Strichäääää« oder auch die Sascha-Rösler-Masken haben nachhaltig Eindruck in der Anhängerschaft hinterlassen.

Es schien ganz so, als sei dieses Meisterwerk nicht mehr zu toppen. Doch kürzlich brachte »Halbangst« ein drittes Video heraus: *Jetzt simmer hier*, eine Parodie des BAP-Songs *Verdamp lang her*. Dazu reisten die »Halbangst«-Rentner auf verschiedensten Wegen in die verbotene Stadt – per Taxi, per Schlauchboot auf dem Rhein, oder auch per Flugzeug. Eigens für die Filmemacher wurde ein Schalter am Düsseldorfer Flughafen geöffnet und ein Jet auf dem Rollfeld bereitgestellt. Überragend! In Köln angekommen, versammelten sich rund 120 Fortunen auf der Domplatte, die meisten Teilnehmer dieses Flashmobs wussten jedoch gar nicht, was sie dort erwarten würde. Zuerst empfing sie Georg Koch im grünen Hulk-Kostüm als Stillsteh-Statue vor dem Dom. Und dann wurden sie Teil eines Fangesangkonzertes – mitten auf der Domplatte. Noch überragender!

»Wir haben die Latte mit *Halbangst 2* sehr hochgelegt, aber wir haben sie bei *Halbangst 3* trotzdem nicht gerissen«, sagen die Macher bescheiden. Doch die Resonanz gibt ihnen recht. Zahlreiche Zeitungen griffen das Video auf, bei YouTube wurde es wie seine zwei Vorgänger ein – im Rahmen der Möglichkeiten – Clickburner.

Die große Frage ist: Wie lang geht das noch mit »Halbangst«? »Wir warten natürlich immer auf den richtigen Anlass, der muss schon stimmen«, sagt die Gruppe. »Aber solange 99,9 Prozent der Zuschauer das Ganze gut finden und 0,1 Prozent Amöben aus Berlin, Frankfurt und Köln den YouTube-Kanal besudeln, lohnt sich der Aufwand immer wieder, zumal wir beim Drehen aus dem Lachen kaum herauskommen.«

12. GRUND

Weil es doch auch gar keine Alternativen für einen Düsseldorfer gibt

Ja klar, überall gibt es ein paar Versprengte, die werden Bayern- oder Dortmund-Fans. Insbesondere in meiner Generation fielen einige der schwarz-gelben Euphorie Mitte der 90er zum Opfer, was noch heute den schönen Fangesang »Dortmund-Fans sind alle unter 12« rechtfertigt, den man leider nur noch sehr selten hört. Aber wenn wir diese verirrten Gemüter jetzt mal beiseite lassen, die es in jeder Region Deutschlands gibt – was soll man in Düsseldorf auch anderes werden als Fortune?

Ein paar Kilometer Richtung Niederrhein kommt Mönchengladbach. Diese Ansammlung von nicht besonders einladenden Bauernhöfen. Wo die Anhänger aus Orten kommen, die mindestens ein »ü« im Provinznestnamen haben – oder zumindest so klingen (Viersen). Optisch ist die Stadt Mönchengladbach ja so etwas wie das Plauen des Westens – nichts gegen Plauen, ich habe da mal acht Wochen gelebt.

Als ich das letzte Mal in Mönchengladbach war, wusste ich gar nicht, ob ich die Betonfassaden selbst oder die darin leer stehenden Geschäfte trostloser finden sollte. Leider graben die Fohlen ganze Landstriche vom Niederrhein bis Neuss fantechnisch ab – vermutlich Spätfolgen der erfolgreichen 70er-Jahre. Aber wer noch einigermaßen bei Verstand ist, kann nicht freiwillig alle zwei Wochen in dieses Stadion mitten auf dem Land fahren.

Ein paar Kilometer Richtung Eifel, an der für Fantum kaum erwähnenswerten Bayer-Mitarbeiter-Baracken-Stadt vorbei, kommt ein Landstrich namens Köln, wo die Fans sich primär über Geschlechtsverkehr mit einem bemitleidenswerten Geißbock identifizieren. Mir ist es eigentlich zuwider, ständig Schwanzvergleiche anzustellen, welche Stadt die bessere ist, und es ärgert mich auch jedes Mal, wenn man von Köln nach Düsseldorf fährt und am Ortseingang erst mal durch die Dekontaminierungsanlage muss – ich halte das für übertrieben. Aber als jemand, der in beiden Städten gewohnt hat (in der schöneren zum Glück länger), kann ich sagen: Das ist keine Alternative. Man kann da wohnen, man kann die schale Jauche süppeln, man kann sich sogar mit einigen FC-Fans gut unterhalten. Aber in der Masse ist so ein Heimspiel des FC fantechnisch dann doch eine Mischung aus Freigängern aus der JVA Ossendorf und Laiendarstellern aus RTLII-Scripted-Reality-Formaten. Dazu ein Klub, der dilettantischer nicht geführt werden könnte, von Typen, die der Kölner für eigenes Kulturgut hält und deshalb am liebsten ins Museum stellen würde.

An der nördlichen Stadtgrenze weilt Duisburg, eine Stadt als ständiger Minderwertigkeitskomplex, mit einem Verein, dessen Fans tatsächlich ein Lied mit Zebrastreifen für eine veritable Hymne halten. Im Osten kommt Wuppertal, mit denen muss man inzwischen so viel Mitleid haben, dass man sich kaum noch eine gehässige Zeile über das gähnend leere ehemalige Velodrom zu schreiben traut, in dem Woche für Woche die Nicht-Leistungen aus der Vorwoche überboten werden.

Und dann gibt es noch die Oberhausener, Essener, Dortmunder, Gelsenkirchener, aber ich war da überall. Ich bin immer wieder lieber nach Düsseldorf zurückgefahren. Und habe mir selbst bei Niederlagen gedacht: Zum Glück wohne ich da nicht.

Ich möchte dieses Kapitel mit einem der schönsten Fangesänge beenden; ob er passend ist, möge jeder Leser selbst entscheiden:

Wir schlafen nicht auf Betten
Wir schlafen nicht auf Stroh
Wir schlafen auf Paletten
Das ist in Flingern so
Heili Heilo, Heili Heilo
Es kann nicht jedes Arschloch
Ein Düsseldorfer sein!

13. GRUND

Weil wir bei Fortuna keine stupide Vereinshymne haben

Es gibt viele Grausamkeiten, die Auswärtsfans angetan werden. Es gibt verschärfte Einlasskontrollen, viehtriebähnliche Märsche von Bahnhöfen zu Stadien, es gibt Fanblöcke, aus denen man Teile des Spielfelds nicht sehen kann. Alles übel. Aber das größte Übel sind Vereinshymnen, zumindest die allermeisten von ihnen. Um diesem Beitrag eine gewisse richterliche Unabhängigkeit zu verleihen, sei direkt zu Beginn darauf hingewiesen, dass die mit Abstand beste – und aus meiner Sicht auch einzig erträgliche – Vereinshymne dem 1. FC Köln gehört. Die zweitbeste gehört Fortuna, denn unser Verein ist clever genug, von einer Vereinshymne Abstand genommen zu haben. Zufrieden blickt man darauf, dass wir es nicht nötig haben, irgendeinen drittklassigen Liedermacher damit zu beauftragen, aus dem Setzkasten der Schnulzigkeit ein Geträller zusammenzuzimmern, das beim Europäischen Gerichtshof für Menschenrechte nicht durchkommen würde.

Damit wären wir bei allen anderen Hymnen. Verzeihen wir mal noch Verirrungen wie *Hamburg, meine Perle* oder *Stern des Südens*, die sind nicht wirklich gut oder authentisch, aber man bekommt beim Anhören nicht spontan Ausschlag. Ganz anders zum Beispiel, wenn man nach Paderborn oder Augsburg fährt. Die Paderborner halten ihre Stadt und ihren Verein für die »Perle Ostwestfalens«.

Das könnte man für Humor halten, die meinen das aber ernst. Die Liedzeile »Paderborn, erhebe dich und lauf« brennt einem primär Fragezeichen auf die Stirn. Doch das wirklich Schlimme daran ist, dass diese Melange aus Plattitüden in zig anderen Vereinshymnen genauso wiederkehrt oder wiederkehren könnte. Ob jetzt »Perle Ostwestfalens«, »Perle Schwabens« oder »Perle des Frankenlandes«, austauschbarer Wortmist wird dort gepaart mit stets einfältigen Melodien.

Der Hauptgrund dafür dürfte sein, dass diesen Vereinen ein eigenes Profil, eine Identität, völlig abgeht. Die Kölner Hymne ist gerade deshalb so gut, weil sie das Kölsche Gefühl (»Jeföök«) in einen typisch rheinischen Singsang gepackt hat. Deshalb wird sie dort auch in Discos gespielt, und 95 Prozent der Menschen stimmen mit ein. Aber ob ich in Augsburg auf dem Weg von der Straßenbahn zum Stadion aus Lautsprechern dauerbeschallt werde oder beim FSV Frankfurt mit irgendeiner sinnlosen Vereinsmusik; sie klingen alle gleich – gleich schlecht übrigens.

Ähnlich unfassbar sind Vereine wie der FSV Mainz 05, die sich tatsächlich erdreisten, nach ihren 25 wirklich miesen Karnevalsliedern auch noch *You'll Never Walk Alone* kurz vor dem Spiel aufzudrehen. Eine musikalische Institution, die neben Liverpool höchstens noch in Glasgow gespielt werden sollte, wird dort – wie in vielen anderen Stadien – einfach geklaut und für eigenes Liedgut gehalten. Und dann spielen die das auch noch in einer Lautstärke, bei der die mitsingenden Fans aber auch null Komma null zu hören sind. Haben diese Menschen nicht verstanden, was das Wort »Stadionatmosphäre« ausdrücken soll?

Ich bin sehr stolz, dass sich Fortuna all dem entzogen hat. All die Schwachköppe, die sich bisher an einer Hymne für die Fortuna versucht haben, sind an der Eigenheit der Fanszene zerschellt, eine solche einfach nicht zu akzeptieren. Das ist schon deshalb vernünftig, weil eine gute Hymne nicht am Reißbrett entsteht, sondern höchstens ungeplant und spontan von einer Kurve übernommen und von dort ins Stadion getragen wird. Fortuna hat stattdessen eine ganze Fülle von guten Liedern, von Singsang über Hardrock bis HipHop, die alle gern gehört werden, aber von denen sich keine anmaßt, *das* Fortuna-Lied zu sein. Das spiegelt die Vielfalt einer Kurve wider und ist sehr liebenswert.

Ach so, es gibt noch eine dritte tolle Hymne neben der Kölner und der Düsseldorfer: die von Rot-Weiss Essen. Die Essener Ode an den Schwachsinn hat den schön-schlichten Text »Bei dir fühl ich mich geborgen – Ooooh, RWEeeeee; Freu mich heute schon auf morgen – Ooooh, RWEeeeee«. Es gibt keinen anderen Fansong, der dermaßen prädestiniert dafür ist, dass die gegnerischen Fans mitsingen (»Scheeeeiß, RWEeeeee«). Das gefällt den Rot-Weissen vermutlich weniger, ist aber eine wirklich schöne Einstimmung aufs Spiel.

14. GRUND

Weil Fortuna sich Musikanten von Weltrang leistet

Die meisten Leser werden wohl bei der Überschrift schon wissen, um wen es in diesem Beitrag gehen soll. Natürlich um die Toten Hosen – nicht! Bei allem Respekt für die Toten Hosen, ihre finanzielle Rettung der Fortuna Anfang des Jahrtausends, ihre Unterstützung auch in schlechten Zeiten. Bei allem Respekt für ihre Strahlweite und die damit verbundene Aufmerksamkeit für Fortuna im Zuge solcher großartigen Lieder wie *Auswärtsspiel.* Bei aller Verbundenheit zu Textzeilen wie »Wenn wir an Götter glauben, dann tragen sie Trikots« … Aber aus meiner Sicht glänzt Fortuna nicht dadurch, dass es eine Band gibt, die den Verein vertritt, sondern durch die Pluralität der extrem guten lokalen Bands, die Fortuna ein musikalisches Gesicht geben.

Dieser Beitrag kann keine vollkommene Auflistung dieser Bands leisten, dazu bin ich musikalisch zu wenig bewandert und würde mit Sicherheit die ein oder andere vergessen. Aber er soll eine kleine Huldigung sein, an all jene, die sich Gedanken um Musik und den Verein machen und das in einer Form verarbeiten können, wie es die meisten von uns nie könnten. Dabei sei auch noch kurz darauf hingewiesen, dass es immer wieder auch Trittbrettfahrer gab und gibt, die versuchen, Fortuna für ihre Zwecke zu missbrauchen, insbesondere in der jüngst äußerst erfolgreichen Zeit.

Diesen Musikern, deren unlautere Versuche zum Glück an der Düsseldorfer Fangemeinschaft gescheitert sind, sei empfohlen, sich bitte, bitte, bitte einen anderen Spielplatz zu suchen. Fortuna ist kein Vermarktungsfeld für billige Schlagermucke von der Stange – Fortuna ist ein Verein auch mit Seele und zwar auch musikalischer, und man sollte diese Seele verstehen, bevor man meint, den F95-Markt mit seinem Gedudel erobern zu wollen.

Jetzt aber zu den positiven Seiten: Jeder hat seine Lieblingslieder, seine besonderen Beziehungen zu einigen Songs, aber es gibt ein paar Gesangseinlagen, die man uneingeschränkt jedem empfehlen kann. Zunächst einmal sei hier *Fortuna* von Der Neue Westen & 40 Räuber genannt. Ein irre gutes Lied, natürlich vor allem für Hip-Hop-affine Menschen, aber wenn nicht melodisch, dann wenigstens textlich auch für den Rest.

Es ist nicht so, als würden sich die anderen Songs von Der Neue Westen nicht auch sehr gut hören lassen (bspw. *Wie sie läuft* oder *Bengalisches Feuer*), aber dieser eine sticht für mich trotzdem noch heraus. Wenn vor dem Spiel dessen Zeilen erklingen, dann kann ich im Tunnel des Rhythmus verschwinden und traue mich sogar, mitzurappen, obwohl ich vermutlich ein extrem dürftiger Rapper bin:

»Das ist meine Heimat, das ist meine Liebe, das ist, woran ich glaube, das ist meine Bibel, in den Farben Rot und Weiß, das ist für Fortuna-Fans, (oh) für den Flinger Broich, (oh) für die Hooligans, (oh) für die Jungs und Mädels, alle, die ins Stadion gehen, Väter, Mütter, Opas, Enkel, alle, die im Stadion stehen« (Text hier zitiert mit freundlicher Erlaubnis von Jesen von Der neue Westen).

Es sind aktuell Bands wie Der Neue Westen, die 95er, Flankengott, Korsakow, die Düssel-Disharmoniker, Stauende oder auch JayJay, die Fortuna so unverwechselbar machen. Es sind Lieder wie *Für immer nur bei dir* von Stunde X, *Schuld daran* von Carlos Mogutseu, *Die einzig wahren Farben* von die 95er oder *Ohne uns* von Korsakow, die in ihrer Unterschiedlichkeit zusammengenommen die eine Fortuna-Hymne ergeben. Es gibt nicht ein Lied, das diesen Verein verbindet – es gibt viele gute Songs, die ein großes wunderbares Gesamtklangbild schaffen. Einige davon sind schon älter, einige sehr frisch, doch die meisten von ihnen sind Dauerbrenner – mit Zeilen, die einem ständig durch den Kopf schwirren, weil sie so gut ausdrücken, was man diesem Verein immer sagen möchte.

Natürlich hat die musikalische Vielfalt bei Fortuna auch mit DJ Marcus Haefs aka »Opa« zu tun, der im Stadion für die richtige Mischung sorgt und damit sowohl die Musikerszene als auch die Rezipienten lebendig hält. Das gilt sicher nicht für jene, die sehr nah dran sind an der Düsseldorfer Musikszene, aber der überwiegende Teil der Normalos kommt vor allem dort mit diesen Liedern in den Erstkontakt, der dann vertieft werden kann. So leistet sich Fortuna Musiker, die im kleinen F95-Kosmos mindestens Weltrang haben.

15. GRUND

Weil Fortunas Fans die besten Spruchbänder haben

Es ist schon ein Kreuz mit diesen Choreografien. Kaum einer – auch ich nicht – will dabei mithelfen, sie zu kreieren, aber am Ende sind alle ganz fasziniert. Eine große Choreo auf die Beine zu stellen ist eine Meisterleistung der Planung und auch der Umsetzung. Das übersieht man manchmal, wenn man am Ende nur im Stadion steht und für fünf Minuten auf die schönen Bilder schaut, die einem dargeboten werden. Die 2004er-Pokal-Choreo in Uerdingen oder auch die im Jahr 2013 zeremonierte 725-Jahre-Düsseldorf-Choreo gehört sicher mit zu dem Besten, was Fortuna, aber auch Fußballdeutschland, an Bildern im Stadion gesehen hat.

Aber darum soll es hier gar nicht in erster Linie gehen, sondern um Spruchbänder. Sie sind die Gedichtbände der Fans, die Prosa des Proleten, der Ausdruckstanz der Fankurve. Und bei Fortuna sind sie meiner Meinung nach häufig besonders gut. Natürlich haben andere Vereine auch gute Satzschöpfungen. Das »Wir sind die Abrisskolonne« der Essener Fans im März 2002 beim Abschiedsspiel für das Rheinstadion oder auch das »Traditionslose Idioten hier abstellen« über dem Hoffenheimer Gästeblock, das die Stuttgarter Fans einst platzierten. Dennoch finde ich, dass Fortuna ganz spezielle Qualitäten auf diesem Gebiet hat. Exemplarisch möchte ich hier auf drei Aktionen eingehen, die für mich legendär waren. Ich war leider nur bei zwei von drei dieser Attraktionen dabei. Ich beginne mit jener, die ich leider verpasst habe. Sie trug sich zu bei einem Spiel der Fortuna im Ulrich-Haberland-Stadion, also da, wo früher mal das Haberland-Stadion war. Heute heißt das Ding BayArena und Herr Haberland ist in eine bessere Bezirkssportanlage umgezogen. Wie auch immer: Fortuna gastierte bei Bayer Leverkusen II, nicht gerade der Klassiker der Derbys und auch nicht der größte Verdächtige unter den Risikospielen.

Trotzdem gab es allerlei Verbote, auf die die Fortuna-Fans auf ihre Weise reagierten. Statt großer Banner nutzten unsere Jungs sich selbst, genauer gesagt ihre Bäuche, für eine kompliziert organisierte Choreo. Denn jeder Fortune war ein Buchstabe aus dem schönen Spruch: »Euer Trophäenschrank – genauso leer wie euer Heimblock.« Das sind immerhin 46 Fortunen, die korrekt postiert werden mussten. Genial!

Dann ging es einst aus der Ferne gegen die TSG Hoffenheim. Also nicht, dass wir damals gegen die Kraichgauer gespielt hätten, aber man wird sich ja noch an den Hopp'schen Sprüchen (»Oder wollen wir jetzt Fortuna Düsseldorf zurück in die Bundesliga holen?«) reiben dürfen. Damals bestimmte Dietmar Hopp die Schlagzeilen mit seiner marktwirtschaftlichen Einstellung zum Fußball und seinem durchaus weinerlichen Unverständnis, warum er bei all seiner Großzügigkeit im Profifußball nicht mit offenen Armen empfangen wurde. Die Fanszenen fanden das nicht so Weltklasse und verliehen ihrem Unmut über Hopps geistiges Gastspiel in der

Beletage des Öfteren Ausdruck. Die Fortuna-Fans beteiligten sich mit mehreren Plakaten, eines davon brachte die ganze Situation penibelst auf den Punkt. »Dass dich keiner leiden kann, stand wohl nicht im Businessplan«, stand dort. Legendär.

Ende November 2009 reiste Fortuna zum TSV 1860 München. Trainer damals bei den Löwen: Ewald Lienen. Bei diesem Namen hat der gemeine Fußballfan vor allem zwei Assoziationen. Das üble Foul an Lienen in den 70ern, als sein Gegenspieler ihm mit den Stollen den Oberschenkel aufschlitzte, tiefste Fleischwunde inklusive. Und natürlich den Trainer Lienen, der während der Spiele seiner Mannschaft regelmäßig mehrere Notizblöcke füllte. Es war die Aufstiegssaison der Fortuna, die elegant gut in die Saison gestartet war. Vorher gab es etwas Verbalakrobatik seitens der 60er, aber alles nicht weiter schlimm. Die Antwort der Fortunen jedoch war perfekt, jedes Wort war perfekt: »Hast du uns auf dem Zettel, Ewald?«, prangte am Geländer zwischen Steh- und Sitzblock. Superb.

Das sind nur drei Beispiele und nicht jeder wird jetzt dasitzen und sich denken: Brillant. Aber ich danke trotzdem allen, die mit viel Wortwitz immer wieder für Amüsement im Stadion sorgen.

16. GRUND

Weil Fortuna auch in der Zeit vor Internet und Livestream großen Spaß machte

Inzwischen herrscht Reizüberflutung. Spätestens seit dem Zweitligaaufstieg hat man kaum noch eine Chance, ein Fortunaspiel zu verpassen. Liveticker, Livestreams, Fernseh-Zusammenfassungen rauf und runter, YouTube, sky.de, auf allen Kanälen kommt inzwischen Fußball.

Anfang der 90er war das noch anders. Ich erinnere mich noch gut, wie damals nicht mal alle sechs Samstagsspiele in der *Sport-*

schau kamen. Meistens waren es nur drei Matches, die zusammengefasst wurden. Da Fortuna auch damals nicht unbedingt zu den cremigsten Mannschaften gehörte, musste man schon Glück haben, um Bewegtbilder von F95 zu sehen – wenn man denn nicht im Stadion war.

Das Einzige, was dann noch blieb, war der Videotext. Viele wissen ja heute gar nicht mehr, auf welcher Taste der Fernbedienung sie dieses Relikt der Information finden. Aber damals war der Videotext die Live-Quelle Nummer eins, neben dem Radio natürlich, aber auch da war die Berichterstattung bis auf die ARD-Schlusskonferenz noch nicht so ausgiebig, insbesondere nicht von Fortuna-Spielen.

Als ich ein kleiner Junge war, so zwischen fünf und sieben Jahre alt, saß mein Vater am Wochenende oft im Arbeitszimmer. Ich hatte am Wochenende nichts zu arbeiten. Also rannte ich ab 15.30 Uhr immer den langen Flur zwischen seinem Arbeitszimmer und unserem Wohnzimmer hin und her, schlitterte auf den Socken wieder zum Fernseher.

Meistens machte ich gegen 15.20 Uhr den Fernseher an, schaltete auf Videotextseite 251 und stellte den Ton auf stumm. Dann wartete ich darauf, wie die weiß gefärbten »– : –« erst wie von Zauberhand in rosa-farbene »– : –« umschlugen und dann gegen 15.30 Uhr die ersten Ergebnisse hinter den Begegnungen standen. Das war von der Spannung her so in etwa das gleiche Prozedere, als wenn heute in der Sky-Konferenz die Spieler auf den Platz laufen und durch die Stadien geschaltet wird.

Der Videotext hatte damals noch nicht so tolle Funktionen, dass er jede Seite im Cache speicherte, wenn er sie einmal gefunden hatte, und man konnte auch nicht hin und her schalten zwischen 1/2 und 2/2. Nein, man musste immer warten, bis eine Seite gefunden war. Und neue Ergebnisse kamen immer nur, wenn die Seite automatisch einmal neu gefunden wurde. Dann schlug das Fernsehbild einmal sichtbar um (wie ein schönes Blinzeln), und entweder es standen immer noch die alten Ergebnisse dort, oder es war etwas passiert. Sekundenschnell scannte das geschulte Videotextauge alle Ergebnisse – das des Lieblingsvereins natürlich immer zuerst.

Das klingt jetzt banal und öde – aber das war hoch spannend. Weil ich wahnsinnig ungeduldig war, rannte ich immer den langen Flur entlang, schlitterte auf unserem Parkett durchs Arbeitszimmer meines Vaters (auch um Ergebnisse durchzugeben) und sprintete dann zurück, um zu gucken, ob die Seite schon wieder umgeschlagen war. Und wenn dann mal ein Tor für Fortuna fiel, dann schrie ich schon vom Anfang des Flures laut »Büüüüskens, 1:0« und jubelte, als wäre ich im Stadion live dabei. Wenn Fortuna allerdings eine Bude kassierte, ließ ich mir auch schon mal ein bisschen mehr Zeit.

Das war irgendwie schön.

Ich vermisse diese Tage. Heute halten wir es ja kaum aus, nur ein Medium zu nutzen. Nur Fernsehen, das geht kaum. Man hat immer auch Tablet oder Laptop auf dem Schoß. Damals konnte ich stundenlang auf den Videotext starren, Zwischenergebnisse in Rosa, Endergebnisse in Weiß – und ich war hochzufrieden dabei.

Heute sind noch einige Videokassetten Zeugen dieser Epoche. Mein Vater hat sie sauber in seinem Regal verstaut. Im Mai 2013, kurz vor dem letzten Heimspiel gegen Nürnberg, mitten im Abstiegskampf, haben wir sie mal wieder rausgekramt. Wir saßen auf der Couch und schauten uns an, wie Fortuna Ende der 80er, Anfang der 90er eigentlich immer im Tabellenkeller dümpelte und dann irgendeiner Spitzentruppe den Hintern versohlte. Zum Glück hat mein Vater nur die Spiele aufgenommen, in denen F95 siegte. Ich habe sie mir als Kind immer angeschaut, wenn ich mal krank war und nicht zur Schule konnte. Ein Stück meiner Fortuna-Liebe steckt auch in diesen Videokassetten.

17. GRUND

Weil bei uns Früher-Geher Gegenwind bekommen

Sozialisiert wurde ich spätestens am 21. März 1997. Fortuna spielte daheim gegen den VfB Stuttgart und die Schwaben rächten sich so richtig für die hochgradig unverdiente 0:2-Niederlage aus dem Hinspiel. Das magische Dreieck um Fredi Bobic, Krassimir Balakow und Giovane Elber und ihr kongenialer vierter Partner Matthias Hagner führten die Rot-Weißen dermaßen vor, dass das Endergebnis von 0:4 noch human klingt. Spätestens nach dem 0:3 durch Bobic nach rund einer Stunde stand fest: Hier gewinnt die Fortuna heute keinen Blumentopf.

Von den 15.000 Zuschauern im Rheinstadion traten an diesem tristen, dunklen Abend etliche vorzeitig den Heimweg an. Das ohnehin karg besetzte Rund leerte sich zunehmend, und ich fragte meinen Vater, ob wir auch früher gehen würden, auch wenn ich noch bleiben wollte. »Auf keinen Fall«, sagte er. »Man geht nicht früher, egal wie es um Fortuna steht. Wir erweisen den Jungs den Respekt und vor allem auch dem Gegner, der es verdient hat, dass man ihm auch in eigenen miesen Stunden zuschaut beim Triumph.« Wir blieben, auch wenn es sehr wehtat, wie Fortuna hergespielt wurde – Hacke, Spitze, einszweidrei. Mir war schon vom Zusehen schwindelig.

Seitdem war ich bei vielen Fortuna-Spielen, in denen es – gelinde gesagt – nicht ganz perfekt lief. In denen Fortuna komplett chancenlos war. In denen der Stachel des Frusts ganz tief reingedrückt wurde, bis an die Schmerzgrenze. Früher gegangen bin ich nie. Man kann ein Spiel gucken, von wo aus man möchte, ob Stehplatz, Sitzplatz, VIP-Loge, eine Diskussion, ob guter oder schlechter Fan sollte es da nicht geben. Man kann anfeuern oder schweigen, man kann alles rosarot sehen oder alles rabenschwarz.

Aber man kann nicht früher gehen!

Ein Fußballfan geht nicht früher, es sei denn, er hat es sich ergebnisunabhängig schon vorher vorgenommen (weil man zum Beispiel noch Termine hat oder tatsächlich montagabends den letzten Zug erwischen muss). Man geht nicht bei 0:3, 0:4, 1:8, 2:27 oder wegen kalt oder doof. Man tut es einfach nicht, und ich werde es auch nie tun, egal wie schmerzhaft eine Niederlage ist.

Früher zu gehen ist respektlos den Mannschaften gegenüber und drückt eine Haltung aus, die aus dem Alten Rom zu stammen scheint: Ich habe bezahlt, also möchte ich auch Spektakel geboten bekommen. Und wenn die Bespaßung ausbleibt (auf dem Platz und auch auf den Rängen), dann gehe ich lieber wieder, der *Tatort* fängt ja auch gleich an.

Wenn man sich dafür entschieden hat, zu einem Fußballspiel zu gehen, dann geht man da auch hin. Und dann nimmt man in Kauf, dass es Sieg und Niederlage gibt, große Freude und großes Leiden, Genuss oder Demütigung. Es ist die Aufgabe des Fans, all dies zu ertragen, mit Würde und Demut. Wenn ich ins Stadion gehe, unterschreibe ich gedanklich diesen Kodex, dass ich mich dem Richterspruch des Wettbewerbs unterwerfe, bei dem das Spiel darüber entscheidet, ob ich mich freuen darf oder Trauer tragen muss.

Hier werden viele Leute widersprechen: »Wenn ich bezahle, sollen die sich auch anstrengen. Manche Leistung ist eine bodenlose Frechheit.« Diese Leute haben nicht verstanden, dass es beim Sport, insbesondere beim Fußball, immer zwei Teams gibt, von denen meist auch eines verliert und dabei nicht Großartiges leistet. Manchmal sind wir das, manchmal sind's die anderen. Es kann nicht nur Siege geben, auch wenn Fortuna in der Vergangenheit manchmal diesen Eindruck erweckt hat.

Ich wäre auch schon öfter gerne aufs Feld gelaufen und hätte diverse Spieler am liebsten ausgepeitscht. Aber ich brauche die Mannschaft nicht zu bestrafen, die bestraft sich mit schlechten Spielen schon genug und hat sich meine Nachsicht durch viele gute Auftritte redlich verdient.

Früher-Geher kommen in meiner Fan-Hierarchie noch unter den Dauernörglern, den Keine-Ahnung-Habern und sogar noch unter den Auspfeifern (wobei es da auch große Schnittmengen geben dürfte). Besonders schön ist es, wenn die Hastigen und Eiligen noch bestraft werden, indem sie die finale Pointe verpassen. Ein 3:3 nach 0:3-Rückstand beispielsweise.

Leider gehen bei Fortuna immer noch Menschen früher, das wird sich vermutlich auch nie ändern. Doch ich glaube, wer seinen Verein liebt, der bewahrt auch in den ganz üblen Minuten Haltung und erweist der Mannschaft seinen Respekt! Zum Glück sind Fortunas Fans großartig genug, dass sie den Früher-Gehern auf galante Art und Weise zeigen, was sie davon halten. Und inzwischen bleiben auch mehr Fans bis zum Ende, und gehen nicht früher, wie damals gegen Stuttgart.

18. GRUND

Weil Fortuna Düsseldorf der perfekte Name für Fangesänge ist

Fangesänge sind die Seele einer Kurve. Wie viel Vereinsidentität ist entstanden, wenn man als kleiner Junge nach einem Fortuna-Spiel durch die Straßen gelaufen ist, die Lieder noch im Ohr und dann lautstark auf den Lippen. Wie oft steht man unter der Dusche und fängt plötzlich an, Fortuna-Lieder zu »singen«. Kaum etwas ergreift einen mehr, als wenn man gemeinsam ein Liedchen singt, das dem eigenen Verein huldigt.

Es gibt tolle Fangesänge. Es gibt den vielleicht besten, der gehört Union Berlin (»Unsere Liebe, unsere Mannschaft, unser Stolz, unser Verein, Union Berlin«) und na klar, es gibt auch eher schlechte (»Super Bayern, super Bayern, hey hey«). Der große Vorteil bei Fortuna: Der Name eignet sich für fast jeden gängigen Text, für fast jede stadionbeliebte Melodie. Ob das die Vereinsgründer schon im Kopf hatten, ist zweifelhaft. Aber unbestritten ist, *dass* es so ist.

Mir fällt überhaupt nur ein einziger Fangesang ein, der mit Fortuna nicht funktioniert. Das ist der in Stuttgart und Paderborn besonders fleißig intonierte »Nur der VfBeeeee/nur der SCPeeeee«-Sermon. Vielleicht hasse ich gerade diesen Fangesang so (vor allem, wenn die Gäste damit in unserem Stadion feiern, so wie beim 2:3 gegen die Paddelbirnen kurz vor Weihnachten 2011), weil er bei uns nicht läuft. Aber sonst? Probiert es ruhig aus, auf viele andere Vereine passen bestimmte Melodien nicht, auf unseren passt so gut wie alles.

Selbst für die Gegner sind wir doch ein super Verein: »Scheiß Foortuuunaaaa, scheiß Foortuuunaaaa, scheiß Foortuuunaaaa Düüüüssel-dorf!« Das geht zwar gegen uns. Aber selbst das klingt geil. Mach das mal mit Eintracht Frankfurt, VfR Aalen oder dem SV Hönnepel-Niedermörmter!

Fangesänge basieren häufig auf gängigen Chartsongs, von *Yellow Submarine* bis hin zu *Schatzi, schenk mir ein Foto*. Ich habe dazu mal Bücher gelesen, das ist wirklich interessant. Vor allem darüber, wie sich neue Melodien in den Kurven festsetzen und wie irrsinnig kreativ die Fans bei der Betextung sind. Auch hier finde ich wieder, ohne groß auf Schwanzvergleiche aus zu sein, Fortuna kann sich da in jedem Fall sehen lassen!

Oh Fortunaaa,
so wunderschööön
wir fahren überallhin, nur um dich zu sehen
und wenn du spiiiielst
und wenn du siiiiegst
dann tobt die Kurve, denn wir alle sind verliebt

Oh, da ist mir ein Fangesang mitten in den Text gerutscht. Wie bei so vielen Fangesängen ging es mir auch bei diesem so, dass ich am Anfang dachte: Aha. Und? Und dann hört man ihn zweimal und singt ihn dreimal und dann erwischt man sich dabei, wie man auf der Couch sitzt und im Kopf irgendein kleines Männchen (mit Fortuna-Schal) ständig diesen Song summt.

Ich lasse mich ein wenig durch diesen Beitrag treiben, denn, und das kann jeder mal ausprobieren, es ist eklatant schwierig, einen Text über Fangesänge zu schreiben – während des Schreibens wird man ständig von Fangesängen abgelenkt. Aber ich versuche mal, mit diesem Text doch noch auf einen grünen Zweig zu kommen.

Musik ist ja auch ganz viel Gefühl, ganz viel Leidenschaft und oft auch Liebe. Und es könnte wirklich kaum einfacher sein, als durch Lieder seine Liebe (oder auch mal seinen Hass, seine Aggression, seine Anspannung) auszudrücken. Und wenn dann auch noch viele singen und nicht so ganz genau darauf geachtet werden muss, ob da mehr Dissonanzen als Harmonien in der eigenen Melodie sind – und wenn das Ganze auch noch richtig laut ist –, ich glaube, dann kann es kaum Momente geben, in denen man seinem Verein näher ist. Ein kleiner Dank an all jene, die an dieser Front kreativ tätig sind.

19. GRUND

Weil »You only sing when you're winning« für Fortuna aber mal gar nicht gilt

Es sind diese zwei Spiele aus der jüngeren Vergangenheit von F-95, die die Fans der Gegner so ratlos zurückgelassen haben. Los ging es im Sommer 2009. Fortuna war gerade aufgestiegen und gut in die neue Saison gestartet, als es zum Gastspiel gegen den Meidericher SV kam. Die Duisburger waren damals ein aufstiegsambitionierter Fast-noch-Erstligist, Fortuna kroch gerade aus den Niederungen wieder in den Profifußball. Die Erwartungen an dieses Montagabend-Straßenbahnduell waren deshalb relativ eindeutig: Fortuna würde den Gegner hier nicht überrollen.

Das Spiel war dann äußerst kurios: Fortuna spielte richtig sauber, Duisburg machte die Tore. So ein Spielchen, das man für gemeinhin unter Lehrstunde abhakt, weil die einen sich viel Mühe geben und die anderen ihre Erfahrungs-Überlegenheit in Punkte ummünzen. Das 0:3 fiel deutlich zu deutlich aus, es hätte genauso gut andersherum ausgehen können. Und dieser Umstand war dann auch der Auslöser für eine der legendärsten Nachspielszenerien der gesamten Fußballgeschichte.

Wir fingen einfach an zu feiern. Damals gab es eine neue Melodie, die sich Cavese nennt. Es ist eine Mischung aus vielen »Ooooh« und vielen »Lalalala«, aber sehr rhythmisch, prädestiniert dafür, immer wieder von Neuem loszugehen – und ein perfekter Mix aus Schal-über-dem-Kopf-Schwingen und Arme-ausbreiten-und-aus-voller-Kehle-Singen. Die Zeit lässt die Erinnerung etwas verblassen, aber es waren schon circa 200.000 Fortunen, die auch zehn Minuten nach dem Spiel noch dort standen und sangen. Und auch noch 20 Minuten danach. Und auch als die an diesem Abend fies geschlagene Mannschaft noch mal rauskam. Und auch danach noch.

Englische Fans demütigen ihren Gegner bei eigener Führung und gegnerischer Mucksmäuschenstille gerne damit, den Klassiker »You only sing when you're winning« – also »Ihr singt nur, wenn ihr gewinnt« – auszupacken. Im modernen Fußballdeutschland heißt das bekanntlich: »Ihr seid leiser als Fortuna Köln.« Für diesen Abend konnte das nun wirklich nicht gelten. Einige der Spieler, die damals dabei waren, werden die Fortuna-Fans wohl immer noch für reichlich durchgeknallt halten. Die Duisburger, die bei diesem Treiben zusahen, sowieso.

Doch Meiderich war kein Einzelfall. Die meisten Fortunen erinnern sich wohl noch an das nahezu perfekte Heimspiel der 95er gegen den FC Bayern im Herbst 2012. Also perfekt aus Bayern-Sicht. Denn bei dem 0:5 waren mehrere Klassenunterschiede mit allen Sinnen zu erleben. Selten haben wir auf der Tribüne ein so entspanntes Fußballspiel gesehen, da allerspätestens nach dem 0:1 ohnehin feststand, dass die Punkte in die bayrische Landeshauptstadt gehen. Aber auch da war phänomenal, was auf den Rängen passierte.

Beseelt vom Aufstieg, vom guten Saisonstart und von dem Glück, vor ausverkauftem Haus gegen die Bazis ein Meisterschaftsheimspiel bestreiten zu können, wurde es ab etwa der 60. Minute immer lauter. Je mehr Gegentore die Fortuna eingeschenkt bekam, desto lärmiger wurden die Supporter. Und zwar nicht nur auf der Süd-, sondern auch auf der Haupttribüne, der Gegengeraden und auch die paar wenigen Versprengten auf der Nordtribüne.

Und nach dem Spiel: *Tage wie diese*! Völlig bekloppt! Aus Tausenden Kehlen intoniert, als hätten wir gerade die Niederlage von Basel korrigiert oder zumindest die Bayern mit 5:0 aus der Arena geprügelt. Das hat mich so stolz gemacht! Denn es hat gezeigt, dass die meisten der Zehntausenden Fortunisten im Stadion sehr wohl verstanden haben, was wichtig ist und was nicht. Was Fortuna ausmacht und was nicht. Warum Fortuna zu lieben ist. Das war ein erhabenes Gefühl, um das uns einige andere Vereine zu Recht beneiden.

2. KAPITEL

KURIOSE GESCHICHTEN

VON OSCAR-VERLEIHUNGEN, FAXGERÄTEN UND SINNLOSEN REKORDEN

20. GRUND

Weil Fortuna and Friends bei einer Oscar-Verleihung in 111 Kategorien ausgezeichnet würden (Teil 1)

- Turnverein Flingern 1895 und Düsseldorfer Fußballklub Fortuna 1911 für: Beste Entscheidung in »Die Fusion«
- Norbert Meier für: Beste sportliche Leistung eines Ü50-Jährigen in »Denn er wusste nicht, wohin er lief«
- Cetin Sevinc für: Bester Seitendarsteller in »Abseits von Allagui«
- Maximilian Beister für: Bester Kurzfilm in »Nur noch 89 ½ Minuten«
- Sascha Rösler für: Bester Agent Provocateur in »Prinzessin Lilliveh und der Rotzlöffel«
- Claus Costa für: Bestes Make-up in »Die schönen Haare des C. C.«
- Josef Hickersberger für: Beste Tragikomödie »Vom Saisonstart verweht«
- Mariano Pasini für: Bestes Double in »Wenn der Argentinier zweimal klingelt«
- Gerd Zimmermann für: Beste Soundeffekte in »Der Mann und der Schall«
- Marco Christ für: Bester Zufallstreffer in »Die Schlanke«
- Kenan Şahin für: Beste Hauptdarstellerin in »Auf der Flucht«
- Hertha BSC für: Bester Gast in »Der Abgang der alten Dame«
- Martin Harnik für: Bester Stunt in »Ein Steißbein in Aachen«
- Dmitri Bulykin für: Bester Nebendarsteller in »Der Stehgeiger«
- Ranisav Jovanović für: Beste Nehmerqualitäten in »Der Mijatović schlägt zurück«
- 1. FC Köln für: Bestes Remake von »Männer, die auf Ziegen starren«
- Die Fans in der Kastanie für: Beste Deeskalation in »Catch Us If You Can«

- Igor Dobrowolski für: Beste Filigran-Technik in »Der mit dem Ball tanzt«
- Georg Koch für: Beste Reflexe in »Das tragische Dreieck«
- Carsten Nulle für: Beste Präzision in »Vier Fäuste für einen Grotifanten«
- Peter Quallo für: Bestes Budget in »Million Dollar Baby«
- Michael Rensing für: Bester Bühnenauftritt in »Plötzlich Prinzessin«
- Falk Schindler für: Beste Täuschung in »Hair«
- Gustav Policella für: Bester Heimatfilm »Gustav und die Arena«
- Aleksandar Ristić für: Bester Low-Budget-Film »Der Herr der Bonbons: Die Rückkehr des Königs«
- Peter Meyer und Waldemar Gerhardt für: Bester hessischer Film »Ein Sonntag in Offenbach«
- Manuel Gräfe für: Bester ironischer Film »Blind Side – Die große Chance«
- Co-Oskar mit Markus Feldhoff für: Beste Schauspielsequenz in »Der seltsame Fall des Markus Feldhoff«
- Holger Henschel für: Bester Stummfilm »Black Swan in Berlin«
- Darko Pančev für: Bester fremdsprachiger Film »Darko (Un) chained«
- Ultras Düsseldorf für: Beste visuelle Effekte in »725 Jahre Düsseldorf«
- Jörg Schmadtke für: Beste Komödie »München«
- Genki Ōmae für: Bester Darsteller unter 1,70 Meter in »Lost in Translation«
- Block A für: Bester Ton in »Extrem laut & unglaublich nah«
- Mathias Jack für: Beste Farbeffekte in »Ein Mann sieht Rot«
- Thomas Kraft für: Bestes fiktives Drehbuch in »Hey Dude, Where's My Elfmeterpunkt?«
- Otto Rehhagel für: Bester Halbfilm »Damals im Kohlenkeller«
- Wolfgang Stark für: Beste Regie in »Reine Nervensache«

21. GRUND

Weil Fortuna einmal wegen eines kaputten Faxgeräts den Klassenerhalt schaffte

Denkt man als Fortuna-Fan an die Saison 2000/01 zurück, dann ist da nicht viel mit Liebe. Eher mit Hass. 1997 war man aus der Bundesliga abgestiegen, 1999 aus der 2. Liga. Als würde dieser Rhythmus dem Verein gefallen, drohte 2001 der erneute Abstieg, in die 4. Liga, in fußballerische Bedeutungslosigkeit. In einer katastrophalen Saison stand Fortuna fast durchweg auf einem Abstiegsplatz, hüpfte drei Spieltage vor Schluss aber doch noch über den Strich. Um die letzten drei Spiele dann zu verlieren und am Ende 16. (von 19) zu sein, die letzten fünf stiegen ab.

Sportlich hatte sich die Fortuna den Abstieg redlich verdient – wie schon angedeutet, das Wort »Vereinsliebe« strichen viele Fans aus ihrem Wortschatz. Begriffe wie »Söldnertruppe« oder »Trümmerhaufen« hingegen wurden in den Fortuna-Duden aufgenommen. Um es vielleicht mal plastisch zu illustrieren: Fortuna stand Anfang der Jahrtausendwende hinter Klubs wie Sachsen Leipzig, dem Dresdner SC, dem SC Verl oder Wattenscheid 09.

Die einzige Hoffnung: In der traditionell finanzschwachen Regionalliga hätte zwei Vereinen die Lizenz entzogen werden müssen, damit Fortuna weiter dort hätte rumkruschteln dürfen. Kandidaten gab es einige und als Sachsen Leipzig sich pekuniär geschlagen gab, rückte Fortuna auf Platz eins der Warteliste. Viele Fans wollten dennoch auf ein mögliches Gnadenbrot verzichten, in einem Neustart in Liga 4 sah man mehr Potenzial zur Reanimation eines klinisch nahezu toten Patienten als in einem weiteren traurigen Jahr in der Dritten. Heute kann man sagen: zu Recht!

Ich erinnere mich noch wie heute, wie in einer Zeit, in der Fußballforen noch keine Hochkonjunktur hatten, eine spärliche Truppe internetaffiner Fortunen vor dem Rechner saß und sich im Forum über jede Neuigkeit austauschte, am Abend, an dem die Frist für jene endete, die noch Nachbesserungen im Lizenzverfahren leisten mussten. Der letzte Kandidat: SV Wilhelmshaven. Die Niedersachsen waren guter Zehnter geworden, es gelang jedoch erst kurz vor Toresschluss, eine nötige Bürgschaft für eine weitere Drittligasaison nachzuweisen.

Schade für Fortuna, toll für Wilhelmshaven. Toll für Fortuna und eher schade für Wilhelmshaven war es jedoch, dass die Unterlagen noch nach Frankfurt gebracht werden mussten und die Zeit auf dem Landweg zu knapp wurde. Also musste das Faxgerät herhalten, ja, damals benutzte man noch Faxgeräte. Wir machen es kurz: Das Faxgerät war kaputt, Wilhelmshaven konnte nicht schnell genug ein neues auftreiben, und der DFB zeigte sich kniepig, als die Unterlagen wenige Minuten zu spät eintrafen.

Fortuna war gerettet. Und wie es sich für F95 gehört, nutzte man diese Chance »glänzend«: Sang- und klanglos stieg man einen Sommer später trotzdem ab, nach einer weiteren desaströsen Saison, die die eigenen Finanzsorgen nur noch verstärkte. Mit vielen seiner Fans verscherzte der Klub es sich langfristig. Auch wegen des kaputten Faxgeräts von Wilhelmshaven. Der passende Spruch: Der einen Leid ist der anderen Leid.

22. GRUND

Weil Fortuna die sinnlosesten Gegentorlos-Rekorde aufstellt

In der Zweitligasaison 1992/93 blieb der damalige Fortuna-Keeper Jörg Schmadtke insgesamt 708 Minuten hintereinander ohne Gegentor – dies war damals neuer Rekord im bezahlten deutschen Fußball. Eine tolle Serie, an die er sicherlich gerne zurückdenkt. Oder auch nicht. Denn den Rekord errang Schmadtke als Teil eines der monströsesten Fehlschläge in der Fortuna-Geschichte. Nach dem Abstieg aus der 1. Bundesliga verschrieb man sich dem direkten Wiederaufstieg, in einer 2. Liga mit wiedervereinigungsbedingt 24 Vereinen und sieben Absteigern. Ergebnis dieses verwegenen Plans: Als Viertletzter wurde man am Ende der Saison gleich in die damals drittklassige Oberliga durchgereicht.

Nur 45 geschossene Tore in 46 Spielen, an 43 Spieltagen auf einem Abstiegsplatz, davon 18 Mal sogar auf Tabellenplatz 24 – beeindruckender ist wohl noch nie eine Mission Wiederaufstieg gescheitert. Was sich Spieler wie Peter Quallo, Thomas Huschbeck, Günna Breitzke oder Stefan Strerath zusammenkickten, war derart erschütternd, dass der damalige Trainer Horst Köppel, obwohl nur ganze sieben Spieltage im Amt, bis zum heutigen Tage bei Fortuna-Fans als fleischgewordenes Horrorszenario gilt, das gerne herangezogen wird, um zu verdeutlichen, dass die jeweilige aktuelle Situation doch gar nicht so besorgniserregend sein könne, verglichen mit diesem »Kader, direkt aus der Hölle« 1992/93.

Schmadtke hielt seinen Kasten im Laufe der Saison 708 Minuten am Stück sauber – nach dem 1:3 durch Mario Basler gegen Hertha BSC am 27.03.1993 klingelte es erst wieder beim 0:2 in Hannover am 12.05.1993 im Fortuna-Kasten. Aber dieser Rekord war nicht mehr als eine Randnotiz in diesem Desaster und kam viel zu spät, um noch etwas gegen den Abstieg ausrichten zu können. Näher als bis auf fünf Punkte ans rettende Ufer führte auch diese Serie von vier Siegen und drei Unentschieden nicht. Ein Rekord, der auf dem Papier beeindruckend aussieht, aber in der Endabrechnung völlig nutzlos war.

Nun, nicht völlig nutzlos: Jörg Schmadtke, der zusätzlich in jener Saison auch noch zweimal vorübergehend suspendiert worden war, wechselte nach dem Abstieg zum SC Freiburg und absolvierte dort in vier Jahren noch beeindruckende 131 Erstliga-Spiele. Und vereinsintern hielt sein Rekord satte 14 Jahre.

Erst im Jahr 2007 schaffte es Michael Melka, den Abstiegstorwart in puncto weiße Weste zu überflügeln. In der drittklassigen

Regionalliga Nord hielt Melka seinen Kasten von Saisonbeginn bis zur 82. Minute des 9. Spieltags sauber – insgesamt 802 Minuten. Auch für ihn gab es nur ein mäßiges Happy End: Zwar schaffte das Team in jener Saison locker die Qualifikation für die eingleisige 3. Liga, allerdings belegte man in der Abschlusstabelle den undankbaren dritten Rang und konnte somit quasi aus der ersten Reihe den Aufstiegsfeiern von RW Ahlen und RW Oberhausen zusehen. Die längsten Serien ohne Gegentor – bei Fortuna somit nur bedingt ein Grund zum Jubeln, aber trotzdem ein Grund, den Verein in seiner ihm eigenen Ironie zu lieben.

Ein Gastbeitrag von Carsten Koslowski

23. GRUND

Weil unser Südamerika-Netzwerk es locker mit dem von Bayer Leverkusen aufnehmen konnte

Das Südamerika-Netzwerk von Bayer Leverkusen war insbesondere um die Jahrtausendwende berühmt-berüchtigt. Jorginho, Lucio, Emerson, Paulo Sergio, Ze Roberto, Juan, Franca, Placente – reines Gold für den Werksklub. Aber auch einige Kilometer rheinaufwärts gab es zu dieser Zeit eine Südamerika-Connection, die sich sehen lassen konnte. Installiert von Trainer Massimo Morales und Edel-Manager Thomas Berthold, dessen Scoutingaktivitäten sich insbesondere auf das Studium von Bewerbungsvideos konzentrierten.

So begab es sich, dass 2004/05 plötzlich vier Argentinier (zwei von ihnen mit italienischen Vorfahren) im Kader der Regionalligamannschaft standen: Victor Hugo Lorenzon, Victor Matias Bocchio, Mariano Pasini und Walter Otta. Gegen dieses Quartett sind Lucio, Ze Roberto oder Emerson doch Bolzplatzstatisten.

Fairerweise muss man sagen, dass Lorenzon ein grundsolider Kicker war. So grundsolide, dass er ein Jahr später dank seiner ordentlichen Leistungen mit einem Reingewinn von 0 Euro an Rot-Weiss Essen weitertransferiert wurde. Man sieht, auch hier ganz ähnliche Margen wie bei Bayer. Auch über Bocchio gibt es nicht viel Schlechtes zu berichten, aber auch sein Gastspiel war nach einer Saison wieder beendet.

Nun zu den größten sportlichen Leistungen des Mariano Pasini: Beim Pre-Opening (wer denkt sich so was aus?) der Arena gegen Union Berlin schlug seine große Stunde. Pasini zirkelte einen Freistoß aus rund 25 Metern bilderbuchhaft in den Winkel. Leider, bevor der Schiedsrichter den Ball freigegeben hatte. Während das halbe Stadion noch wütend protestierte, legte sich Pasini die Kugel erneut zurecht und zwirbelte sie einfach in den anderen Winkel. Sagenhaft. Das war dann aber auch die einzige Glanzleistung in seiner Fortuna-Zeit.

Nun zu den größten sportlichen Leistungen des Walter Otta, der mit der Empfehlung der Torjägerkrone in Chile und eines wirklich tollen Bewerbungsvideos nach Düsseldorf gekommen war:

Otta spielte neun Mal, davon kein einziges Mal über 90 Minuten, Tore sind für ihn nicht verbucht. Er verstand sich blind mit der Mannschaft; zumindest kam es einem oft so vor, als spiele er blind. Es ist auch eine Leistung, *immer* den falschen Laufweg zu wählen. Ach was, stellen Sie sich einfach vor, wie ein Otter Fußball spielen würde. So war es.

Thomas Berthold hatte vier Argentinier geholt, die genauso wie der Weltmeister von 1990 nach dieser Saison verschwanden. Kosten: viel. Rendite: null. Wenn ich so recht drüber nachdenke, eigentlich doch das komplett umgekehrte Konzept zu dem von Bayer Leverkusen. Aber es gab in dieser Saison viel zu lachen, immerhin.

24. GRUND

Weil es mindestens 111 kuriose Fakten rund um Fortuna gibt (Teil 1)

- Fortuna ist der einzige Verein, der Fortuna Düsseldorf heißt
- Fortuna gewann sechs Mal in Dortmund, immer mit 2:1
- Fortuna hat noch nie ein Heimspiel gegen Energie Cottbus II verloren
- Fortuna ist in Pflichtspielen gegen den FC Barcelona nach regulärer Spielzeit ungeschlagen
- Ein Fortuna-Spieler erzielte Deutschlands erstes WM-Tor überhaupt (Stanislaus Kobierski, 1934)
- Mindestens 99 Prozent der Menschen glauben, Fortuna wäre ausschließlich die Göttin des Glücks – dabei ist sie auch die Göttin des Schicksals
- Fortuna drehte als einzige deutsche Mannschaft gegen Raba ETO Györ eine 0:2-Hinspielniederlage durch einen 3:0-Rückspielsieg um
- Fortuna war der erste Deutsche Fußball-Meister aus Nordrhein-Westfalen
- Fortuna schaffte es zweimal, mit sechs Niederlagen aus sechs Spielen in eine Saison zu starten (unter Hickersberger 91/92, unter Meier 10/11 – dazu noch einmal fünf Niederlagen zum Start unter Weise 76/77)
- Spieler, die von Fortuna Düsseldorf zum 1. FC Köln wechselten: Thomas Bröker
- Fortuna blieb im Pokal der Pokalsieger von 1979 bis 1981 genau 500 Minuten ohne Gegentor
- Fortuna verlor fünf Pokalendspiele in Folge zwischen 1938 und 1978
- All diese fünf Pokalendspiele gingen mit einem Tor Differenz verloren

- Fortuna gewann 16 Meisterschaftsspiele in Serie (Oberliga Nordrhein 93/94 plus Saisonauftakt 94/95 – die Aufstiegsrunde dazwischen wird hier mal als Pokalspiel gewertet)
- Atli Edvaldsson schoss im Fortuna-Trikot die meisten Tore eines isländischen Fußballers in einem Bundesligaspiel (5 gegen Eintracht Frankfurt)
- Fortuna-Fans sind die Einzigen, die den Namen Universitatea Craiova aussprechen können, ohne sich die Zunge zu brechen
- Fortuna ist der einzige Verein, dem nach dem totalen Absturz (ohne Zwischenstopp von der 1. in die 3. Liga) der sofortige Durchmarsch zurück in die 1. Liga gelang
- Fortuna ist die einzige deutsche Bundesligamannschaft, die nach einer 3:0-Führung gleich zweimal noch 3:4 verlor (1980 bei 1860 München und 1991 daheim gegen den VfL Bochum)
- Fortuna feierte den unverdientesten Auswärtssieg der Bundesligageschichte (2:0 beim VfB Stuttgart 1996)
- Fortuna feierte den zweitunverdientesten Auswärtssieg der Bundesligageschichte (3:2 bei Bayern München)
- Den vereinsinternen Gegentorlosrekord hält mit 802 Minuten Michael Melka (»Keiner schießt ein Tor in Düsseldorf …«)
- Am Ende der Saison 1990/91 und zu Beginn der Saison 91/92 verlor Fortuna insgesamt zehn Bundesligaspiele hintereinander
- In der Saison 91/92 blieb Fortuna dann auch noch mal 19 Spiele ohne Sieg (19. bis 37. Spieltag)
- Fortuna-Spielernamen mit Berufsbezeichnung: Kai Schwertfeger
- Fortuna verlor die meisten Spiele in der Bundesliga unverdient (326)
- Fortuna schaffte es, zwei Spiele nicht zu gewinnen, die offenbar durch die Wettmafia verschoben werden sollten (1:1 bei Wolfsburg II 2004 und 1:3 beim VfB Lübeck 2008)
- Fortuna gelang es, in vier Ligen zwölf Jahre in Folge kein Auftaktspiel zu gewinnen
- Fortuna ist nicht der 1. FC Köln

- Fortuna wurde ohne ein Gegentor in der Endrunde 1933 Deutscher Fußballmeister
- Fortuna ist der einzige Verein, der als 20. aus der 1. Bundesliga abgestiegen ist
- Und Fortuna gelang es, am Ende der nächsten Saison, sogar als 21. erneut abzusteigen
- Fortuna hat als einziger Zweitligaaufsteiger in der Geschichte kein Heimspiel verloren (13 Siege, 4 Unentschieden in der Saison 2009/10)
- Fortuna hat noch nie ein Spiel verloren, wenn sie erst einmal 9:0 führte (Gleiwitz)
- Fortunas erste Mannschaft hat noch nie beim SC 2000 Wiedenbrück gewonnen
- Fortuna hat noch nie ein Auswärtsspiel bei Energie Cottbus II verloren
- Fortuna hat immer beim VfR Aalen gewonnen, wenn Deniz Kadah ein Tor geschossen hat
- Fortuna ist der einzige Profiverein, der nach dem Absturz in die vierte Spielklasse wieder in die 1. Bundesliga zurückkehrte

25. GRUND

Weil Fortuna Düsseldorf immer auch Anführer sinnloser Trends war

Trainerentlassungen sind oft das letzte Mittel, um in der sportlichen Misere das Ruder noch rumzureißen. Gänzlich ungewöhnlich sind Vertragsauflösungen mit dem Übungsleiter jedoch, wenn eine Mannschaft dick und fett im Aufstiegsrennen steckt. Fortuna kann alles. Im November 2007 entließ die Fortuna ihren Trainer Uwe Weidemann, obwohl man in der Regionalliga Nord Dritter war und nur drei Punkte Rückstand auf einen Aufstiegsplatz hatte. Häää?

Fans und Vereinsführung waren mit der taktischen und technischen Weiterentwicklung der Mannschaft unter Weidemann nicht mehr zufrieden. Aha. Besonders clever war es, dass Fortuna noch nicht mal einen Nachfolger in der Hinterhand hatte, sondern erst in der Winterpause Norbert Meier präsentierte, der zunächst von einem Großteil der Anhänger für den nächsten Stümper gehalten wurde, was sich später zum Glück als Fehleinschätzung entpuppte. Zum Zeitpunkt der Entlassung von Weidemann konnte diese schöne Entwicklung natürlich noch niemand vorausahnen – eine Entlassung trotz Rang drei war also ein ziemliches Risiko. Aber noch lange nicht der Gipfel der Paradoxie.

Da man in Wuppertal schon immer etwas neidisch auf den großen Nachbarn aus Düsseldorf war, versuchte der WSV, noch einen draufzusetzen. Zur Winterpause führten die Blau-Roten die Tabelle der Regionalliga Nord an, als ihnen zehn Tage vor Rückrundenbeginn einfiel, dass Trainer Wolfgang Jerat zu erfolglos war. Als Tabellenführer!! Nachfolger wurde der leider kürzlich verstorbene Wolfgang Frank, der nach Annahme des Präsidenten Friedhelm Runge eine größere Expertise zu bieten hatte und den WSV vermutlich in die Bundesliga führen sollte.

Er führte die Wuppertaler in der zweiten Halbserie auf Platz sechs, mit acht Punkten Rückstand zu einem Platz an der Sonne. Als Außenstehender konnte man gar nicht aufhören, über diesen Riesencoup zu lachen. Für die Wuppertaler war es übrigens der Anfang vom Ende. In der Folgesaison hielt man als Viertzehnter noch die Klasse, zwei Jahre nach der Winterpausentabellenführung stieg man als Tabellenletzter ab und dümpelt seitdem in der Viertklassigkeit herum. Man merke sich: Als Tabellendritter sollte man den Trainer ruhig mal schassen, als Tabellenführer ist das nicht so wahnsinnig ratsam.

Dies kann übrigens aktuell Viktoria Köln bestens bestätigen. Der neureiche Regionalligist lag nach dem 16. Spieltag an der Tabellenspitze, als der Vereinsführung einfiel, Heiko Scholz zu entlassen (die Gründe blieben etwas spekulativ). Auf ihn folgte Ralf Aussem (inzwischen auch rausgeschmissen), der den Klub souverän zurück ins Tabellenniemandsland führte, mit horrendem Rückstand auf Ligaprimus Sportfreunde Lotte.

Zurück zur Regionalligasaison 2007/08, um dem Ganzen noch die Krone aufzusetzen. In der Winterpause verlor nicht nur der Tabellenführer seinen Coach, auch der Zweite suchte sich einen neuen Trainer. In diesem Fall allerdings nicht ganz freiwillig, denn Pavel Dotchev verließ Rot-Weiß Erfurt (am Saisonende Siebter), um beim Zweitligisten Paderborn anzuheuern. Dennoch dürfte es in dieser Saison einen Positivrekord in Sachen Trainerwechsel gegeben haben – ein Tabellenerster, ein -zweiter und ein -dritter spielten Trainer-wechsel-dich. Was mögen sich wohl die Vereine im Tabellenkeller gedacht haben.

26. GRUND

Weil Fortuna bei einer Oscar-Verleihung in 111 Kategorien ausgezeichnet würde (Teil 2)

- Oliver Bendt für: Beste Audioeffekte in »Schrei, wenn du kannst«
- Fait-Florian Banser: Beste Schlusspointe in »Gottes Werk und Teufels Beitrag«
- Frank Mayer für: Bestes Lebenswerk in »A Beautiful Mind – Genie und Wahnsinn«
- DFB für: Beste Gerichtsbarkeit in »Die Macht des Kartells«
- Luca Spengler für: Beste Fortsetzung »Das Tor zur Welt«
- Wolfgang Seel für: Bester Umgang mit Knappheit in »Aus spitzem Winkel«
- Thomas Huschbeck und Günter Breitzke für: Bestes Duo in »Les Miserables«

- Wellington de Sousa für: Bester Nicht-Darsteller in »Ein Mann wie Bielefeld«
- Sanshiro Matsumoto für: Bester Gewaltfilm »Gegen die Wand«
- Reinhold Straus für: Bester Regisseur in »Der erste Aufstieg«
- Matthias Mauritz für: Beste Nacherzählung von »An diesem einen Tag«
- Klaus und Thomas Allofs für: Bester Krimi »Liebesgrüße nach Ostrau«
- Christoph Schickhardt für: Beste Comedy in »Der Prozess«
- FC St. Pauli für: Beste Nebenrolle in »Sieben«
- Rudi Zedi für: Bester Hauptdarsteller in einem Psychothriller in »Replay«
- Andreas Lambertz für: Bester Newcomer in »Der unaufhaltsame Aufstieg des Andreas L.«
- Robert Palikuča für: Beste Filmmusik in »Emden sehen und sterben«
- Nando Rafael für: Beste Visual Effects in »Wenn Blicke töten könnten«
- Fortuna Düsseldorf 1933 für: Beste Serie »Die Null muss stehen«
- Gerd Zewe für: Bester Langspielfilm »Im Club der 400er«
- MSV Duisburg für: Bestes Vereinslebenswerk »Planet der Affen«
- Deniz Aytekin für: Bestes Fehlurteil in »Der Strafraum ist Auslegungssache«
- Horst Köppel für: Beste Negative in »Life of Pi – Schiffbruch in der Liga«
- Fortunas Gästeblock für: Beste Wettereffekte in »Ice Age Ingolstadt«
- Assani Lukimya-Mulongoti für: Beste Requisite in »Der Turm«
- Paul Janes für: Bester Hauptdarsteller in »I Am Legend«
- Manfred Bockenfeld und Rudi Bommer für: Bestes Teamwork in »Cool Runnings«
- Jens Langeneke für: Bester Mehrteiler »Der alte Mann und die Mitte«

- Atli Edvaldsson für: Beste Alleinunterhaltung in »Fünferpack«
- Toni für: Bester tierischer Darsteller in »Ein Schweinchen namens Toni«
- Jörg Albertz und Tobias Nickenig für: Bestes Originaldrehbuch »Fight Club«
- Jörn Schwinkendorf für: Bester Darsteller über 1,95 Meter in »Up in the Air«
- Dieter Bierbaum für: Beste Toneffekte in »Der Vorleser«
- Sergej Juran für: Bester Humor in »Ein Stadion voller Narren«
- Felix Zwolanowski für: Beste Eröffnung in »Einer flog über's Müngersdorf«
- Heinz Körner für: Beste Filmmusik in »Deutscher Meister 33 – nur damit es jeder weiß«
- Fortuna 2009/10 für: Bestes Déjà vu in »Und täglich grüßt die Auswärtsschwäche«

27. GRUND

Weil Fortuna fast mal Borussia Dortmund und Günter Netzer gekauft hätte

Dies ist ein kleiner Beitrag darüber, was die Fortuna beinahe einmal gekauft hätte. Das aktuellste Beispiel ist der Kroate Tomislav Barbarić, ein Abwehrspieler, den die Fortuna Anfang 2012 verpflichten wollte. Alle Verträge waren fertig, da fiel Barbarić zur Überraschung aller durch den Medizincheck. Das passiert wirklich sehr selten, aber nicht umsonst heißt eines unserer Mottos »Wir sind Fortuna – wir können alles«.

Jetzt aber zum Titel dieses 27. Grundes, denn es ist davon auszugehen, dass der eine oder andere darüber etwas verwundert sein wird. Und es geht hier auch nicht um ein Ereignis aus der Antike des deutschen Fußballs, sondern um das Jahr 2005. Die Saison

2004/05 war für die Borussia aus Dortmund beinahe die letzte im Profifußball, um ein Haar hätte der Klub bekanntlich Insolvenz anmelden müssen. Fortunen – clevere Geschäftsmänner durch und durch – witterten die einmalige Chance, den mehrmaligen Deutschen Meister einfach einzugemeinden.

Während des Gastspieles des BVB, na gut, seiner zweiten Mannschaft, im Jahr 2005, kam es dann zu ersten Vertragsverhandlungen. Die Fortuna-Fans kamen mit dem unschlagbaren Angebot singerisch um die Ecke. »Wenn wir wollen, kaufen wir euch auf«, schallte es den hochverschuldeten Schwarz-Gelben entgegen, die damals an der Börse keinen Pfifferling mehr wert waren. Die Dortmunder äußerten sich zu diesem Angebot komischerweise nicht, und auch auf mehrmalige Nachfrage dieser Art kam keine Verhandlungskorrespondenz zustande. Bisweilen etwas arrogant, diese Ruhrpottler …

Auf der Tribüne wurde daraufhin überlegt, einfach eine kleine Sammlung zu veranstalten und das spontane Übernahmeangebot einfach mit etwas Bargeld zu untermauern. Doch ehe diese Idee in die Tat umgesetzt werden konnte, pfiff die beste deutsche Schiedsrichterin aller Zeiten Bibiana Steinhaus ab. Unbewusst vereitelte sie damit den Ankauf der Borussia Dortmund AG durch den rot-weißen Fußballverein aus Düsseldorf, vertreten durch dessen Mitglieder. Dennoch muss dieser Tag eingehen in die Geschichte als jener, in dem Fortuna beinahe die Borussia gekauft hätte – zweifelsfrei!

Mehr als 50 Jahre zuvor war Fortuna ein anderer großer Coup durch die Lappen gegangen. Es ist nicht ganz klar, wie viel Legende ist und wie viel Wahrheit, aber Zeitzeugen und Historiker tendieren dazu, dass es sich eher um eine einwandfreie Wahrheit handelt. Der Stern des jungen Günter Netzer ging Anfang der 60er Jahre in den Jugendnationalmannschaften des DFB auf, und so kam es nicht von ungefähr, dass die halbe Region hinter dem Blondschopf her war. Inklusive Fortuna Düsseldorf natürlich.

Es wird berichtet, dass Fortuna sich einig war mit Netzer, wir wollten ihn gerne haben, er wollte auch fast gerne kommen. Einziges Problem: Fortunas Präsident ließ offenbar einen wichtigen Termin mit Netzer platzen. Der gewohnt selbstbewusste Kollege war daraufhin etwas pikiert und zog es vor, von da an mit Borussia Mönchengladbach zu verhandeln, seinem Heimatverein.

Aber klar, was haben wir schon verpasst. Netzer wurde gerade mal zweimal Deutscher Meister und einmal Pokalsieger mit den Borussen, dazu zweimal Fußballer des Jahres in Deutschland, Welt- und Europameister. Na und? Auf solche Erfolgstypen konnten wir in Düsseldorf schon immer gut verzichten. Da müssen wir froh sein, dass wir die Verpflichtung nur angetäuscht haben und zurückzogen, bevor uns ein Netzer noch zum größten Widersacher von Bayern München gemacht hätte.

28. GRUND

Weil nur Fortuna es schaffen kann, mit 19 ungeschlagenen Spielen in Folge um genau drei Tabellenplätze zu klettern

Klar, wenn man die Überschrift liest, könnte man denken: »Na und? Sind die halt von Platz vier auf eins geklettert, weiter ging es eben nicht.« Aber man ahnt es schon: So war es nicht. Es begab sich in der Saison 1999/2000. Fortuna war gerade erfolgreich in die drittklassige Regionalliga West/Südwest hinabgesunken. Nach sieben Spieltagen hatte sich Fortuna ebenso erfolgreich bereits im Niemandsland der Tabelle eingenistet.

Was folgte, war eine einmalige Serie: 19 Spiele ohne Niederlage – erst nach über sechs Monaten wurde diese Serie gebrochen. Acht Punkte hatte Fortuna (wenn man die nach der Saison um eine Gütersloher Insolvenz bereinigte Tabelle zu Rate zieht) zu Beginn der Serie Rückstand auf einen Aufstiegsplatz. Am Ende der Serie hatten sie diesen Rückstand genau gar nicht reduziert – er stand immer noch bei acht und Fortuna auf Rang sechs. Von neun auf sechs mit 19 unbesiegten Spielen. Wie das geht?

Unentschieden sind das Übel für jeden Herzblutfan. Zu wenig, um zu jubeln, und zu viel, um ordentlich gefrustet zu sein. Oft lässt einen ein Remis maximal ratlos zurück. Die ständige Hoffnung auf den späten Siegtreffer und die immerwährende Furcht vor dem kurzfristigen Knock-out verblassen und es bleibt ein Nicht-Gefühl. Am Ende steht ein Punkt, der seit Einführung der Drei-Punkte-Wertung nicht mehr so wertvoll ist wie zuvor. Nicht nur Rechenkünstler können nachvollziehen: Ein Sieg und eine Niederlage sind besser als zwei Unentschieden.

Fortuna spielte in dieser Zeit einfach zwölf Mal Unentschieden, obwohl man allein zehn Mal ohne Gegentor blieb. Sechs Mal 0:0, fünf Mal 1:1 und ein einziges Mal gab es das Highlight eines Torefestivals (2:2). Die Gegner, die der Fortuna ein Remis abtrotzten, waren solch namhafte wie der FSV Salmrohr, der SC 07 Idar-Oberstein, die Amateure des 1. FC Kaiserslautern und der SV Elversberg. Ebenjene Elversberger beendeten die Düsseldorfer Unbesiegbarkeitsserie Anfang März des noch jungen Jahrtausends.

In den anderen 17 Begegnungen dieser Saison beschränkte sich F95 übrigens auf zwei Remis. Kurios ist auch die Saisonverlaufskurve. Nie war Fortuna besser als Fünfter, nie schlechter als Zwölfter, an 20 der 38 Spieltage stand Fortuna auf Platz sechs. Aber man sollte die Unentschieden auch nicht verdammen. Ein Jahr später – als Fortuna nur wegen des Wilhelmshavener Lizenzentzugs den Klassenerhalt schaffte – holte man nur drei Unentschieden in 36 Spielen. In der folgenden Abstiegssaison reicht es zu acht Remis, ein Unentschieden zu wenig, um den Abgang in die Oberliga vermeiden zu können. Hätte man sich da doch nur eines der vielen Unentschieden aus der Saison 1999/00 ausborgen können. Leider sind im Fußball Punkte nicht in andere Spielzeiten übertragbar.

29. GRUND

Weil es mindestens 111 kuriose Fakten rund um Fortuna gibt (Teil 2)

- Bei Fortuna gab es einst nicht nur eine Abteilung für Leichtathletik, sondern auch eine für Schwerathletik
- Fortuna war Gründungsmitglied der Premiumklasse 3. Liga
- Der Torrekord von Fortuna in einer Saison liegt bei 85 – das schaffte Fortuna allerdings gleich drei Mal
- Höchste Leihgebühr der Vereinsgeschichte: Robert Kocis (für 1,2 Millionen DM von Tatran Prešov)
- Fortuna holte bei Deutschen Meisterschaftsendrunden die Plätze 1, 2 und 3
- 1918 wurde Fortuna Düsseldorfer Kriegsmeister
- Fortuna schlug zur Einweihung des Paul-Janes-Stadion den SSV Oberkassel mit 2:0
- Fortuna ist das einzige Team, dessen Trainingsspiel (na gut, ein halbes) live auf Sport 1 übertragen wurde
- Spieler, die von Fortuna Düsseldorf zum 1. FC Köln wechselten: Uwe Fuchs
- Das 1000. Bundesligator der Fortuna-Geschichte schoss André Winkhold beim 4:2-Sieg gegen Hertha BSC am 23.03.1991 – witzigerweise allerdings noch im Trikot der Berliner
- Auch das bislang letzte Bundesligator der Fortuna war ein Eigentor – durch Hanno Balitsch im Trikot des 1. FC Nürnberg
- Das erste Fortuna-Tor in der Bundesliga machte immerhin ein Düsseldorfer: Jürgen Schult beim 2:1-Auswärtssieg in Dortmund
- Fortuna stieg fünf Mal aus der Bundesliga ab – unter anderem 1967, 1987 und 1997
- Teuerster Neuzugang der Fortuna bis heute: Peter Quallo (für 2 Millionen DM von Borussia Dortmund)
- Schlechtestes Preis-Leistungs-Verhältnis bis heute: Peter Quallo

- Fortuna ist das einzige deutsche Team, das in der LenArena ungeschlagen blieb (von denen, die dort spielten, natürlich)
- Fortuna dürfte der einzige Klub sein, der ein Bundesligahinspiel mit 7:0 gewann und das Rückspiel mit 0:6 verlor (gegen Dortmund)
- Fortuna wurde von einer durch die Autoren dieses Buches gebildete Jury zum besten Verein aller Zeiten gewählt
- Fortuna-Spielernamen mit Berufsbezeichnung: Harald Gärtner
- Andreas Lambertz ist der einzige Spieler, der mit seinem Verein aus der 4. in die 1. Liga aufgestiegen ist
- Der erste Bundesligaaufstieg 1966 gelang der Fortuna wegen des besseren Torverhältnisses in der Aufstiegsrunde gegenüber dem FK Pirmasens
- Fortuna wurde 1977 Deutscher Amateurmeister
- Spieler, die von Fortuna Düsseldorf zum 1. FC Köln wechselten: Rudi Kargus
- Fortuna hat noch nie gegen den MSV Duisburg II gewonnen
- Fortuna hat inzwischen über 23.000 Mitglieder
- Fortuna hat nach einem 3:0-Vorsprung immer beim FC Bayern München gewonnen
- Fortuna gewann in sieben Auftritten bei Werder Bremen II nicht ein einziges Mal, verlor jedoch sechs Mal, und das immer mit zwei Gegentoren
- Bei 15 Europapokalduellen spielte Fortuna nie gegen eine englische Mannschaft
- Fortuna war das erste deutsche Team, das in Afrika spielte (1928)
- Fortuna hat eine Fanfreundschaft mit – niemandem
- Ironie des Schicksals: Das Rheinstadion wurde zur WM 1974 gebaut – und musste zur WM 2006 der ESPRIT-Arena weichen (ohne dass dort dann Spiele stattgefunden hätten)
- Das Arenaeröffnungsspiel fand am 10. September 2004 und hieß Pre-Opening
- Die Aktion 25.000+ war mit 27.345 Zuschauern erfolgreich

- Fortuna hat für die höchste Auswärtsniederlage des FC Bayern München gesorgt (7:1)
- Fortuna ist der weitaus erfolgreichste Verein, der je am Flinger Broich beheimatet war
- 1976/77 spielte Fortuna in der Bundesliga einmal sechs Mal unentschieden in Serie
- Fortuna gewann 1916/17 die B-Klasse des Bezirks Düsseldorf ohne Verlustpunkt

30. GRUND

Weil das schönste Eigentor auf Fortunas Konto geht

In einer Zeit lang vor der jetzigen gab es ein Gerät namens Videorekorder. Damit konnte man die wichtigsten Ereignisse für immer bewahren, zum Beispiel die Bundesligasiege der Fortuna. So kam es, dass mein Vater und ich häufig nach siegreichen Spielen relativ rasch auf das Fahrrad sprangen, den Rhein entlang bis nach Hause radelten und darauf hofften, dass Fortuna in der *Sportschau* kam – damals wurden nämlich nicht alle Spiele eines Bundesligaspieltags gezeigt. Dann wurde der Videorekorder angeschmissen.

Herausgekommen sind durchaus historische Dokumente, die ich mir als Kind immer anschauen durfte, wenn ich krank war und die mein Vater letztens mal wieder herauskramte, als ich ihn besuchte. Das ist so großartig! Der 3:2-Sieg bei Bayern München im März 1986, als Fortuna bei übelstem Wetter mit drei Kontern 3:0 in Führung ging und Jörg Schmadtke gefühlt 700 Großchancen vereitelte. Das 7:0 gegen den FC St. Pauli – eines der ersten Spiele, die ich live im Stadion erleben durfte.

Und mein absolutes Lieblingsspiel: das 4:2 gegen den VfB Stuttgart am 2. September 1989. Fortuna hatte bis zu diesem siebten Spieltag drei Punkte geholt, war Vorletzter. Der VfB kam mit Größen wie Eike Immel, Karl Allgöwer oder Guido Buchwald – auf der Bank saß Arie de Haan. Das Rheinstadion war gähnend leer (wie so oft), der *Sportschau*-Moderator feierte schon mal den ersten Abgesang auf die Fortuna. Doch dann zauberte F95, als gäbe es kein Morgen mehr.

Michael Schütz, Petr Rada, Michael Schütz, Petr Rada – ein Tor war besser als das andere. Doch das beste war das 3:0. Schütz bekam auf Höhe der Mittellinie den Ball, vor ihm eine etwa zehn Mann starke Linie aus Spielern, vielleicht sieben Stuttgarter und drei Düsseldorfer. Schütz legte sich in dieser 62. Minute den Ball einfach 15 Meter vor und rannte durch diesen Wall von Spielern hindurch, ohne dass einer der verdutzten Stuttgarter Abwehrspieler zeitnah reagiert hätte. Er lief auf Immel zu, umkurvte diesen lässig und schob das Leder in die Bude. Was der Kommentator dazu sagte, hallt mir, seit ich es zum ersten Mal sah, im Kopf herum: »Ein Sonntagsspaziergang am Samstagnachmittag.« Nie war eine Plattitüde so passend.

Die Pointe des Spiels war aber womöglich historisch noch wichtiger. Denn in einer Zeit, in der Rückpässe vom Torwart noch mit den Händen aufgenommen werden durften, gelang dem Düsseldorfer Bernd Klotz das schönste Eigentor der Vereinsgeschichte – vielleicht sogar der Bundesligageschichte. Andere würden hier möglicherweise den 30-Meter-Strahl von Helmut Winkelhofer nennen, der damals im Winkel des eigenen Bayern-Tores einschlug. Aber das Eigentor von Bernd Klotz war in seiner ganzen Vollkommenheit noch eindrücklicher.

Punkt 1: Klotz war erst 14 Zeigerumdrehungen vor dieser verhängnisvollen 81. Minute eingewechselt worden. Punkt 2: Fortuna führte 4:0, da kann man schon mal lässig von der Mittellinie den Ball zum eigenen Tormann zurückspielen. Ärgerlich nur, dass Klotz unwiderstehlich den Ball zurückdrosch, mit einem wunderbaren Effet, der Torhüter Schmadtke ganz, ganz alt aussehen ließ. Schmadtke hatte auch seinen Anteil, denn er unterschätzte diese

Murmel augenscheinlich, rannte dann etwas halbherzig mit ausgestrecktem Arm dem Ball hinterher und konnte am Ende nur noch zusehen, wie sich das Leder aber ganz exakt an die Innenseite der rechten Tornetzbegrenzung schmiegte.

Bernd Klotz machte insgesamt 44 Spiele für Fortuna, 22 davon in der 1. Bundesliga. Es wäre vermutlich schwer für ihn geworden, dauerhaft im Gedächtnis zu bleiben, wenn er dieses Selbsttor nicht geschossen hätte. So aber kann man fast jeden Fortunen älteren Semesters fragen. Meistens erwartet einen Gelächter. Wer dieses Spiel noch auf Video hat, sollte es sich dringend mal wieder angucken.

31. GRUND

Weil Fortuna schon immer etwas andere Stadien hatte

Der Bau der Düsseldorfer Arena war nicht ganz billig, das wissen die meisten. Sportreporter Manni Breuckmann verleitete dies einst zu der Aussage: »Die größte Tugend der Düsseldorfer ist die Bescheidenheit. Deswegen haben sie sich jetzt ein Stadion für 218 Millionen Euro hingestellt, in dem fußballerisch jedes Jahr vier bis fünf Regionalligaspiele der Fortuna und alle vier Jahre ein Länderspiel zu sehen sind (außerdem natürlich ständig Weltstars, die es schon seit Jahren nicht mehr abwarten können, in Düsseldorf auftreten zu können – und Massentaufen der Zeugen Jehovas).«[4] Gut, inzwischen finden durchaus regelmäßig Bundesligaspiele in der ESPRIT-Arena statt – dennoch sei hier dieser Grundgedanke der Arena noch mal aufgenommen.

Anfang des neuen Jahrtausends konzeptionierte der OB Joachim Erwin mit seinen Städtebauern diese gigantisch kostspielige 50.000-Mann-Multifunktionsarena, wobei ihm besonders der Begriff »Multifunktionsarena« zu gefallen schien. Denn außer Fußballspielen sollten hier vor allem Großkonzerte stattfinden –

und natürlich Skat-Turniere. Ja, Skat-Turniere waren Teil der Arena-Auslastungs-Planung. Eine wunderbare Geschichte.

Überhaupt, die Düsseldorfer und ihre Stadien, schon schön. Erwins Idee, bunte Sitze zu implementieren, die relativ schnell zum Spitznamen »Villa Kunterbunt« führten, ist ebenso genial wie unbegreiflich. Aus dem Ausland wurde diese Idee importiert. Das Ziel: Im Fernsehen sollte das Rund voll aussehen, auch wenn kaum jemand da ist. Ich habe inzwischen einige Spiele im Fernsehen gesehen, bei denen die Arena nicht voll war. Und wonach sahen die bunten Sitze aus? Nach bunten Sitzen! Aber ich muss die Verantwortlichen hier auch in Schutz nehmen: Letztens lief im TV die U20-WM in der Türkei, und in irgendeiner anatolischen Stadt sah ich die bunten Sitze wieder. Und ich hatte wirklich Schwierigkeiten, zu erkennen, ob dort Horden von Fans saßen oder nicht. In gewissem Maße funktioniert das also.

Und dann die Geschichte mit dem Dach: Wir können aus unserem Open-Air-Stadion ja eine Veranstaltungshalle machen. Das dauert zwar etwas lange und kostet jedes Mal auch ziemlich viel Geld, aber es geht. Man bekommt allerdings den Eindruck, als hätten die Betreiber das Konzept noch nicht vollends durchdrungen. Beste Erinnerungen gibt es dabei an ein Winterspiel gegen Greuther Fürth. Da war es in der Nacht vorher saukalt. Und es schneite auch ein wenig, also wurde das Dach zugemacht. Mit dem Ergebnis, dass die kalte Luft in der Arena gefangen blieb, während draußen die Temperaturen schon wieder Richtung Frühling gingen. Die Heizstrahler blieben auch aus. Was allerdings gar nicht sooo schlimm war, denn meine bisherigen Erfahrungen sagen mir, dass es unter dem Dach tropisch wird, wenn die Dinger eingeschaltet sind. Und dann besteht nur Erkältungsgefahr, wenn man dauernd von tropisch zu winterlich wechselt.

Nun ja, sind wir mal stolz auf das Dach, haben ja sonst nicht viele auf der Welt. Kommen wir dazu, dass Fortunas Stadien noch nie so wirklich normal waren, zumindest das Rheinstadion nicht. Kleiner

Exkurs: Ich mag es sehr, wenn Stadien etwas offener sind, sodass nahe Anwohner das Glück haben, auch ohne Eintrittskarte vom eigenen Balkon das Spiel gucken zu können. So was gab es zum Beispiel in Regensburg, wo ein Hochhaus als verlängerter Arm der Gegengeraden beste Sicht auf das Spielfeld garantierte. Ich weiß nicht, ob in den Mieten eine Dauerkarte für den Jahn eingepreist war.

Auf jeden Fall gab es so was Ähnliches ja auch mal bei Fortuna. Im Rheinstadion hatte man beste Sicht, wenn man im angrenzenden Freibad auf die oberste Stufe der Sonnentreppe stieg. Dann war man direkt auf dem Plateau, auf dessen anderer Seite eines Zauns die Blockreihen des Hintertorbereiches endeten. Manch einer machte sich sogar die Mühe, durch den Zaun zu schlüpfen, um noch etwas näher ans Spielfeld heranzukommen. Aber theoretisch konnte man hier für die zwei Mark Schwimmbadeintritt gratis noch ein Fußballspiel mitgucken. Wobei das bei vier Mark Stehplatzgebühr im Stadion auch kein großer Unterschied war.

Leider kann ich mangels eigener Stadionbesuche am ganz alten Fortuna-Platz in Vennhausen wenig über die dortige Beschaffenheit der Kampfbahn sagen. Aber ich bin mir relativ sicher, auch damals gab es schon die ein oder andere Merkwürdigkeit, über die Zeitzeugen noch heute reden würden, wenn es sie denn noch gäbe.

32. GRUND

Weil es mindestens 111 kuriose Fakten rund um Fortuna gibt (Teil 3)

- Fortuna wiederholte dieses Kunststück ein Jahr später
- Seit 80 Jahren hat Fortuna die F95 in seinem Logo – nur dreimal wurde das Wappen entscheidend modifiziert
- Die Stationen zur Amateurmeisterschaft: SC Concordia Hamburg, FC Bitburg, ATS Kulmbach, SV Sandhausen

- Der Trainer des SV Sandhausen hieß damals Roland Helfsgott – half nicht
- Im Ristić-Kader von 1995/96 spielten fünf Männer mit der Namensendung -ić, wobei einer von ihnen Deutscher und ein anderer Niederländer war
- Fortuna-Spielernamen mit Berufsbezeichnung: Georg Koch
- Der legendäre Egon Köhnen wechselte nach seiner langen Zeit bei Fortuna zu Bayer 05 Uerdingen
- Anzahl an Fortunen, die zu Bayern München wechselten: null
- Spieler, die von Fortuna Düsseldorf zum 1. FC Köln wechselten: Klaus Allofs
- Fortuna holte die meisten Punkte in einer Zweitligahinrunde aller Zeiten (41)
- 1949 wurde Fortuna die Lizenz entzogen und der Verein musste in die zweite Spielklasse absteigen
- Seit 1947 gab es bei Fortuna vier Spieler, deren Nachnamen mit Y begannen – aber keinen mit X
- Zwischen der Geburt der beiden Fortuna-Spieler Horst und Jürgen Degen lagen auf den Tag genau 13 Jahre
- Laktat schießt keine Tore
- Fortuna hat nach einer 5:4-Führung noch nie in Braunschweig gewonnen
- Höchste Verleihgebühr der Vereinsgeschichte: Jørn Andersen (1,2 Millionen DM an Eintracht Frankfurt)
- Fortuna fehlen derzeit drei Punkte, um den Karlsruher SC in der Ewigen Bundesligatabelle zu überholen
- Fortuna-Spielernamen mit Berufsbezeichnung: Josef Zöllner
- Neben Fortuna war der VfL Benrath der zweite Düsseldorfer Klub, der sich für die Endrunde um die Deutsche Fußballmeisterschaft qualifizieren konnte
- Im Januar 1951 wurden die Handballer von Fortuna Westdeutscher Hallenmeister, obwohl Fortuna zu diesem Zeitpunkt laut f95.de gar keine eigene Halle hatte[5]

- 7:0 – dieses Ergebnis ist Fortunas höchster Bundesligasieg, erreicht sowohl gegen Borussia Dortmund (1983 mit Michael Zorc) als auch gegen den FC St. Pauli (1990)
- Fortuna hat noch nie ein Europapokalduell nach Verlängerung gewonnen
- Fortuna hat noch nie ein Arena-Heimspiel gegen die SpVgg Greuther Fürth verloren
- Fortuna hat 18 Siege in Folge im DFB-Pokal erzielt
- Teuerste Abgänge der Fortuna bis heute: Robbie Kruse (für 1,5 Mio. Euro zu Bayer Leverkusen), Dani Schahin (für 1,5 Mio. Euro zum FSV Mainz 05) und Ihlas Bebou (für 5 Mio. zu Hannover 96)
- Fortuna hat noch nie gegen Red Bull Leipzig gewonnen
- Die Vereinsfarben der Fortuna sind den bergischen Hauptfarben des Düsseldorfer Stadtwappens nachempfunden
- Fortuna-Spielernamen mit Berufsbezeichnung: Christian Fährmann
- Spieler, die von Fortuna Düsseldorf zum 1. FC Köln wechselten: Werner Biskup
- Beim 6:5 gegen Bayern München schossen sechs verschiedene Spieler die sechs Tore
- Bei Fortuna spielte Augustine Fregene
- Zwischen dem Bundesligaabstieg 1997 und dem Wiederaufstieg 2012 spielte Fortuna in Meisterschaftsspielen gegen exakt 99 Mannschaften
- Heinz Körner wurde von der Fortuna in einer Zeitspanne von 1924 bis 1953 fünf Mal als Trainer engagiert
- Fortunas höchster Auswärtssieg in der Bundesliga war ein 7:2 bei Blau-Weiß 90 Berlin
- Fortuna ist die einzige Mannschaft, die nach einem 2:4-Halbzeitrückstand noch 6:5 gegen die Bayern gewann
- Die längste Siegesserie der Fortuna liegt bei sechs erfolgreichen Spielen in der Saison 1988/89
- Es gibt mindestens 110 kuriose Fakten über Fortuna Düsseldorf

33. GRUND

Weil Fortuna gucken auch immer jede Menge Regelkunde ist

Die DFB-Pokal-Saison 1995/96 verlief aus Sicht der Fortuna wie geschmiert. Einem 3:1-Sieg bei Dynamo Dresden folgte das legendäre 3:1 über Bayern München, bei dem Stars wie Jean-Pierre Papin, Jürgen Klinsmann und Oliver Kahn von Fortuna nach allen Regeln der Kunst zerlegt wurden. Ein Spiel, in dem sogar Millionenflop Darko Pančev einmal traf. Und in dem Nachwuchsmann Ben Manga das Spiel seines Lebens für Fortuna machte.

Danach reichte es durch ein erneutes 3:1 gegen den Chemnitzer FC und ein 1:0 über den 1. FC Nürnberg zum Halbfinaleinzug. So weit war Fortuna seit der Saison 1986/87 nicht mehr gekommen, als man mit einer der schlechtesten Leistungen der Vereinsgeschichte beim 0:3 bei den Stuttgarter Kickers die Pokalfinalteilnahme verbaselte.

Zurück zur Saison 1996: Die anderen Mannschaften im Halbfinale waren der Karlsruher SC sowie die beiden Abstiegskandidaten Bayer 04 Leverkusen und 1. FC Kaiserslautern – wer erinnert sich nicht an das damalige Saisonfinale, als Markus Münch neun Minuten vor Schluss Andreas Brehme und seinen FCK ins Tal der Tränen schoss.

Ein dritter Pokalsieg lag also im Bereich des Möglichen, auch wenn die Auslosung das schwerstmögliche Spiel generierte, einen Auswärtskick im Karlsruher Wildpark. Der KSC wurde in dieser Saison Bundesligasiebter, mit Leuten wie Häßler, Fink, Tarnat, Manni Bender oder Kirjakow. In der Liga hatte F95 beim KSC mit 1:3 verloren, zu Hause aber immerhin einen 2:0-Sieg gefeiert – nach der Europapokalarithmetik wäre Fortuna also weiter gewesen. Leider gibt es im Pokal immer nur ein Spiel, und Auswärtstore helfen einem auch nur weiter, wenn man mehr schießt als der Gegner.

Das Spiel kam damals live im Fernsehen, was 1996 noch nicht so selbstverständlich war wie heute. Ich sehe mich noch auf der alten Wohnzimmercouch sitzen, mein Vater im Sessel neben mir. Leider kam Fortuna nie richtig ins Spiel und lag nach 80 Minuten durch Tore von Kirjakow und Häßler mit 0:2 zurück. Der Traum von Berlin schien schon zerplatzt, als acht Minuten vor dem Ende plötzlich ein Elfmeter für die Fortuna gegeben wurde.

Vlatko Glavaš war damals ein sehr zuverlässiger Elfmeterschütze, hatte unter anderem 1995 zum Bundesligaaufstieg in Chemnitz souverän eingenetzt. Auch diesmal verließ sich die Fortuna auf ihn und Glavaš traf tatsächlich, allerdings auf etwas umständliche Weise. Der Bosnier schoss das Leder nämlich zuerst ans Aluminium und jagte die Kugel erst im Nachschuss in die Maschen. Und jetzt wurde es interessant. Der Schiedsrichter gab das Tor nicht. Man könnte Schiri-Urgestein Bernd Heynemann nun Parteilichkeit vorwerfen oder Dummheit. Die Wahrheit liegt aber woanders: Er hatte recht.

Denn der Elfmeterschütze darf den Ball nur nachträglich im Tor unterbringen, wenn zwischendurch ein anderer Spieler (meistens der Torhüter) den Ball berührt hat. Haut er das Ding an Pfosten oder Latte, darf jeder andere ihn noch reintun (auch gerne der Torhüter), nur der Schütze selbst muss die Füße davon lassen. Der Doppelpass mit dem Aluminium wird regeltechnisch so gewertet, als hätte der Schütze den »Freistoß« zu sich selbst abgespielt. Bekloppt, aber wahr.

Lange Rede, kurzer Sinn: Fortuna konnte diese Initialzündung nicht zünden lassen und verlor (verdient) mit 0:2. Damit wurde eine ganze Generation um ihr erstes Pokalfinale gebracht. Kein Abend, der die Liebe zu Fortuna zwingend steigerte. Beziehungsweise erst die Summe dieser Niederlagen machte bis heute einen Teil der Liebe zu Fortuna aus.

34. GRUND

Weil »Lumpi« Lambertz mir ein Traumtor zum Geburtstag schenkte

Als ich am 17.10.2011 26 Jahre alt wurde, konnte ich leider nicht mit Fortuna nach Hamburg zum FC St. Pauli reisen. Stattdessen traf ich mich zum Ehrentag-Rudelgucken in der wunderbaren Kneipe »Kamin« auf der Aachener Straße mit Family & Friends. Ich vermute mal, niemand in der Mannschaft, die an jenem zugigen Oktoberabend am Millerntor auflief, wusste, dass ich Geburtstag hatte. Aber ich finde Geburtstage immer etwas Besonderes – also war ich doppelt aufgeregt, ob es denn ein Drei-Punkte-Präsent geben würde.

Das erste Geschenk machte Michael Ratajczak, allerdings den Hamburgern. Mit dem 0:1 ging es Richtung Pausentee und bis dato konnte ich wirklich nicht annehmen, dass dieses Spiel diesen Geburtstag zum schönsten aller Zeiten machen könnte. Es war eher so – mittelgut. Am Sport1-Mikrofon saß an jenem Abend Peter Neururer, und ich möchte gerne zitieren, was er sagte, so kurz vor der Halbzeit:

»Wenn die Düsseldorfer zusammenspielen und nicht die Einzelaktionen suchen, dann wird es sehr gefährlich.«

In dem Moment, als er »gefährlich« zu Ende aussprach, hatte sich Lumpi gerade durch multiple Hamburger Kommerzkicker getankt, bis an die Strafraumgrenze, von wo er staubtrocken abzog. Ein Traumtor, das Leder schlug genau in den Winkel ein. Blitzgescheit analysiert von Neururer, das Ding mit den Einzelaktionen. Und schlagartig war dieser Geburtstag ein ganz besonderer. Sicher, es trug auch noch dazu bei, dass Fortuna durch ein zweites Lambertz-Tor und ein überragendes Solo von Maxi Beister am Millerntor insgesamt mit 3:1 gewann und den »Kamin« mehrfach kollektiv in Euphorie versetzte. Aber dieses Tor, das werde ich nie vergessen.

Die Erinnerung an diesen schönen Geburtstag hat mich kürzlich dazu veranlasst, mal zu überprüfen, ob Fortuna mir an meinem Ehrentag generell wohlgesinnt ist. Wenn wir die Jahre so zurückgehen, dann kommen wir 2012 erst mal an einem 0:5 gegen die Bayern vorbei. Gut! 2010 gab es sieben Tage nach meinem Geburtstag ein Spiel. Ich war da. 0:3 in Paderborn. Das war gruselig! Aber dann: Die Saison nach dem Aufstieg: 4:1 gegen den FSV Frankfurt. In der Aufstiegssaison zuvor ein souveränes 1:1 daheim gegen Bayern München II.

Wo wir gerade bei Statistiken sind: Das Spiel in St. Pauli war das erste Spiel von Fortuna an meinem Geburtstag seit sage und schreibe 18 Jahren. Damals gähnte sich F95 an meinem Ehrentag zu einem 0:0 bei Bayer Leverkusen II in der Oberliga Nordrhein.

Und jetzt machen wir es auch noch richtig rund: Das erste Spiel nach meiner Geburt ließ neun Tage auf sich warten und endete mit einem formidablen 0:1 bei Hannover 96. Das ist aber noch gar nichts, wenn man das mit meinem Onkel vergleicht. Sechs Tage nach dessen Geburt fuhr Fortuna zum Lokalderby nach Köln – und verlor mit 0:5.

Und wiederum das komplette Kontrastprogramm hierzu ist die Geburtsstunde meines Vaters: Gerade einmal zwei Tage lag der in Flingern rum, als Fortuna zu Hause den FC Schalke 04 mit 7:2 vom Feld schickte. Das nenne ich mal einen Einstand. Getoppt wird das nur von meiner Frau: Denn die feiert jedes Jahr ihren Geburtstag, wenn die erste, einzige und schönste Deutsche Meisterschaft von Fortuna Düsseldorf jubiläumisiert. Sie ist da skeptischer als ich, aber: Könnte es etwas Schöneres geben?

Das Törchen von Lumpi kam dem in seiner Schönheit in jedem Fall sehr nahe. Und es war schließlich auch Teil einer rauschhaften Saison, die zwischen »Kamin«, ESPRIT-Arena und Auswärtsfahrten diverseste ekstatische Höhepunkte lieferte. Wer dann am Tag des Hertha-Spiels Geburtstag hatte, war mir vermutlich genauso egal wie Beister und Jovanović bei ihren traumhaften Toren.

35. GRUND

Weil Fortuna bei einer Oscar-Verleihung in 111 Kategorien ausgezeichnet würde (Teil 3)

- Jørn Andersen für: Bester Darsteller in einem Horror-Film in »Keintorhase«
- Patrick Deuß für: Beste Abschläge in »Das Spielfeld ist nicht breit genug«
- Anthony Baffoe für: Bester Dialog mit einem Offiziellen in »Weiße Jungs bringen's nicht«
- Michael Schütz für: Bestes Kostüm in »Die Radlerhose«
- Darko Dražić für: Beste Drecksarbeit in »Der Ausputzer«
- Dieter Brei für: Bestes Drama »Basel«
- Olivier Caillas für: Beste einseitige Darstellung in »Mein linker Fuß«
- Wolf Werner für: Bester Hauptdarsteller über 70 in »Country for Old Men«
- Marek Leśniak für: Beste Maske in »Zick zack, Schnauzbart«
- Ralf Dusend für: Bester Episodenfilm »Speed«
- Christian Erwig für: Bester Hobbydarsteller in »In aller Freundschaft«
- Dirk Krümpelmann für: Bester Nachwuchsschauspieler in »Blondie«
- Sven Demandt für: Bestes Beispiel in »Verwechselt«
- Richard Cyron für: Bester internationaler Film »The Goal Hunter«
- Ralf Loose, Jörg Bach und Martin Latka für: Beste Statue in »Die Säulen der Erde«
- Reiner Geye und Egon Köhnen für: Beste Frisuren in »Die wilden Siebziger«
- Kevin Strauss für: Beste Fiktion in »Der unvollendete Transfer«
- Hans-Dieter Tippenhauer für: Bestes DREHbuch in »Hello, FC Aberdeen«

- Fortunas Auswärtsfans für: Beste Special Effects in »One Night in Braunschweig«
- Michael Preetz für: Beste Nebendarstellerin in »Eine Frau steht ihren Mann«
- Josef Weikl für: Bester Debütant in »Plötzlich Pokalfinale«
- Das Rheinstadion für: Bester Drehort in »Beton zum Verlieben«
- Jede Niederlage für: Bester Film aus einer anderen Welt »Das verlorene Wochenende«
- Fortuna-Fans für: Bester Gesang in »Wenn wir wollen, kaufen wir euch auf«
- Fabian Giefer und Juanan für: Bester Slapstick in »Ich, du und der andere«
- Ernst Albrecht für: Bester Film national »1928«
- Block 42 für: Bestes Banner in »Der Businessplan des Dietmar H.«
- Fortuna Düsseldorf 1997–2003 für: Beste Stringenz in »Skyfall«
- Tim Kruse für: Bester Teamplayer in »Zu gut für diese Mannschaft«
- Karl Werner für: Beste Darstellung eines Fußballgotts in »Liebling Werner«
- Tiago Coelho Branco Calvano für: Bester schlechtester Hauptdarsteller in »Beasts of the Southern Wild«
- Stefan Effenberg und Harald Katemann für: Beste Antagonie in »Tiger and Dragon«
- Fortuna Düsseldorf im Pokalfinale 1980 für: Bester Film regional »The Revenge«
- Dieter Herzog für: Bester internationaler Nebendarsteller in »Die Weltmeister«
- Heinz Lucas für: Beste Wiederholung in »Der doppelte Dritte«
- Toni Turek für: Beste Überraschung in »Der Held von Bern«
- Fortuna Düsseldorf für: Bestes Liebesdrama »Die unendliche Geschichte«

3. KAPITEL

SPIELBERICHTE

LEGENDÄRE UND WENIGER LEGENDÄRE KICKS

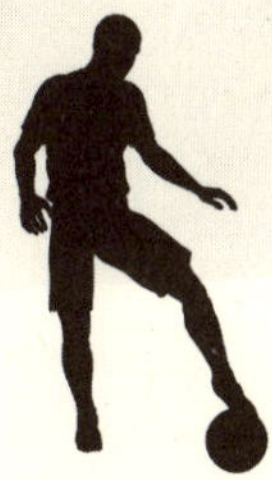

36. GRUND

Weil das 5:5 in Braunschweig ganz sicher zu den 111 emotionalsten Spielen der Fußballgeschichte zählt

Es gibt Spiele, die spalten eine Fangemeinde in »Ich war dabei« und »Habe ich leider verpasst«. Das Auswärtsspiel der Fortuna bei Eintracht Braunschweig am 35. Spieltag der Saison 2008/09 war so eines. Vier Spieltage vor Schluss konnte Fortuna mit einem Sieg wieder auf einen Aufstiegsplatz springen. Die ganze Stadt sehnte sich nach zehnjähriger Abstinenz nach Profifußball, der Aufstieg sollte den Verein auch aus finanziellen Problemen befreien. Diese Konstellation machte dieses Spiel schon vorher zu einem emotionalen Höhepunkt.

Nach nicht einmal einer Minute wich die Hoffnung, die in der Woche zuvor aufgebaut worden war, brutal. Smail Morabit traf für die Gastgeber, ein fieser Zerstörer aller Aufstiegsträume. Ein richtiger Knock-out nach nicht mal 60 Sekunden. Doch Fortuna drehte in den kommenden zehn Minuten das Ergebnis herum und führte zur Pause mit 2:1, weil Torwart Michael Melka auch noch zwei Elfmeter gehalten hatte. Die Sonne knallte erbarmungslos auf den unüberdachten Gästebereich – und zur Halbzeit waren die Fans schon dermaßen fertig: drei Mal Fassungslosigkeit, vier Mal Riesenjubel. Ein Gefühl, als hätte man selbst gerade 90 Minuten plus Verlängerung auf dem Platz gestanden. Die Herzschrittmacher spielten schon zum Pausentee Techno-Beats.

Wenn man gewusst hätte, was in der zweiten Hälfte noch passieren würde, einigen wäre von ihrem Hausarzt die sofortige Heimfahrt empfohlen worden. Durch den dritten Elfmeter (alle durchaus berechtigt) glich Braunschweig aus. Im Gegenzug traf Lambertz zum 3:2 für Fortuna, der Block explodierte in einer Art Jubel, den ich in meinem Leben nie zuvor bei Fortuna erlebt hatte. Die ganze Hoffnung entlud sich bei jedem gehaltenen Elfmeter, bei jedem geschossenen Tor, alles bebte.

Doch Braunschweig gelang postwendend wieder der Ausgleich, ehe Claus Costa Fortuna mit 4:3 in Führung köpfte. Vier Tore in fünf Minuten, es ist unmöglich, diese Gefühlsachterbahn in wenigen Zeilen zu beschreiben. Ein ständiger Zustand aus riesiger Freude und gnadenloser Enttäuschung. Fortuna stand Millimeter vor dem vielleicht erlösenden 5:3, doch Lawarées Schuss wurde auf der Linie geklärt. Das 4:4 durch Boland fiel nach gut einer Stunde.

Sechsmal großer Jubel und sechs Momente der großen Enttäuschung nach 60 Minuten. Normalerweise reicht das für drei oder vier Spieltage. Schon jetzt wäre das Spiel mehr als irre gewesen, doch der Fußballgott hob sich die finale Pointe für den Schluss auf. Braunschweigs Linksverteidiger Rodrigues griff in der 87. Minute zur Notbremse und verhinderte damit eine große Torchance. Schiedsrichter Siebert gab nur Gelb, die erste Ungerechtigkeit dieses Tages. Die Rache folgte auf dem Fuße: Marco Christ schlenzte den fälligen Freistoß exquisit in den rechten Torwinkel. 5:4! Der ganze Block war nur noch ein Knäuel ineinanderliegender Menschen. Der Aufstieg war ganz nahe. Jena, Aalen und Bremen II hießen die letzten drei Gegner – alles mehr als machbar. Der Auswärtsblock kannte kein Halten mehr. Sollte Fortuna tatsächlich als Sieger aus diesem unglaublichen Spiel hervorgehen?

Was uns damals fast zum Weinen brachte, ruft heute nur noch ein ungläubiges Lachen hervor. In der Nachspielzeit segelte ein langer Einwurf in den Düsseldorfer Strafraum. Der Ball titschte einmal auf und am langen Pfosten stand Fait-Florian Banser, ein Name, der jedem Beteiligten heute noch eine Gänsehaut über den Rücken laufen lässt, und drückte den Ball ins Netz. Fünf zu fünf. Unfassbar.

Viermal in Führung, viermal kam die Braunschweiger Antwort. Während die Eintracht-Fans jubelten, standen die Fortunen mit offenem Mund still und anerkennend klatschend auf den Betonstufen des Gästeblocks und wussten nicht, ob sie sich nun über den einen Punktgewinn freuen oder wegen des späten Ausgleichstores vergraben sollten.

Es war ein Spiel mit perfekter Dramaturgie für jeden, der diesen Sport liebt. Und dass Fortuna nicht gewann, ist ein Grund mehr, diesen Verein zu lieben. Wenn man Glück hat, erlebt man so ein Spiel vielleicht noch einmal im Leben. Noch heute fragt man sich gegenseitig: »Warst du damals in Braunschweig?« Ich gehöre zu den glücklichen drei- bis viertausend Düsseldorfern, die sagen können: »Ich war dabei.«

37. GRUND

Weil der FC Bayern in Düsseldorf die höchste Auswärtsniederlage seiner Bundesligageschichte kassierte

Die großen Rekorde von Fortuna Düsseldorf kann auch jemand nachzählen, der nur eine Hand hat, an der auch noch zwei Finger fehlen. Abgesehen davon, dass Fortuna die längste Siegesserie im DFB-Pokal aller Zeiten hinlegte, beschränken sich die Rekorde eher auf Banalitäten wie, dass man in den 118 Jahren seit Gründung noch nie gegen Energie Cottbus II verloren hat (Spiele: 2). Auf einen Rekord sind wir in Düsseldorf aber durchaus stolz.

Am 9. Dezember 1978 waren die großen Bayern aus München zu Gast, damals garniert mit Weltmeistern wie Maier und Breitner oder späteren Topinternationalen wie Augenthaler oder Rummenigge (Karl-Heinz). Doch auch die Fortuna stand damals nicht schlecht da – es war das Duell des Tabellensiebten gegen den Vierten, und mit Zewe, Köhnen, Klaus Allofs oder Seel tummelten sich keine Anti-Fußballer in den Reihen der Rot-Weißen.

Dass man die Bajuwaren an diesem Wintersamstag jedoch derart vor sich herspielen würde, war nicht zu erwarten gewesen. 26.000 Zuschauer – für heutige Zeiten eine traurige Zahl – sahen im Rheinstadion eine Fortuna, von deren Herz und Engagement die Älteren heute noch schwärmen.

20 Sekunden dauerte es, bis Welttormann Maier einen Abstoß verhunzte, Klaus Allofs steil geschickt wurde und humorlos rechts unten abschloss. Augenthaler glich zwar noch mal aus, doch dann rollte Fortuna mit einem weiteren Treffer von Allofs, jeweils zwei Buden von Seel und Günther und einem an Körperverletzung grenzenden Strafstoß von Zimmermann über die Bayern hinweg. Der Gesichtsausdruck von Sepp Maier war spätestens nach dem 7:1 unbezahlbar.

Fans großer Klubs haben viele hohe Siege zu feiern, sie verlieren leicht an Besonderheit. Fortuna-Fans hingegen können nicht auf viele legendäre Tage zurückblicken. Und gerade deshalb werden die Geschichten von den Älteren erzählt – immer dann, wenn nach verlorenen Spielen zu viel Bier zu (zu viel) Melancholie führt. Diese Geschichten sind immer wieder schön für uns Jüngere, weil wir das Pech hatten, damals nicht dabei zu sein – in den 70ern, als Fortuna eine große Nummer war in Deutschland: zwei Mal Tabellendritter in der Bundesliga, drei Mal im Pokalfinale, Europapokalendspiel gegen Barcelona.

Und nicht nur dieses 7:1 gegen die Bayern. Dreieinhalb Jahre zuvor gewann F95 im Rheinstadion mit 6:5 gegen den FCB, nachdem man zur Pause noch 2:4 zurückgelegen hatte. 1984 schlug mein Verein innerhalb von 14 Tagen Borussia Mönchengladbach und Bayern München mit 4:1. Borussia Dortmund wurde in derselben Saison mit 7:0 nach Hause geschickt. Leider nicht die höchste Auswärtsniederlage der Schwarz-Gelben.

Aber wo wir gerade bei höchsten Auswärtsniederlagen sind: Fortunas größte Demütigung in der Fremde war ein 0:7. Datum: 06.02.1982. Tatort: Münchener Olympiastadion.

38. GRUND

Weil Fortuna niemals aufgibt

Ja, man kann den Titel dieses Abschnittes natürlich auch auf die Vereinsgeschichte übertragen, doch hier soll es um diesen einen Abend im August 2009 gehen. Fortuna war gerade wieder auferstanden von den Toten, zurückgekehrt auf die Landkarte, die Jahr für Jahr die Standorte der Erst- und Zweitligisten markiert. Fortuna freute sich auf Duelle mit Duisburg, Aachen oder Kaiserslautern – da zauberte der Fußballgott noch einen schönen Aperitif aus der Lostrommel, ein Pokalspiel gegen den Hamburger SV.

Es war ein schöner Sommerabend, ich weiß noch, dass ich direkt von einer Uni-Klausur in die Altstadt fuhr. Wenn mich nicht alles täuscht, war sogar die komplette Klausurenphase gerade vorbei und dies der erste Abend nach sechs Wochen Lernerei. Wir hatten nichts zu verlieren, der HSV kam mit einer Armada von Nationalspielern, wir mit einer Armada von Aufstiegshelden. Dass es aber einen solchen Pokalfight geben würde, hatten wohl auch die aufstiegsbesoffensten Optimisten nicht geglaubt. Schon gar nicht, nachdem Mladen Petrić nach gerade einmal drei Minuten einnetzte, direkt vor der Südtribüne, mitten ins Herz.

Fortuna hatte mit Weber, Anderson, van den Bergh, Fink und Bulykin gleich fünf Neuzugänge auf dem Platz, eine Wundertüte, niemand wusste, wie sich diese Truppe fußballerisch schlagen würde. Und dann fehlte auch noch Herzstück Lambertz, der angeschlagen aus der Vorbereitung gekommen war. Eine Viertelstunde später wusste jeder im Stadion und an den heimischen Bildschirmen, wo es für dieses Team hingehen kann. Oliver Fink hielt den Schlappen in einen Freistoß und überraschte Frank Rost im kurzen Eck. 1:1. Dann enteilte Caillas allen, schoss elegant den hinterhersprintenden Jérôme Boateng an und von dessen unkontrollierbarem Körper schlawinerte sich der Ball vorbei an Rost zur Fortuna-Führung.

2:1 – irre. Die Stimmung in der Arena war wohl selten besser als bei diesem Spiel, als in diesen Minuten.

Kurz nach der Pause versuchte Michael Melka dann in seiner unnachahmlichen Manier einen Fernschuss von Piotr Trochowski am Tor vorbeizugucken. Klappte nicht. 2:2. Hin und her ging es bis zur gerechtfertigten Verlängerung. Ein solches Spiel durfte nicht einfach nach 90 Minuten beendet werden. Gut, nach 95 Minuten war es eigentlich vorbei, als ein maximal dämliches Missverständnis in einem Foul von Melka an Pitroipa kumulierte, ärgerlicherweise auch noch im Strafraum, ärgerlicherweise zu Recht mit Elfmeter geahndet. Petrić drosch die Kugel in die Maschen. Der Bundesligist, Topfavorit, Bundesligadino führte mit 3:2.

So blieb Fortuna nur eins: ein finales Aufbäumen, eine letzte Attacke, ein Husarenstreich. Klappte aber nicht. 119 Minuten und ein paar Zerquetschte waren schon rum, als der HSV eine Ecke bekam und damit die Gelegenheit, die Chose elegant mit Zeitschinderei zu beenden. Stattdessen flankte Trochowski nach innen, köpfte Petrić aufs Tor, wehrte ein Düsseldorfer ab, landete der Ball bei Ze Roberto, legte dieser wieder raus auf Trochowski, dribbelte dieser nach innen anstatt zur Eckfahne.

Die letzten Sekunden mit dem seit diesem Abend in Düsseldorf nicht unbeliebten ARD-Kommentator Gerd Gottlob: »Trochowski. Gegen van den Bergh. Ballverlust. Und Caillas, vorne Heidinger, Lawarée. Und Ze Roberto mit dem Tackling, um diesen Konter zu unterbinden. Aber die lassen nicht locker!. Sieger. Heidinger. Lambertz. IST DAS DIE LETZTE SZENE, IST DAS DIE LETZTE CHANCE. Caillas. Jetzt sind sie alle vorne. LAWARÉE. Und der kommt nicht dran. Noch mal. Lambertz. LAMBERTZ! UND DER BALL IST IM TOR! 3:3! LETZTE SEKUNDE! 120 MINUTEN GESPIELT! IN DER ALLERLETZTEN SEKUNDE MACHT DER DEN AUSGLEICH. DAS IST UNFASSBAR! Es ist unfassbar, meine Damen und Herren. Der Publikumsliebling Andreas Lambertz. Der spielt hier seit der zweiten Hälfte, läuft rauf und runter. Und der macht das 3:3. In exakt der letzten Sekunde der Verlängerung. Abgefälscht noch von Aogo. Keine Chance für Rost. Der kriegt zumindest die Hände nicht mehr hoch. Andreas Lambertz, genannt ›Lumpi‹. Leicht abgefälscht landet der Ball im Tor. Und es gibt – Elfmeterschießen. Das ist so unglaublich, meine Damen und Herren.«

Die Hamburger seien gedanklich schon im Hotel gewesen, sagte Gottlob. Die hatten das nicht mehr auf dem Zettel. Man kann der Fortuna vieles vorwerfen, nur auf dem Zettel sollte man sie immer haben. Nicht wahr, Ewald?

39. GRUND

Weil wir nur 25 Sekunden bis zum Torgasmus brauchen

Tom Bayer, an diesem Abend für Sky im Einsatz, live: »So, noch einmal kurz auf die Uhr geschaut und dann geht's los hier. Fortuna Düsseldorf ganz in Rot; in der ersten Halbzeit von links nach rechts … Ilsøøøø! Beister! Der soll natürlich seine Schnelligkeit ausspielen. An Hubnik ist er schon mal vorbei … und Toooor, das gibt's nicht, das gibt es nicht. 25 Sekunden sind gespielt und die Fortuna führt mit 1:0. Das ist ja nicht zu fassen, das wird auch Otto Rehhagel denken. Der Mann hat vieles erlebt in seiner langen Karriere. Maaaximilian Beister. Schauen Sie sich das mal an. Da kommt der Pass von Ilsø, dann geht er vorbei an Hubník und das, schätz ich mal, sind knapp 30 Meter. Und Thomas Kraft muss hinter sich greifen. Erster Schuss der Partie – und drin. Der passt genau neben den Pfosten. Und das aus dem Blickwinkel von Norbert Meier. Was für ein Auftakt für die Fortuna.«

Tom Bartels, an diesem Abend für die ARD im Einsatz, live: »Sie waren nervös. Das war heute Nachmittag im Hotel zu spüren. Den ganzen Tag, die Düsseldorfer. Auch sie haben hier heute was zu verlieren, da die ganze Stadt glaubt, sie sind ja nun schon fast aufgestiegen. Aber da ist Beister, zum ersten Mal geschickt von Ilsø. Das ist seine Situation. Dann mit links. Ein Traumtor!!! Ein Wahnsinnsbeginn!!! Keine 30 Sekunden gespielt. Da kann man auch schon mal nervös sein nachmittags. Schön durchgesteckt von Ilsø, und dann Hubnik getunnelt. Aber das sind ja – 25 Meter. Weitschüsse, ein gutes Mittel gegen Kraft. Das weiß auch Beister. Da hat er oft Probleme gehabt in der Liga, Thomas Kraft. Aber perfekt getroffen. So was von kalt erwischt hier. Und jetzt ist keiner mehr nervös hier. Sein letzter großer Auftritt hier, Maximilian Beister, er kehrt zurück zum HSV.«

Niko Hinz, an diesem Abend als Zuschauer im Einsatz: »Das Irrste ist nicht, dass Maxi Beister nach 25 Sekunden trifft. Auch nicht, mit welcher Dynamik er erst Hubník tunnelt, sich den Ball einmal vorlegt, dann satt abzieht und der Ball perfekt platziert unten links einschlägt. Das Irrste ist sein Jubel: Überwältigt vom Adrenalin weiß Maxi Beister gar nicht, wohin mit all der Emotion. Er sprintet los, wedelt wild mit den Armen, den Mund weit aufgerissen, die Augen wie vom Wahnsinn gepackt. Er nestelt am Trikot, will es sich über den Kopf ziehen, lässt es dann doch. Rennt auf die Fankurve zu. Die Arme schlackern weiter wild, er streckt die Brust raus, die Arme nach hinten gestreckt, als würde er gleich abheben wollen. Er setzt an. Er springt ab und rutscht auf den Knien fast vom 16er in den Block 42 – so weit eingeklappt, dass der Rücken beinahe die Grasnarbe küsst. Bröker ist da, Lumpi ist da, alle sind sie da. Beister versinkt. Guckt immer noch völlig fassungslos aus dem Knäuel hervor. Will sich wieder losreißen. Das ist sein Moment. Er kommt frei, posiert vor dem Block wie ein wildgewordener Stier. Kleine Boxeinlage mit der Eckfahne. Was für eine Jubelexplosion. Gänsehaut!«

Maximilian Beisters 1:0 gegen die Hertha im Relegationsrückspiel 2012 habe ich inzwischen vermutlich noch öfter angeschaut als Kadahs 2:1 in Aalen oder Lumpis 3:3 im Pokalspiel gegen den HSV. Wenn ich mal schlechte Laune habe, lege ich mir schnell die

DVD ein und bekomme automatisch ein breites Grinsen aufs Gesicht. Klar, inzwischen ist Fortuna schon wieder abgestiegen und die Herthaner spielen (nicht sind!) wieder erstklassig. Aber dieser Moment, dieses Tor, dieses Gefühl, das hält für Jahre.

Ohnehin war Beister in seinen zwei Jahren bei Fortuna ein absoluter Sympathieträger. Auch, weil er sich mit dem Verein und den Fans wirklich identifizierte. Aber vor allem, weil Beister zu jenen Spielern gehört, die man als Fan gerne sieht, wenn man mal seine Defensivdefizite ignoriert. Immer scharf aufs Eins-gegen-eins, immer nur den Zug zum Tor im Kopf. Für die 2. Liga war Beister eindeutig zu begabt, seine Tempodribblings hatten viele Gegenspieler gedanklich noch gar nicht registriert, da war Beister schon vorbei. Wenn die Verteidiger Glück hatten, konnten sie ihn noch mit einem Foul stoppen. In jenen 25 Sekunden vom Mai 2012 bekam zum Glück kein Gegenspieler Beister zu fassen. Ich bin verliebt in dieses Tor.

40. GRUND

Weil Fortuna auch eine Mischung aus Sommerschlussverkauf und Punkrock-Konzert ist

Gerade für die Fortuna-Fans der jüngeren Generation ist es vermutlich schwer vorstellbar, aber damals, im Frühjahr 2003, stand mit dem Niederrhein-Pokal-Finale gegen die SSVg Velbert das Saisonhighlight schlechthin bevor. Fortuna war bereits zu Beginn der Rückrunde weit abgeschlagen von der Tabellenspitze, an der der Wuppertaler SV thronte. Man war die personifizierte graue Maus der Oberliga Nordrhein. Rückblickend markiert diese Saison den sportlichen Tiefpunkt der jüngeren Fortuna-Vergangenheit. Mit einem kleinen Sternchen allerdings. Damals beförderte Trainer Slavko Petrović einen gewissen Axel Bellinghausen mit gerade mal 19 Jahren von der A-Jugend in die erste Mannschaft.

Doch zurück zum eigentlichen Thema. Bereits im März, gut sechs Wochen vor dem »großen Spiel«, rief der Verein eine Sonderaktion zum Finale für die Fans aus: »Damit im Stadion ›Sonnenblume‹ eine möglichst große Unterstützung der Rot-Weißen erfolgt, haben Vorstand und Sportwerbegesellschaft beschlossen, aus diesem Anlass eine besondere und einmalige Aktion anzubieten: Um vor Ort auch auf den Zuschauerrängen eine optische Überlegenheit zu zeigen, gibt es ab sofort ein Original-Heimtrikot (rot-weiß und in allen Größen) zzgl. einer Stehplatz-Eintrittskarte für das Pokalfinale zu einem Paketpreis von nur € 40 (nur solange der Vorrat reicht!).«

Jaja, das Pokalfinale warf seine mehr oder minder großen Schatten voraus. In Zeiten der sportlichen Tristesse musste man sich auch schon mal getrost selbst etwas vormachen, um zumindest ein Spiel pro Saison zu haben, auf das man sich schon Wochen vorher freute. Das darf man sich in etwa so vorstellen wie die Dose Hundefutter, die zum Steak wird, wenn der leidende Hungernde sie nur lange genug anschaut.

Es gab damals aber auch eine Gruppe junger Fortuna-Fans, die dem Finale gegen Velbert mit großer Leidenschaft und Hingabe entgegenfieberten. Gemeinsam bastelten die Ultras Düsseldorf an einer Choreografie für das Einlaufen der Mannschaften. Rückblickend betrachtet, könnte dies tatsächlich eine der ersten Choreos von UD gewesen sein. Circa 50 in die Höhe gestreckte mit Alufolie beklebte Pappsterne, zusammen mit dem Spruchband »Wenn ihr heute gewinnt, holen wir euch die Sterne vom Himmel« sollten die Mannschaft nach einer sportlich enttäuschenden Saison noch einmal bis in die Haarspitzen motivieren, um den Favoriten aus Velbert zu schlagen. Dadurch konnte man sich für die Teilnahme am DFB-Pokal für die kommende Saison qualifizieren. Das nächste große Spiel war zum Greifen nahe!

Trotz großem Einsatz und gutem Willen seitens der Veranstalter war das Chaos rund um das Pokalfinale am 1. Mai 2003 dann doch enorm. Das Dörfchen Velbert war mit seiner entsprechend dörflichen Infrastruktur ob der »Menschenmassen« völlig überfordert. Busse platzten aus allen Nähten, die einzige Tankstelle war so überfüllt, dass schließlich mit Hilfe der Polizei eine schier endlose Schlange gebildet wurde, und die Einlasssituation am Gästeblock der »Sonnenblume« fühlte sich wie eine Mischung aus Sommerschlussverkauf und Punkrock-Konzert an. Später hörte man Geschichten von Fans, die trotz gültiger Eintrittskarte nicht mehr in den Block kamen, weil dieser bereits eine halbe Stunde vor Anpfiff komplett voll war. Der Anstoß verzögerte sich durch die vielen vor dem Stadion wartenden Fans um eine Dreiviertelstunde.

Vom Spiel selbst ist in der Erinnerung der meisten Fortuna-Fans nicht mehr viel übrig geblieben. Fortuna mühte sich, brachte aber wenig zustande. Der Gegner aus Velbert hatte einfach mehr Qualität in den eigenen Reihen. Nicht umsonst beendeten die Velberter die Saison als Dritter und Fortuna landete nur auf Platz acht. Der sportlich verdiente 1:0-Sieg bescherte den Velbertern den FSV Mainz 05 als Gegner in der 1. Runde des DFB-Pokal. Doch so traurig und schmerzhaft sich diese Episode der Fortuna-Historie heute liest, wer damals dabei war, der wird diesen 1. Mai 2003 alleine schon wegen der Begleitumstände niemals vergessen. Und wer noch einmal so richtig lebendig mittendrin sein möchte, im damals so betitelten »Skandalspiel von Velbert«, der ist hoffentlich in Besitz der Fortuna-Videos-DVD zu diesem legendären Pokalfinale.

41. GRUND

Weil man für Fortuna auch mal leichtsinnig die Gesundheit riskiert

Abpfiff, aus, vorbei. Die SSVg Velbert hatte Fortuna Düsseldorf mit 1:0 besiegt. Nach einer mehr als verkorksten Saison (als Absteiger aus der Regionalliga reichte es in der Oberliga Nordrhein gerade so für Platz 8) sollte also auch der Pokalwettbewerb nicht für einen versöhnlichen Saisonabschluss sorgen. Hängende Köpfe überall. Während das Team der Velberter jubelnd über den Platz sprang, lagen unsere Spieler teils fassungslos auf dem Rasen. Im Block um mich herum wurde viel geflucht an diesem Nachmittag. Genau wie viele andere fragte auch ich mich, wie es wohl weitergehen würde mit meinem Verein.

Was gerade geschehen war und welche Perspektiven sich dadurch auftaten, das alles musste ich erst mal sacken lassen. Während die meisten Fortunen gar nicht schnell genug aus dem Stadion beziehungsweise dem Gästeblock herauskommen konnten, setzte ich mich auf eine der matschigen und vermoosten Treppenstufen und ließ das Elend dieses Tages auf mich wirken. Manchmal kann es ja durchaus befreiend sein, so ein bisschen im Selbstmitleid zu schwelgen. Ich glaube, ich saß über eine halbe Stunde dort, bis ich meinen gesenkten Kopf mal wieder von meinen Knien erhob und feststellte, dass außer mir nur noch ein paar wenige junge Leute im Block waren, die ihre Fahnen und Banner zusammenlegten. Irgendwie imponierte mir das in diesem Moment. Ich hätte die nassen, matschigen Stofflappen vermutlich einfach dort liegen gelassen, wenn sie mir gehört hätten. Aber die Jungs dachten anscheinend gar nicht daran. Sie falteten und säuberten gemeinsam jedes einzelne Utensil.

Als ich mich gerade erheben wollte, um (mittlerweile völlig durchnässt und durchgefroren) den Gästeblock der Velberter »Sonnenblume« zu verlassen, sah ich, dass außer mir nur noch zwei weitere Personen im Block waren. Sie saßen, genau so wie ich, auf den obersten Stufen, jedoch am anderen Ende des Blocks. Einer von beiden zeigte auf den Block der Velberter, der schon kurz nach dem Abpfiff komplett leer war. Die meisten Heimfans waren zum Feiern in das nahe gelegene Klubhaus gegangen, welches sich direkt hinter dem Fangzaun der einen Hintertortribüne befand. Luftlinie also vielleicht maximal 200 Meter von dem Block entfernt, auf den der junge Fortuna-Fan eben noch zeigte. Als die beiden aufstanden und die Treppen der Tribüne herunterstiegen, schwante mir bereits, was sie im Sinn hatten. Die Velberter hatten sämtliche Blockfahnen am Zaun hängen gelassen …

Die beiden kletterten durch ein Loch im Zaun vom Block auf die Aschebahn, die das Spielfeld von den Tribünen trennte. Noch etwas unsicher und sich ständig umschauend, liefen sie außen herum Richtung Velbert-Block. Mich schienen sie dabei nicht bemerkt zu haben. Etwa auf halbem Wege standen den Jungs (ich schätze, die beiden waren wirklich nicht älter als 17 oder 18 Jahre) dann ein Krankenwagen und zwei Sanitäter im Weg. Doch anstatt umzudrehen, setzten die beiden ihren Weg nach einem kurzen Gespräch mit den Sanitätern mutig fort.

Am Block der Velberter angekommen, zerrten die beiden hektisch und nervös an den Karabinerhaken, mit denen eine der Fahnen befestigt war. Das Ganze sah aus der Entfernung ziemlich ungeschickt aus, und als die beiden gerade den letzten Karabiner vom Zaun gelöst hatten, wurden die ersten Velberter auf das aufmerksam, was sich da gerade im Innenraum des Stadions abspielte. Die Jungs mit der Fahne hatten das auch bemerkt und rannten panisch – mit der Fahne unter dem Arm – auf den Ausgang des Stadions zu. Gleiches taten die wütenden Velberter, die vom Klubhaus aus allerdings den deutlich kürzeren Weg zurückzulegen hatten.

Auweia, da pochte selbst mir das Herz bis zum Halse. Ich stand auf und ging ein paar Schritte Richtung Ausgang, um einen besseren Blick auf das Geschehen zu haben. Sollten die Jungs tatsächlich von den Velbertern abgefangen werden? Das würde für die beiden Halbstarken nicht gut ausgehen … Doch wenigstens in diesem Falle schien der liebe Gott an dem Tag auf Seiten der Fortuna zu sein. Am Eingang des Stadions befanden sich auch fast eine Stunde nach Abpfiff noch knapp zehn Polizisten, die die wütenden Velberter daran hinderten, die Jungs abzufangen und ihnen eine Tracht Prügel zu verpassen.

Zwar wurden die Jungs kurz von der Polizei in die Mangel genommen, doch nachdem die Velberter ihre Zaunfahne wiederbekommen hatten, durften die beiden, begleitet von ein paar netten Worten der Heimfans, schließlich sicher das Stadion verlassen. Ganz schön mutig. Das hätte auch ganz anders ausgehen können …

42. GRUND

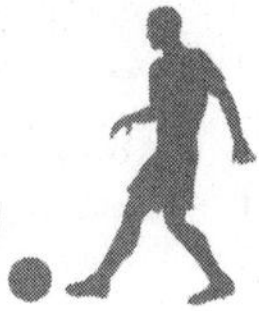

Weil man ohne Fortuna nicht mit der Limousine nach Erfurt fahren würde

Mit der Stretch-Limousine von Düsseldorf nach Erfurt wegen eines Fußballspiels!? Eines Fußballspiels, bei dem die Fortuna nur noch die theoretische oder besser die rechnerische Chance hat, den Aufstieg in die 2. Bundesliga zu schaffen!? Die meisten Menschen würden einen für verrückt erklären. Und unter rationalen Gesichtspunkten stimmt dies sicherlich auch, aber Fortuna-Fan zu sein hat nichts mit Vernunft zu tun. Es ist ein positives, trotz oder gerade wegen aller schmerzlichen Niederlagen lebensbejahendes Gefühl, welches jedem Fortuna-Fan innewohnt.

Es ist der 31. Mai 2008 und die glorreiche Fortuna liegt mit zwei Punkten Rückstand auf den Tabellenzweiten RW Oberhausen auf dem dritten Rang der Regionalliga Nord. Das Endspiel um den Aufstieg findet in Erfurt statt, und die Medien berichten von bis zu 9.000 Düsseldorfern, die per Auto, Bus, Bahn, Flugzeug oder eben Stretch-Limousine anreisen, um ihre Helden in Rot-Weiß zu unterstützen. Niemand will sich später vorwerfen lassen, dieses Spiel verpasst zu haben, und sei der Preis auch noch so hoch.

Es ist früh an diesem Samstagmorgen, und Düsseldorf schläft noch, als ich mich mit der Straßenbahn aufmache zum Treffpunkt in Unterrath. Nach und nach füllen sich während meiner Fahrt die Straßen mit rot-weiß gekleideten Menschen. Endlich am Treffpunkt angekommen, begrüßt man die üblichen Bekannten und wartet auf den Bus. Doch diesmal soll es für uns kein gewöhnlicher Bus sein … Nein, diesmal reisen wir 1. Klasse! Auf dem Parkplatz steht schon ein Reisebus mit dem Ziel Erfurt bereit, und als unsere Limousine vorfährt, glaubt keiner der Busreisenden, dass diese Limousine dasselbe Ziel hat wie der Bus. Der Kofferraum ist prall gefüllt mit alkoholischen Leckereien, und sogar ein paar überdimensionierte Bierflaschen für die mögliche Aufstiegsfeier der Mannschaft auf dem Rasen liegen bereit. Die Limousine wird noch schnell mit der ordnungsgemäßen Beflaggung versehen.

Es kann losgehen … Erfurt, wir kommen! Die Fahrt über die Autobahn gen Osten gleicht einer Pilgerfahrt. Permanent überholen wir andere Busse oder Autos in Rot-Weiß oder werden von diesen überholt. Auch auf den Rastplätzen geben sich die Fortuna-Fans die Klinke in die Hand. Man trifft Hinz und Kunz und es gibt nur ein Thema. Werden unsere Jungs es heute schaffen? Und noch viel wichtiger, werden uns die Eisernen aus Berlin Schützenhilfe leisten und gleichzeitig gegen die Rot-Weißen aus Oberhausen gewinnen?

So langsam steigt die Nervosität und wir nähern uns Erfurt. An einem der letzten Rastplätze treffen wir dann auch noch auf Axel Bellinghausen und Frank Mayer. Ein wunderbares Gefühl! Heute ist alles drin … Schnell werden noch ein paar Fotos gemacht, und dann geht es auf die letzte Etappe nach Erfurt. Stilecht halten wir mit der Limousine natürlich direkt vor dem Stadion. Keine wirkliche Schönheit, aber das soll uns heute egal sein. Nun stehen wir vor dem ersten Problem, wo parkt man eigentlich mit einer Stretch-Limousine!?

Ganz klar, wir müssen auf den Parkplatz direkt am Stadion, wo auch schon der Fortuna-Mannschaftsbus steht. Denn schließlich haben wir ja auch wichtige Kaltgetränke für die Mannschaft an Bord. Der Sicherheitsbeauftragte an der Einfahrt ist total überfordert und fragt unentwegt und hektisch in sein Funkgerät, was er denn nun tun soll. Ein wilder Wortwechsel ohne klare Antwort folgt. Wir nutzen die Verwirrung und fahren einfach weiter … und tatsächlich: Es funktioniert. Wir parken direkt neben dem Mannschaftsbus!

Der Einlass gestaltet sich, trotz der Massen an Fortuna-Fans, recht entspannt. Es ist schwül und warm. Die Sonne brennt auf die nicht überdachten Tribünen herab. Die Stimmung schwankt zwischen Anspannung und Vorfreude. Dann endlich betreten die Mannschaften den grünen Rasen und der Block tobt. Das Spiel auf dem Rasen und auf den Rängen plätschert, ob der Hitze, so vor sich hin und alle Fortuna-Fans sind mit den Gedanken und der Aufmerksamkeit mehr in Berlin als beim eigenen Spiel. Die schlechte Nachricht verbreitet sich wie ein Lauffeuer im Fortuna-Lager: Oberhausen liegt in Berlin mit 2:0 vorn. Der Aufstieg wird abgehakt und die Stimmung könnte nicht schlechter sein. Halbzeit. Lethargie verbreitet sich im Fortuna-Block.

Doch pünktlich zum Wiederanpfiff scheint die Motivation zurückzukehren – weiter geht's. Die Erfurter, die in der ersten Halbzeit noch überlegen waren, finden nun auch nicht mehr zu ihrem Spiel. Und aus dem Nichts brandet Jubel unter den Fortuna-Fans auf. Die Nachrichten widersprechen sich. Mal heißt es, Union Berlin hätte schon den Ausgleich erzielt. Wiederum andere meinen, es gab nur den Anschlusstreffer. Egal, die Hoffnung ist zurück und der Block lebt wieder. Zu unserem Glück gibt es auch noch, nach Foul des Erfurter Torhüters, einen Elfmeter für unsere Fortuna. Jens Langeneke tritt an – und verwandelt sicher zur Führung. Der Block rastet komplett aus. Wenig später erzielt die Fortuna sogar noch das 2:0. Allerdings wissen inzwischen schon alle, dass die vermeintlich positiven Wasserstandsmeldungen aus Berlin nur Enten waren. Oberhausen führt dort immer noch mit 2:0.

So langsam lassen nun auch die größten Optimisten unter den Fortuna-Fans die Köpfe hängen. Ganz anders die Mannschaft, die schließlich noch auf 3:0 beziehungsweise 4:0 erhöht. Aber es nützt leider nichts mehr. Alle wissen, der Aufstieg wurde nicht hier vergeigt, sondern bei der blutleeren Vorstellung in Lübeck vor knapp vier Wochen. Wir bleiben noch lange im Stadion und verarbeiten das Geschehene, und so langsam, auch das ist typisch für den Fortuna-Fan, kommt der Trotz. Dann steigen wir halt nächste Saison auf! Wir machen uns mit der Limousine wieder auf den Weg nach Düsseldorf, und auch wenn das Spiel ganz anders gelaufen ist, als wir es uns alle erhofft hatten … so war die Fahrt nach Erfurt einfach genial und auf jeden Fall der Fortuna würdig.

Ein Gastbeitrag von Björn Weigle

43. GRUND

Weil einmal im Jahr Fortuna auf Karneval trifft

»Fortuna steht im Endspiel gegen Essen«: So lautet am 20.02.2004 die Überschrift in der *Rheinischen Post*. Fortuna Düsseldorf hatte das Halbfinale gegen den KFC Uerdingen mit 2:1 gewonnen. Doch vor dieser Schlagzeile lag für mich, und ich denke auch für viele andere Fortuna-Anhänger jener Zeit, ein unglaublicher Tag mit jeder Menge verrückter Situationen. Also beginnen wir von vorne …

Das Folgende begab sich zu einer Zeit, in der unsere launische Diva noch in den Niederungen der Oberliga ums Überleben zu kämpfen hatte. Es war ein grauer und kalter Februar-Freitag – es war Karneval in Düsseldorf. Und nicht nur diese Tatsache sollte für einen Ausnahmezustand am Belsenplatz sorgen. Ich machte damals meine Ausbildung in Heerdt und musste an diesem Tag arbeiten. Natürlich war die Arbeit an dem Tag absolute Nebensache für mich. Endlich war Mittag, und die Vorbereitungen konnten losgehen. Also streifte ich im Pausenraum erst mal mein wunderschönes, rot-weißes Musketier-Kostüm über und verzierte den Hut noch mit einem F95-Halstuch.

Die Schlacht konnte beginnen! Ich weiß noch wie heute, dass mein Chef reinkam, anfing zu lachen und meinte, ich wäre verrückt. Nie habe ich ein größeres Kompliment bekommen. Nach ein paar Fotos machte ich mich auf den Weg zur U-Bahn. Irgendjemand war auf die geniale Idee gekommen, sich zum Vorglühen und zur gemeinsamen Anreise per U-Bahn am Belsenplatz zu treffen. Ich war einer der Ersten dort, und die Kneipe, in der man sich verabredet hatte, war sogar noch geschlossen. Es regnete, und so besorgte ich mir erst mal etwas »flüssig Brot« am Büdchen. Nach und nach kamen immer mehr Rot-Weiße zum Belsenplatz, die Kneipe öffnete ihre Türen und die Stimmung wurde immer ausgelassener. Ich habe nicht gezählt, aber ich könnte schwören, dass sich am Ende mehrere Hundert, wenn nicht sogar Tausende Fortuna-Anhänger am Belsenplatz eingefunden hatten. Er war der Wahnsinn! Die lustige, bunt verkleidete Masse machte sich nun auf, die U-Bahnen Richtung Krefeld zu entern.

Wir stiegen also in die U-Bahn ein und feierten weiter. Ich glaube, das Lied *Hüpfen bis die Achse bricht* war eines der meistintonierten, zumindest in unserem Wagen. Und so manches Mal konnte einem wirklich angst und bange werden, denn die Bahn schwankte bedrohlich. Der Fahrer musste deswegen auch den einen oder anderen Halt auf freier Strecke einlegen, um die Massen in der Bahn wieder zu beruhigen. Endlich in Krefeld angekommen, ergoss sich der Strom der feucht-fröhlichen und bunten Massen dann über den Bahnsteig. Der Fußmarsch zum Stadion wurde nur von zwischenzeitlichen spontanen Feuerwerksdarbietungen und Sitzblockaden mit anschließendem Aufstehen, Springen und Singen begleitet. Doch zu jener Zeit störte sich noch niemand groß an solchen Dingen.

Kurz vorm Stadion stockte der Marsch dann etwas, und ein hier nicht namentlich erwähnter Kumpel wurde von den Jungs in Grün näher in Augenschein genommen. Letztlich wurde er des Platzes verwiesen und sollte die Heimreise antreten. Doch dreimal nachgedacht und ab in die Büsche. Kostüme tauschen. Ich war nun also eine grell-pinkfarbene Nonne und mein Gegenüber ein Fortuna-Musketier mit einem von mir selbst trotz des Alkoholpegels perfekt gemalten Schnurrbart (der vielleicht ein bisschen wie von einem 90er-Jahre-Pornostar aussah).

Wir waren so genial! Einfach zu schlau für den Rest. Also reihten wir uns in die Schlange der Wartenden, um ins Stadion zu gelangen. Wie immer in jener Zeit war der gastgebende Verein ob der Masse an Fortuna-Verrückten überrascht und am Einlass gänzlich unterbesetzt. Dadurch verpassten wir den Anstoß und die ersten zehn Minuten des Spiels. Endlich im Block, war die Stimmung ungebrochen gut und die Hoffnung auf den Sieg gegen den klassenhöheren Gegner mehr als vorhanden.

Ans Spiel an sich sind meine Erinnerungen eher gering. Nie vergessen werde ich aber den Auftritt der Rettungssanitäter, die einfach während des laufenden Spiels über das Spielfeld fuhren und den RTW ordnungsgemäß auf dem Platz vor dem Block abstellten. Einfach unglaublich. Und das nur, weil sich ein weibliches Wesen den Fuß verknackst hatte. Es war auf jeden Fall ein Heidenspaß für den ganzen Block. Dann kam die Schlussphase des Spiels, und an die erinnere ich mich dann doch wieder. Es stand 1:1 und unsere Fortuna war nah dran an der, wie es heute heißen würde, Sensation.

Fortuna im Angriff, und auf einmal fasst sich Fortuna-Stürmer Kamel Ouejdide ein Herz und drischt die Kugel ins Netz. Pure Emotionen im Block. Komplette Anarchie, alles rastet aus. Wer noch nicht vom Jubel übermannt ist, klettert auf den Zaun und reckt die geballte Faust in den Krefelder Himmel. Wildfremde Menschen liegen sich in den Armen, und die meisten könnten den Moment nicht begreifen. Dann der Schlusspfiff, und alle Dämme brechen. Im wahrsten Sinne des Wortes. Ich befinde mich auf einmal auf dem Platz. Freudetrunken laufe ich ziellos übers Feld. Während mein Blick über die Tribünen schweift, entdecke ich unter den Zuschauern meinen Schwager. Ich stürze Richtung Block und klettere den

Zaun hoch. Rufe, schreie … will meine Freude über das Erreichte unbedingt teilen. Mein Schwager schaut nur irritiert ob des Kostümes und erkennt mich dann doch. Durch einen Ordner werde ich unsanft aus meiner Euphorie gerissen und vom Zaun geholt.

Der Rest ist eine einzige Feier auf der Rückfahrt und in der Altstadt. Nie werde ich diesen Tag, dieses Spiel, diesen Sieg vergessen!

Ein Gastbeitrag von Björn Weigle

44. GRUND

Weil bei Fortuna-Spielen sogar Schiedsrichter zu Fußballgöttern werden (Teil 1)

Regionalliga Nord 2006/2007: Fortuna steht nach der Hinrunde auf Tabellenplatz 2, am zweiten Spieltag der Rückrunde schlägt man Spitzenreiter Osnabrück und schließt nach Punkten zum Tabellenführer auf. Was danach kommt, ist für viele immer noch die schlechteste Rückrunde der Neuzeit, trotz des Absturzes in der 1. Liga im Jahr 2013. Da die Liga in jener Saison unglaublich ausgeglichen war und punktemäßig dicht beieinander lag, geriet Fortuna am Ende der Saison sogar noch in akute Abstiegsgefahr. Und so gab es drei Spieltage vor Schluss eine Art kleines Finale, im Heimspiel gegen den Hamburger SV II. Denn zu diesem Zeitpunkt hatte die Fortuna nur noch drei Punkte Vorsprung auf Holstein Kiel (letzter Nichtabstiegsplatz) und derer vier auf Borussia Dortmund II (erster Abstiegsplatz), zudem musste man in der Woche danach beim direkten Konkurrenten Kiel antreten. Und die Dramaturgie passte sich dann an jenem 19. Mai 2007 auch perfekt an. Ein Spiel, das kaum jemand gesehen hat, aber denjenigen, die es taten, lange im Gedächtnis blieb …

Eins vorweg: Von der spielerischen Qualität war es über weite Strecken mal wieder nix, was an jenem Samstag geboten wurde.

Dass es dennoch ein (für mich zumindest) unvergesslicher Nachmittag wurde, lag zum einen in der Dramatik des Spiels selbst begründet, denn wie ausgeführt handelte es sich für Fortuna um ein echtes kleines Abstiegsfinale. »Klein« deswegen, weil man mit einer Niederlage natürlich noch nicht abgestiegen, aber ganz nah dran wäre. Mit einem Sieg hingegen konnte man den Klassenerhalt so gut wie perfekt machen, wenn die anderen ein wenig mitspielen würden.

Dass dieses Spiel in die Annalen der Regionalliga Nord eingehen würde, lag allerdings auch noch an jemand anderem: Schiedsrichter Kuno Fischer aus Leer in Ostfriesland. Den hab ich vorher nicht gekannt, und dies dürfte fast jedem der 4.100 Zuschauer so gegangen sein. Möglich, dass ihn das geärgert hat. Vielleicht war er auch nur ein wenig geknickt, als relativ früh auf der Anzeigetafel eingeblendet wurde, dass Kickers Emden mit 0:2 in Dresden zurücklag. So mag er sich gedacht haben: Wenn die einen Ostfriesen schon einen schlechten Tag haben, dann müssen halt die anderen in die Bresche springen. Wahrscheinlich hat er aber gar nichts gedacht, nur mal die Regeln konsequent ausgelegt. Und zwar derart konsequent, dass es so richtig lustig wurde.

Aber zunächst wurde Fußball gespielt. Fortuna in den ersten Minuten ganz klar spielbestimmend, ohne dass es schon großartig Torchancen gegeben hätte. Der HSV guckte sich das ein paar Minuten an, dann waren die Bubis warm, spielten einmal nach vorne und erzielten mit dem ersten Torschuss in der 9. Minute das 0:1. Oliver Hampel – einige Monate später in Diensten der Fortuna, aber das wusste er an jenem Tag noch nicht – hatte sich frei geschlichen und setzte die Kugel aus acht Metern flach in die lange Ecke. Wieder mal ein Rückstand, wieder mal mit dem ersten Torschuss des Gegners! Und das in dieser Situation! Schlimmer ging's eigentlich nicht.

Natürlich ging es schlimmer. In der 18. Minute knickte Erdal Eraslan bei einem Zweikampf in der eigenen Hälfte um und signalisierte schon seine Auswechslung, bevor er zur Gänze den Boden erreicht hatte. Außenbandriss, Saison beendet.

Also, nach knapp 20 Minuten ein Rückstand und ein auseinandergepflückter Deckungsverband – aber ging da nicht noch was? Natürlich. Die 27. Minute: Eckball für den HSV, abgewehrt, Nachschuss aus dem Hinterhalt. Tim Kruse geht erst mit dem Kopf dazwischen und anschließend k.o., war ein ordentlicher Hammer. Der Ball wird außerhalb des Strafraums von Altundag gestoppt. Und der sieht zwar, dass Kruse einige Meter von ihm entfernt auf dem Boden liegt, aber er spielt den Ball nicht ins Aus, sondern versucht noch eine Flanke. Die wird dann zur Ecke abgewehrt. Zornentbrannt läuft Markus Anfang auf Altundag zu, um ihm mal ein paar Takte zum Thema Fair Play nahe zu bringen. Dabei schubst er ihn leicht, was Herr Altundag zum Anlass nimmt, eine Rolle rückwärts zu drehen.

Und Kuno Fischer greift zum ersten Mal in die Tasche und holt den roten Karton heraus – eine absolut überzogene Entscheidung. Wenn der jedem Spieler, der mal ein bisschen schubst, Rot zeigt (wie gesagt: schubsen, nicht schlagen, nicht rempeln, gar nichts in dieser Art), dann wird's aber gemütlich leer auf dem Platz, dachte ich noch. Nun, wir werden noch sehen, dass genau dies wohl seine Absicht war.

Die erste Spielhälfte plätscherte anschließend so dahin. Die zwischenzeitlichen Ergebnisse von den anderen Plätzen trugen ebenfalls nicht gerade zur guten Stimmung bei. Eine echte Albtraum-Halbzeit neigte sich dem Ende entgegen, da demonstrierte Kuno Fischer, dass er auch ein Herz für Rheinländer hat, es dauerte nur etwas länger, bis er sich darüber klar wurde. In der 42. Minute läuft HSV-Stürmer Zimmerman allein auf Torwart Kronholm zu. Er legt den Ball links vorbei, wird von Kronholms rechter Hand unsanft gebremst. Der Schiri pfeift, und in diesem Moment, ich gebe es gerne zu, sah ich Fortuna mit mehr als nur einem Bein in der Oberliga. Elfer, 0:2 – das wär's wohl gewesen. Aber Zimmerman hat seine Pirouette etwas zu schwungvoll gedreht.

Kuno Fischer legt die Aktion daher als Schwalbe aus, und da Zimmerman bereits Gelb gesehen hatte, stellt er ihn mit Gelb/Rot vom Platz! Unfassbar, der Mann. Selten einen klareren Elfer gesehen. Aber irgendwann im Leben muss man ja mal Glück haben, sogar in der Rückrunde 2007. Denn so sehr Herr Fischer auch bei diesem Platzverweis danebenlag, es war das Einzige, was zur Pause noch ein wenig Auftrieb gab. Lübeck führte 3:0 gegen die bereits abgestiegenen kleinen Herthaner, Dortmund führte 1:0 gegen Union Berlin, sogar Kiel führte 1:0 in Osnabrück! Somit standen wir zur Pause in der Blitztabelle auf dem letzten Nichtabstiegsplatz, mit einem einzigen Punkt Vorsprung auf Dortmund II. Und jetzt passte es – schlimmer ging's wirklich nicht mehr.

Ein Gastbeitrag von Carsten Koslowski

45. GRUND

Weil eine Woche mit Fortuna auch 800 Euro wert ist und Fortuna-Fans auf Almosen verzichten können

Die Liebe zum Verein treibt so manchen sogar in die Vorbereitungs-Trainingslager der Fortuna, eine Woche Urlaub mit Trainings- und Testspielbesuch. Jeder unverliebt Außenstehende würden jedem Mitreisenden ohne zu zögern den Passierschein A38 aushändigen und ihm ein Taxi nach Grafenberg spendieren. Doch wer dabei ist, erlebt meistens große und vor allem kleine Geschichten, die die Liebe zum Verein und zum ganzen Drumherum noch etwas größer werden lassen. Es folgt ein kleiner, aber feiner Liebesbrief des Fortuna-Fanbeauftragten Dominik Hoffmeyer:

»Am 9. Juli 2013 traf die glorreiche Fortuna aus Düsseldorf im Rahmen des Schweizer Uhrencups auf den Grasshopper Club Zürich. Das Spiel fand in Grenchen statt, einem Ort, der für seine Uhrenproduktion berühmt ist. Weniger berühmt ist das dortige Stadion, welches man von der Bauart getrost irgendwo zwischen Flingerbroich und ESC-Ersatzstadion einordnen kann. Eine Haupttribüne mit Sitzplätzen, ansonsten Stehplätze; teilweise aus Rohrkonstruktionen, teilweise alte Betonstufen ohne Wellenbrecher.

An diesem Dienstagabend fanden sich knapp über 100 Fortuna-Fans ein. Überwiegend Fans, die in der Schweiz oder Süddeutschland wohnen, allerdings auch einige Allesfahrer und Leute aus der Szene. Wie schon beim ersten Spiel des Uhrencups gegen den FC Basel, sammelten sich die bekannten Gesichter und Zaunfahnen auf der Gegentribüne, falls doch eine Kamera von der Haupttribüne das Spiel irgendwo übertragen sollte.

Auch wenn das Spiel nicht schlecht war, blieb genug Zeit, sich zu unterhalten und Späße zu treiben. So wurde beispielsweise mit dem Schiedsrichterassistenten diskutiert, wobei sich seine Beiträge auf Gesten beschränkten, und der aus dem ersten Testspiel bekannte Balljunge gelobt, wenn er einem Züricher Spieler den Ball ins Gesicht warf.

Auch planten einige der Angereisten bereits schon ihre Rückfahrt und lamentierten über die allgemein hohen Preise in der Schweiz. Die entsprechende Autobesatzung rund um den bekannten Stadionmoderator wollte also erst nach Düsseldorf zurückkehren, bevor sie etwas aß.

Von der Diskussion um Geld und die hohen Preise angestachelt, gab auch der in der Szene bekannte Achim Dorn seine Erfahrungen zum Besten. Gemeinsam mit seinem Schatten hatte er fast das ganze Trainingslager in der Schweiz begleitet und hatte entsprechend viel Geld ausgegeben. Der Campingplatz war teuer, die Kneipen waren teuer (und schlossen früh), alles war teuer. Noch nie wäre ihm in einem Trainingslager frühzeitig das Geld ausgegangen, schon fast 800 Euro hätte er ausgegeben. Zum Glück hätte er nun mit seinem Schatten gewettet, und bei einem Sieg wäre er seine Geldsorgen los. Bestimmt zehn Minuten folgten alle Anwesenden mitfühlend den überaus lauten und aufregend erzählten Ausführungen. Dann drehte sich plötzlich der knapp zehnjährige Balljunge mit einem Fußball unter dem einen Arm um. Er streckte den anderen Arm zu uns aus, öffnete mit nachdenklichem und ernstem Gesicht die Handfläche, präsentierte ein Geldstück und fragte:

›Willst du 2 Cent haben?‹

Mehrere Personen wären vor Lachen fast auf den Platz gefallen, und selbst der sonst nicht auf den Mund gefallene Achim Dorn war für eine Minute sprachlos. Das Geld hat er dann doch nicht genommen, und der Junge steckte es mit einem Selbst-schuld-Schulterzucken wieder ein.«

46. GRUND

Weil Fortuna einen immer wieder auf den Boden der Tatsachen zurückholt

Die Saison 2006/07 war ziemlich entspannt. Fortuna startete zwar grauenvoll mit zwei Niederlagen, kickte sich aber bis zum Ende der Hinrunde sogar auf einen Aufstiegsplatz. Es war ein zartes Pflänzchen, das zweieinhalb Jahre nach dem Aufstieg wuchs – aber niemand bezweifelte, dass wir jetzt langsam wieder mal vom Fußballgott geküsst werden würden. Selbst das 1:4 in Ahlen kurz vor der Winterpause (was war das für eine brutalfiese Auswärtsfahrt) konnte uns nicht entmutigen, und nach dem 2:0 zum Februaranfang gegen Osnabrück schien alles möglich.

»Wir sind Fortuna – wir können alles«, heißt es ja auch folgerichtig. In diesem Fall konnte Fortuna gnadenlos abstürzen. Doch wir hatten in der Hinrunde genug Punkte gesammelt. Es reicht nicht mehr ganz, um sich noch in den Abstiegskampf einzumischen, dachten wir, als Fortuna neun Spieltage vor Schluss 12 Punkte Vorsprung auf den ersten Abstiegsplatz hatte. Dachten wir! Denn dann kam das schlimmste Spiel der Saison, ja fast sogar meines gesamten Fanlebens. Und darauffolgend eine Serie der Erfolglosigkeit, die erst im kriminell spannenden Spiel gegen den HSV II (siehe andere Story) gestoppt werden konnte, kurz vor dem Abgrund. Aber in diesem Kapitel soll es um den 07. April 2007 gehen, übrigens auch der Geburtstag meiner Mutter. Es ging zu Hause gegen Hertha BSC II. Die Berliner waren Vorletzter, hatten bis dahin in 28 Spielen 25 Punkte gesammelt, bei gerade einmal zwei Auswärtssiegen. Der perfekte Aufbaugegner. Aber selbst diese Vorzeichen reichten nicht.

Es seien hier einmal kurz die Namen jener Spieler genannt, die uns an diesem Nachmittag derart quälten, dass sie heute noch Sozialstunden leisten müssten, wenn sie denn vom Fußballgott gerecht verurteilt worden wären: Kenneth Kronholm, Tim Kruse, Hamza Çakır, Oliver Barth, Henri Heeren, Markus Anfang, Andreas Lambertz, Jörg Albertz, Giuseppe Canale, Marcus Feinbier, Marcel Podszus, Denis Wolf, Ivan Pusic und Robert Palikuča. Ich kann einige dieser Spieler in meiner Funktion als Fortuna-Fan sehr gut leiden. Doch diesen Tag kann ich ihnen nicht verzeihen.

Fortuna spielte erbärmlich. Schlicht und einfach erbärmlichst. Die Berliner wollten weder nach vorne spielen noch gewinnen. Doch sie konnten sich kaum dagegen wehren, irgendwann dann doch mal mitzuspielen und einzunetzen. Um es Nicht-Anwesenden etwas kurzzeitgedächtnispassend zu machen. Es war in etwa so wie die zweite Halbzeit gegen den 1. FC Nürnberg am 33. Spieltag der vergangenen Bundesligasaison. Als Nürnberg gar nicht wollte, Fortuna bettelte und am Ende trotz Führung verlor. Es war in etwa so schlimm, nur noch 1.895 Mal schlimmer.

Seit diesem Spiel läuft es mir immer kalt den Rücken herunter, wenn ich den Namen Ibrahima Traoré höre. Wenn er gegen Fortuna spielt, versuche ich, schnell wegzuschauen, wenn er an den Ball kommt. Traoré, der mittlerweile in Mönchengladbach kickt, war damals der einzige Fußballer mit Normalform auf dem Platz. Zwei Dinger schenkte er uns ein, die dicke Bertha gewann mit 2:0. Es war so ernüchternd. Ich stand mit Grubenlampen-Klaus (siehe auch andere Story) hinter dem Tor. Wir standen da ziemlich fassungslos, auch nach dem Abpfiff noch länger.

Auch heute reden wir oft über die Spiele der Vergangenheit. Wenn die Sprache auf Hertha II kommt, wird es plötzlich ganz still. Dann klopfen wir uns auf den Rücken, mit einem »Weißt du noch?« – »Oh Gott, ja!«, das stillschweigend zwischen uns hängt. Es war ja nicht nur die Leistung der Fortuna. Es war diese Angst, dass diese Saison doch noch schiefgehen könnte. F95 hatte auch nach diesem Spiel noch 11 Punkte Vorsprung, aber es schien nach dieser desaströsen Leistung alles möglich.

Wenn es Punktabzug für Fehlpässe und Laufverweigerung gegeben hätte, Fortuna hätte nach dem Hertha-Spiel trotz des vermeintlich großen Vorsprungs schon auf einem Abstiegsplatz gestanden. Zum Glück kam bekanntlich alles anders, und Hertha II und die Wochen drumherum sind längst vergessen. Nur noch in wenigen Momenten kommt es wieder hoch.

47. GRUND

Weil man mit Fortuna-Niederlagen auch mal Geld verdienen darf

Vor den Spielen im Paul-Janes-Stadion traf ich mich zu Amateurzeiten mit meiner Bagage immer in der Alten Eiche, Lichtstraße Ecke Bruchstraße. Die Alte Eiche heißt inzwischen ganz anders, aber damals war es eine Spelunke alten Schlages, die Wirtin Doris so, wie man sich eine Besitzerin einer Alten Eiche vorstellt. In die Alte Eiche kam während des Vorglühens immer ein älterer Mann, bei dem man auf die Fortuna-Spiele wetten konnte. Mein Onkel wettete häufig, natürlich immer auf Fortuna.

Bis zu diesem einen Tag im November 2004. Fortuna stand unter Massimo Morales auf einem Abstiegsplatz, der Glanz des Aufstiegs drohte in diesem Winter schon wieder zu verblassen. Fortuna spielte gar nicht so schlecht, aber am Ende kassierten zu oft die Gegner die Punkte. Was meinen Onkel dazu veranlasste, zu sagen: »Wenn die heute verlieren, will ich wenigstens etwas davon haben.« Es ist ein Glaubensstreit, ob man gegen den Verein wetten darf, aber wir lassen die Moral bei diesen Zeilen mal außer Acht.

Fortuna spielte an diesem Freitagabend gegen Werder Bremen II, in der extra für diesen Gegner angelegten Geschichte hier können alle Unbedarften nachlesen, dass Spiele gegen die jungen Fischköppe eh keine Feuerwerke des Fortuna-Genusses waren. Mein Onkel tippte auf 1:3. Wir belegten ihn dafür mit einigen Fortuna-Flüchen, für immer sollte er in der Oberliga schmoren, eine Dauerkarte für den SC Paderborn bekommen, all so was.

Fortuna ging an diesem Abend mit 1:0 in Führung, Marcel Ndjeng. Die 1 stand schon mal, fehlte nur noch die 3. Eine Minute später stand auch die 1 bei den Bremern. Fortuna-Schreck Björn Schierenbeck hatte zugeschlagen. Als Francis Banecki in der 37. Minute Werders Nachwuchs mit 2:1 in Führung brachte, ahnten wir gleich zweierlei. Erstens: Trainer Massimo Morales würde am Dienstag, wenn wir nach Chemnitz reisten, nicht mehr mitfahren. Zweitens: Mein Onkel würde der Einzige sein, der heute Abend noch was zu lachen hat.

Es war wieder kein schlechtes Spiel von Fortuna. Ich erinnere mich, wie sie an diesem klaren Abend drückten und drängten und auch die eine oder andere klare Torchance vergeigten. Und ich erinnere mich, als wäre es heute, an diesen Konter aus der 90. Minute. Fortuna war weit aufgerückt, da klärten die Grün-Weißen den Ball, Danny Fütterer bediente den fünf Minuten vorher eingewechselten Tim Bauer, der den Ball nur noch ins leere Tor schieben musste. 1:3. Stille im Stadion (Werder-Fans waren so ziemlich keine da). Und mitten in diese Ruhe ein Schrei: »HUUUUUUUUUNDERTFÜÜÜÜÜÜNFZIG!«

Ja, mein Onkel. Er hatte gerade aus fünf Euro 150 gemacht. Das einzige Mal überhaupt, dass er mit einem Ergebnistipp richtig lag. Und das ausgerechnet in einem der dunkelsten Momente dieser

Saison. Ausgekontert von Bremen II. Die halbe Tribüne drehte sich zu uns um. Mein Onkel grinste. Aber da mein Onkel schwer in Ordnung ist, war er hinterher auch eher traurig über die Niederlage als glücklich darüber, uns in der Alten Eiche auf seinen Wettgewinn einen ausgeben zu können.

Zuvor standen wir noch lange auf der Ost. Marcel Ndjeng war an den Zaun gekommen. Wir sprachen über die Verzweiflung in der Mannschaft. »Ich weiß nicht, was wir noch machen sollen«, sagte er. Sie probierten alles, doch die Pille wollte einfach nicht ins Tor. Es war irgendwie ein schöner Moment. Ab und zu ist es ganz heilsam, mit den Spielern zu sprechen. Gerade wenn man traurig oder sauer ist. Es ist schließlich davon auszugehen, dass 99 Prozent jener Männer, die unser Trikot tragen, auch unbedingt gewinnen wollen. Der Rest ist groß, blond und kommt aus Albanien.

48. GRUND

Weil bei Fortuna-Spielen sogar Schiedsrichter zu Fußballgöttern werden (Teil 2)

Irgendwie schienen die Herren in der Kabine kapiert zu haben, dass es nicht mehr schlimmer geht. Denn dass die zweite Spielhälfte mit zum Dramatischsten gehörte, was ich in dieser Saison gesehen habe, lag unter anderen auch daran, dass Fortuna sich aufmachte, den Gegner niederzukämpfen, wenn es schon spielerisch nicht klappte. Und daran, dass die Hamburger dagegenhielten. Und natürlich an Kuno Fischer.

In der 58. Minute wechselte Trainer Weidemann mit Denis Wolf für Tim Kruse einen weiteren Stürmer ein, sorgte für mehr Druck nach vorne. Der brauchte genau drei Minuten, um ins Tor zu treffen und 13 Minuten einzuläuten, die es in sich hatten. Aber der Reihe nach: in der 61. Minute zunächst Scheibenschießen auf das HSV-

Tor. Mehrere Fortunen versuchen sich binnen weniger Sekunden einmal im Torschuss, immer ist ein Hamburger Bein dazwischen, aber immer bekommen wir den Ball zurück. Zuletzt bleibt er jedoch im Strafraum hängen, Wolf geht dazwischen, legt die Kugel am Gegenspieler vorbei, nur um sofort vor dem nächsten zu stehen. Dieser zieht voll durch, Wolf hält den Fuß dagegen, wird angeschossen, und die Kugel findet den Weg ins Tor. Ausgleich! Egal wie, endlich ein Hoffnungsschimmer!

Sechs Minuten später konnte man sogar fast wieder Licht am Ende des Tunnels sehen: Freistoß für den HSV, rechts im Mittelfeld. Fortunas Robert Palikuča hält den Ball in den Händen, entfernt sich zwei Schritte, um nach alter Väter Sitte die Kugel dann beim Davonjoggen fallen zu lassen. In jedem Spiel hundert Mal gesehen. Von hinten kommt HSV-Abwehrrecke Boris Leschinski herbeigeeilt und schubst Palikuča ein wenig, um den Ball schneller zu bekommen. In jedem Spiel ebenfalls hundert Mal gesehen.

Und Schiri Kuno Fischer macht das, was wir bei einer solchen Aktion in diesem Spiel ebenfalls schon einmal gesehen haben: Er zeigt Leschinski nämlich Rot. Da waren wir schon so weit, dafür nur noch anerkennend Beifall zu klatschen. Der Kuno sah sich daraufhin animiert, noch eine kleine Zugabe zu geben, und zeigte Palikuča für zweisekündiges Ballfesthalten Gelb – die zehnte für Palikuča, Sperre im nächsten Spiel. Es war nur noch lustig.

Jetzt also zehn Düsseldorfer gegen neun Hamburger. Was dann passieren musste, dürfte jedem, der Fortuna in der damaligen Rückrunde gesehen hatte, relativ klar sein … 71. Minute: Ein HSV-Spieler stibitzt die Kugel von Jens Langeneke, geht rechts in den Strafraum, spielt flach nach innen, und da hat er sich wieder frei gemogelt, der Herr Hampel, dem bis dahin immer noch niemand erzählt hatte, dass er nur einen Monat später einen Vertrag bei uns unterschreiben würde! Lässig lupft er die Kugel ins Tor, sein zweiter Treffer – 1:2, Rückstand in Überzahl. Fortuna wieder ziemlich weit unten. Zwei Minuten später noch ein bisschen mehr.

73. Minute: Laufduell in der gegnerischen Hälfte zwischen Oliver Barth und einem HSV-Spieler. Barth fährt den Ellenbogen aus, drängt den Gegner ab, der daraufhin zu Boden geht, allerdings auch sofort wieder aufsteht. Klares Foul, aber kein Ellenbogenschlag. Jedoch genau vor den Augen des Schiris. Und als der pfeift und direkt hinter Barth herläuft, weiß man schon, Kuno Fischer hat immer noch nicht genug. Auch hier ansatzlos Rot für Fortunas Abwehrspieler, zuvor nicht verwarnt und nicht ermahnt. Herrn Fischer waren also immer noch zu viele Spieler auf dem Platz. Außer »Einer geht noch, einer geht noch raus!« fiel einem dazu wirklich nichts mehr ein. Neun gegen neun.

Dies war der Moment, in dem die Mannschaft hätte aufgeben können. In Überzahl in Rückstand geraten, dann selbst wieder dezimiert, alles binnen zwei Minuten. Zum Glück widerlegten die Spieler diese Befürchtung nur eine Minute später. Langer Ball an den Sechzehner, Kopfballverlängerung von Kneissl, genau in den Lauf von Feinbier, und der hämmerte die Kugel volley als Aufsetzer in die Maschen – 2:2 in der 74. Minute. Fortuna wieder da.

Das waren somit drei Tore und zwei Platzverweise binnen 13 Minuten. Wer etwas Ähnliches auch schon live erlebt hat, der weiß, wie meine Gemütslage war. Zum Glück hatte der ostfriesische Fußballgott Kuno Fischer seinen Hunger gestillt, Platzverweise für zu lautes Husten oder Anfluchen der Eckfahne gab es nicht mehr. Aber nachdem jetzt so viel Platz auf dem Platz war, lieferten sich beide Teams in der letzten Viertelstunde einen offenen Schlagabtausch. Man stieg auf Handball um, soll heißen, man ignorierte dieses doofe Mittelfeld, die Stürmer blieben direkt vorne, die Abwehrspieler spielten lange Pässe.

So gab es Chancen im Minutentakt, und es ist den Hamburgern hoch anzurechnen, dass sie dabei mitspielten, anstatt sich mit ihren verbliebenen acht Männeken auf die eigene Torlinie zu stellen, um das Remis nach Hause zu mauern. So ging es munter hin und her, und es passte zur Dramaturgie dieses Spiels, dass es nur noch einen

Torerfolg gab – natürlich in der 90. Minute: Feinbiers Schuss aus 16 Metern wurde wieder einmal abgeblockt, der Ball trudelte nach links, und dort stand »Lumpi« Lambertz und machte die Kugel rein. 3:2-Sieg in der 90. Minute, mehr »Finale« geht wirklich nicht.

Und wer kämpft, der kann auch mal Glück haben, denn zusätzlich zu diesem eminent wichtigen Sieg war in der zweiten Halbzeit auf den anderen Plätzen auch noch gut was los: Lübeck siegte zwar mit 4:0 und zog den Kopf somit ebenfalls aus der Schlinge, aber Union Berlin, selbst auch noch nicht gerettet, gelang in Dortmund noch der 1:1-Ausgleich, und Holstein Kiel brach sich selbst noch das Genick: Eine Viertelstunde vor Schluss führte man 2:0 beim Aufstiegskandidaten Osnabrück und kassierte anschließend noch drei Treffer. Auch dies scheint so eine Art Finale gewesen zu sein.

Somit hatte Fortuna vor den letzten beiden Spielen sechs Punkte und 15 Tore Vorsprung vor Kiel, das aufgrund des schlechteren Torverhältnisses gegenüber Dortmund II auf den Abstiegsplatz rutschte, beide mit 42 Punkten. Das reichte zum Klassenerhalt. Und daran konnte man sehen, dass es irgendwie doch ein echtes Finale war. Und den Sonderbericht des Schiris hätte ich gerne in Kopie für meine Wand gehabt. Ein besseres Andenken an diese Partie kann es nicht geben. *Ein Gastbeitrag von Carsten Koslowski*

49. GRUND

Weil Fortuna 2012/13 zwar wieder abstieg, uns aber diesen einen legendären Abend in Dortmund bot

Fortuna Düsseldorf ist wieder zweitklassig. Nach nur einem Jahr in der Beletage hat es uns wieder ins Unterhaus verschlagen. Man kann den Jungs jetzt böse sein. Oder sich freuen über die schönen Tage dieses Gastspiels. Der Auftaktsieg in Augsburg, das Heimspiel gegen Schalke, der Kantersieg gegen Frankfurt. Oder auch das 1:1 in Dortmund. Da dieses Spiel für uns gefühlt ein ganz besonderes war, wollen wir an dieser Stelle unsere Liebe zu F95 ausdrücken, indem wir unseren Spielbericht zu diesem Spiel in diesem Buch verewigen. Es sei hier darauf hingewiesen, dass dieser Bericht in der Euphorie dieses Abends entstand und einige Einschätzungen nach dem Abstieg sicherlich anders ausfallen:

»Was für ein Abend! Es fällt schwer, sich nach so einer Nacht nüchtern auf das Spiel zu konzentrieren und herauszuarbeiten, wer gut und wer schlecht war, welche Szene schön oder schandhaft. Fortuna Düsseldorf hat beim amtierenden Double-Sieger mit einer Zweit- bis Drittbesetzung in der Defensive ein 1:1 erfochten – und hat uns Fans, die wir sowieso schon verwöhnt wurden in den vergangenen Jahren, eine neue Erinnerung fürs Leben beschert. Dauergrinsen inklusive.

Und so geht unser Dank an alle 13, die gestern ihr letztes Hemd für diesen Punkt gaben. Und exemplarisch an den Torschützen, an Stefan Reisinger. Die ganze Leidenschaft der Helden in Rot verkörperte Reisinger bei seiner Konterchance in der 91. Minute. An der Mittellinie von Lumpi in Szene gesetzt, rannte er, sichtlich von allem geplagt, was sich der Teufel körperlicher Geschundenheit ausdenken kann. Er ließ mehrere innere Schweinehunde einfach stehen, schoss den Ball aber leider über das Tor. Und dann? Ohne eine Sekunde des Zauderns drehte er sich um und warf sich mit allem, was der Körper hergab, in den Gegenzug des BVB. Welch eine Szene! Das wollen wir von unserem Team sehen!

Jetzt aber der Reihe nach: Fortunas Karikatur einer Bundesligaelf brillierte die ersten 20 Minuten. Der Ex-Dortmunder Ivan Paurević überzeugte direkt zu Beginn seines insgesamt abgezockten Bundesligadebüts mit Zweikampfstärke, Ruhe am Ball und Passsicherheit. Leon Balogun und Johannes van den Bergh stellten die gefährlichen Flügel des BVB kalt. Und die Weltklasse-Innenverteidigung um den umgeschulten Adam Bodzek und den immer besser werdenden

Juanan ließ die Lewandowskis und Reus' dieser Welt so harmlos wirken wie Yusuf-Muri Adewunmi zu seinen besten Zeiten.

Nach vorne regte sich nicht allzu viel, doch versuchte die Fortuna, mutig zu spielen, wenn auch die begrenzten Mittel vieles schon im Keim erstickten. Vor allem während der gespenstischen Ruhe der ersten 12:12 Minuten kam der BVB nicht einmal richtig durch. Dass der Druck anschließend ebenso höher wurde wie die Fehlpassquote im Aufbauspiel der Rot-Weißen, war vor allem dem zunehmenden Pressing der Dortmunder geschuldet, das aber bis auf zwei Schüsschen von Reus keine großen Aufreger kreierte.

Als sich dann die ganz, ganz leise Hoffnung regte, hier mit einem 0:0 in die Pause zu gehen und die Borussen endgültig nervös zu machen, fand der BVB doch noch einen schönen Spielzug in seiner Mottenkiste. Błaszczykowski zog ins Sturmzentrum, schuf damit Überzahl, die bei einem komplett blanken Łukasz Piszczek auf Rechtsaußen endete. Dass Großkreutz und Kuba anschließend Ringelpiez mit Anfassen am Fünfmeterraumeck spielen durften und Giefer die Rückgabe von Błaszczykowski nicht parieren konnte (Achtung: nicht ganz ernst gemeint), ist dann eben der Unterschied zwischen Champions League und 15-Jahre-keine-Bundesliga.

Aber war ja auch in Ordnung. Verliert man halt in Dortmund, auch 0:2 oder 0:3, wen juckt's. Oh Moment: Die Mannschaft juckt's. Nach fünf Minuten neuerlicher Orientierung in Halbzeit zwei merkte die Fortuna, dass der BVB das Ergebnis nur verwalten will, und entfesselte sich wieder ein wenig aus der gelb-schwarzen Umklammerung. Die Riesenchance von Kruse nach knapp einer Stunde war Zeugnis dessen, dass hier doch etwas möglich war. Wer will dem Australier schon übel nehmen, dass er das Ding verdaddelte, die Übersicht verlor? Nur eine Frage bleibt bei der Szene: Wird der von Ilsø abgeblockte Nachschuss von Reisinger statistisch als Torschuss oder als Fehlpass registriert?

Die folgenden 20 Minuten waren irgendwie besonders. Dortmund kam nur sporadisch zu Gelegenheiten und Fortuna erhöhte die Schlagzahl, es fehlte nur die ganz große Torchance. Aber es lag etwas in der Luft. Der ganze Block spürte: Wir sind kurz davor. Gleich passiert hier etwas. Es kribbelte schon die ganze Zeit.

Und was war das für eine wunderschöne Szene. Erst das energische Nachsetzen von van den Bergh, der den Ball mit letztem Einsatz auf Kruse legte. Dessen Flanke ein Gedicht. Aus dem Stehplatzblock sah man sie schon so formvollendet über alle hinwegfliegen und wusste: Die kriegt nur Reisinger. Dieser Moment ist so schön, in dem man schon weiß, dass gleich alles explodiert. Die Glückshormone kamen schon, da war Weidenfeller noch voller Hoffnung, er könne gegen diesen Kopfball noch etwas ausrichten. Dass der Ball im Netz zappelte, war schon nicht mehr zu sehen. Alles ging unter im rot-weißen Jubelmeer.

Wie die Mannschaft dann 15 Minuten lang, getragen von den überragenden Fans, leidenschaftlich alles und jeden (Lumpi!!!) in die Dortmunder Schüsse und Flanken warf, Großkreutz seine Großchance über den Giebel setzte, Giefer als Turm in der Schlacht bestand und nach mehr als 93 Minuten der diesmal ordentliche Deniz Aytekin das Spiel vollendete – Gänsehaut deluxe. Schade, dass Ivan Paurević noch vom Platz flog, doch er erwies dem Team damit einen großen Dienst, als er eine Dortmunder Edelchance vereitelte.

Jetzt gilt es, die Duracell-Batterien von Lumpi und Bellinghausen bis Freitagabend wieder aufzuladen, die Verletzten zu hegen und pflegen, und es bleibt nach diesem historischen Dienstag zu konstatieren: Gegen den BVB reicht auch der extrem gut sitzende zweite Anzug. Nun kann wohl kaum noch einer Wolf Werner vorwerfen, er hätte Masse statt Klasse eingekauft und zu viele bundesligauntaugliche Kicker geholt. Was für ein Abend! WAS FÜR EIN ABEND!

50. GRUND

Weil Reisen nach Idar-Oberstein die Fantasie furchtbar anregen (Teil 1)

»Ufos in Bad Finkenstein«, so lautet der Titel einer Folge der von Stefan Wolf erschaffenen Serie *TKKG*. Im Spätherbst 1999 empfand ich den Namen dieser Hörspielkassette als einzige Assoziation zu dem nächsten Auswärtsgegner unserer rot-weißen Fortuna-Helden. Sicher, dieser saisonale Kontrahent hieß nicht Sport-Club »Bad Finkenstein«, sondern tatsächlich »SC 07 Idar-Oberstein«, doch selbst die Schwärmereien meiner verstorbenen Großmutter über diese illustre Edelsteinhochburg im Landkreis Birkenfeld wertete dieses sportliche Ereignis in meinen Augen nicht unbedingt auf.

Den angesetzten Wettkampf innerhalb der Regionalliga West/Südwest betrachtete man einmal mehr als willkommene Möglichkeit, unter dem Deckmantel seines nach Erfolg dürstenden, jedoch traditionsreichen Fußballvereins weiße Flecken auf Deutschlands umfangreicher Landkarte zu erobern. Nebenbei wollte man sich, ganz im Sinne der rheinischen Gepflogenheiten, als angenehmer Gast präsentieren, um seine Vaterstadt Düsseldorf würdig zu vertreten.

Dass man fortan in Bad Finkenstein den Rheinländer ähnlich kritisch beäugen würde wie damals die räuberischen Normannen, die um das 10. Jahrhundert ihre Raubzüge in England unternahmen, war von den meisten anreisenden Gästen sicherlich nicht geplant.

Dennoch munkelt man noch heute, dass sämtliche Amtsträger der Stadt Idar-Oberstein glücklich darüber sind, dass das aufwendig erstellte Willkommensschild »Idar-Oberstein grüßt seine Gäste aus der Landeshauptstadt NRW« 15 Jahre nach dem Spiel wirtschaftlich nun endlich »abgeschrieben« ist. Inoffiziellen Angaben zufolge heißt es aber auch, dass bereits nach dem Spieltagswochenende das freundliche »Begrüßungsbanner« vom Stadtkämmerer bei der ortsansässigen Mülldeponie unter höchstmöglichen Temperaturen fachmännisch vernichtet wurde.

Wie fußballverrückte Menschen aus dem Herzen Nordrhein-Westfalens ticken, durften die Einheimischen bereits am Vorabend des Spieltages in der romantischen Innenstadt bestaunen.

Der Idar-Obersteiner erkannte schnell, dass farberlesene Handwerkskunst nicht nur an diversesten Edelsteinen ausgeübt werden kann, sondern ebenso künstlerisch an den meist untrainierten Oberkörpern feucht-fröhlicher Fußballfans.

Tänzerische »OKF« (oberkörperfrei, Anm. der Redaktion) -Einlagen gelten seitdem in der Edelsteinstadt nicht unbedingt als Bewegungsalternative zu einer ausgelassen Tanzteeveranstaltung. Sie werden vielmehr als Beweis dafür bewertet, dass die Subventionierung eines zoologischen Gartens in jeder deutschen Großstadt eine sinnvolle Investition ist, um die einheimischen, etwas ausgefalleneren Exemplare artgerecht zu beheimaten.

Der Autor wiederum erkannte an diesem Wochenende, dass süffige Weinpröbchen andere Spuren am Folgetag hinterlassen können als altbierbrauner Gerstensaft. So zog man etwas mürrisch vom edlen Gasthaus zur Sportanlage und verglich, im Minutentakt vor sich hin knurrend, den Weg zum Stadionpalast »Im Haag« mit solchen außergewöhnlichen Anfahrtswegen, die dem gemeinen Fußballfan sonst nur der Betzen- oder Bökelberg beschert.

Endlich im Stadion angekommen, sah man in rund 2.000 trübselige Gesichter, denen entweder der feuchtfröhliche Vorabend, oder aber der bisherige Saisonverlauf unserer Fortuna zugesetzt hatte. Die sportliche Ausbeute war demnach eher bescheiden, und man hatte sich bereits auf Teile der Mannschaft eingeschossen.

Nun denn, »Neues Spiel, neues Glück«, sagte man sich. Dass man sich zuvor gegen wohlklingende Kaliber wie Kaiserlautern II, Elversberg, Salmrohr, Trier, BVB II und Bayer Leverkusen II sieglose Partien oder gar Niederlagen geleistet hatte, war vergessen. Mit lauten Anfeuerungen begleitete man die Spieler auf den Platz. Und man sah von der ersten Minute an: Die Mannschaft »will« … »will« ihren Ankündigungen KEINE entsprechenden Taten folgen lassen und mit Einsatz dem sportlichen Glück auf die Sprünge helfen.

51. GRUND

Weil die Tour nach Chemnitz etwas ganz Besonderes gewesen sein muss

Ich war damals nicht dabei, denn ich war mit neun Jahren noch recht klein, absolvierte gerade erst die theoretische Führerscheinprüfung, und deshalb saß ich bei meiner Mutter auf dem Sofa, als es passierte. Die Ausgangsposition war klar: Rostock war durch. Pauli hatte in jenem weit entfernten Universum der Zwei-Punkte-Regelung (Jüngere mögen hier kurz Wikipedia konsultieren) 24 Minuspunkte, Fortuna, Mannheim und Wolfsburg alle 25. Fortuna lag ein Tor besser als Waldhof und fünf Tore vor dem VfL.

Ein Sieg in Chemnitz, und der Bundesligaaufstieg sollte geritzt sein. Mannheim kickte in Hannover, Wolfsburg bei der Hertha. Und um es rund zu machen: Pauli empfing die schon abgestiegenen Homburger, die sollten folglich mit einem lockeren Sieg durch sein – waren sie dann auch.

Also Fortuna in Chemnitz, und es ist wirklich viel über diesen Tag erzählt worden. Ich auf der Couch mit Videotext und Radio, rund 8.000 Düsseldorfer in Karl-Marx-Stadt live im Stadion. Dann erst mal stürmische Chemnitzer, aber das Schöne an diesem Sonntag: Erst liegt Mannheim zurück, dann geht Fortuna in Führung, baut die Führung aus, sichert Platz 3 und gibt ihn in der Folge auch nicht mehr wieder her. Auch wenn die Golfsburger alsbald auch führen und mit 3:1 auswärts gewinnen, sie hätten schon acht Buden machen müssen, um an Rot-Weiß noch vorbeizuziehen.

Aleks Ristić (»Jeder kann laufen, aber nicht jeder kann Fußball spielen«) hat der Fortuna zum 100-jährigen Jubiläum den Durchmarsch von der 3. in die 1. Liga geschenkt. Der Held bei F95 ist an diesem Mai-Sonntag aber Vlatko Glavaš. Der Kroate schnürt den Doppelpack zum 2:0-Sieg und sichert sich seinen Platz in Geschichtsbüchern und Herzen.

Und sorgt für eine Riesensause, wie man damals hörte. Autokorso auf der Autobahn, die schlappen 15.000 Kilometer von Chemnitz zurück ein einziges Hup- und Jubelkonzert. Da muss ich schon gestehen: Da wäre ich gerne beigewesen. Ich fahre gerne Auto, ich hupe sehr gerne, und ich finde Aufstiege auch eine gute Geschichte. Das hat sicher Spaß gemacht. Man munkelt sogar, es hätte an diesem Tag einen Platzsturm gegeben, aber das darf man natürlich nicht zu laut sagen – hinterher wird Fortuna der Aufstieg noch nachträglich aberkannt.

Es ist wirklich schade, dass man solche Erlebnisse nur aus Erzählungen kennt, auch wenn es schön ist, diese Erzählungen zu hören. Und, um jetzt noch eine neue These zur Liebessteigerung zwischen Fan und Verein aufzustellen, diese Legenden braucht es vermutlich auch. Denn wir brauchen diese Faszination, diese Erinnerung an das Gute, diese Erlebnisse anderer, um Erwartungen aufzubauen, um, ach, wie soll man das in die richtigen Worte kleiden …

Ich denke, es ist wie bei einer Frau, mit der man gerne schöne Erinnerungen hat. Nur dass man die Fortuna eben mit vielen teilt und es einen auch nicht stört, wenn andere schöne Erinnerungen mit ihr haben. Im Gegenteil: Man erfreut sich daran und hofft, dass man auch bald mal wieder dabei ist.

Und was Aufstiege angeht, sind ja auch wir Jüngeren da durchaus versorgt worden in näherer Vergangenheit.

52. GRUND

Weil Reisen nach Idar-Oberstein die Fantasie furchtbar anregen (Teil 2)

Sich von anderen Fußballvereinen vorführen lassen zu müssen war dem leiderfahrenen Düsseldorfer Fußballfan schon seit vielen Jahren nichts Neues mehr. Doch die Tatsache, dass die Namen solcher unüberwindbaren Gegner nicht mehr Bayern München oder Hamburger SV hießen, sondern Elversberg und Idar-Oberstein, belastete das Nervenkostüm vieler Fortuna-Fans vermutlich so sehr, dass der Abpfiff beim Endstand von 1:1 als Startschuss für ausgiebige Unmutsbekundungen genutzt wurde.

So nahm der rot-weiße Protestzug die mobilen Absperrgitter im Stile eines Carlo Thränhardt im ersten Versuch und begab sich Richtung eigener Spieler, um ihnen freundlich die Meinung ins Gesicht zu sagen. Diese sahen damals allerdings keinen Anlass für verbalen Nachhilfeunterricht ihrer treuesten Anhänger und suchten, mit ungeahnten Sprintfähigkeiten ausgestattet, die Flucht Richtung Kabinentrakt. Man muss den Spielern hinsichtlich ihrer mangelnde Kommunikationsbereitschaft wohl zugutehalten, dass die Grimassen einiger Rasenstürmer mit denen eines Tyrannosaurus Rex zu vergleichen waren. Ich möchte hinzufügen: Aufgrund der wirklich exzellenten Halbzeitbratwurst sicherlich nicht ganz so hungrig.

Es zog nun mehrere Hundert Fans Richtung Vereinsgebäude. Der enttäuschte Anhang wollte sich auch von einer Tür nicht aufhalten lassen. Die Aussprache mit den Spielern sollte, nein, musste nach dieser Leistung erfolgen. So vermutete man hinter der nächsten Türe nun also die erschrockenen Kicker. Dementsprechend versuchte man, auch dieses Hindernis eifrig und gleichzeitig leise zu überwinden.

Erst die höfliche Nachfrage einer sich im besten Rentenalter befindlichen Ordnungskraft entschärfte die aufgeheizte Situation. Diesem Ordner, beziehungsweise dem freundlichen Dialog mit ihm, soll dieser Spielbericht gewidmet sein. Er beobachtete zunächst das Szenario in ruhigster Manier, um anschließend im feinsten pfälzerischen Dialekt zu fragen: »Jung's, na sacht's a mal, was wollt's ihr denn da drinne?« Worauf der wütende Düsseldorfer Anhang ihm entgegenrief: »Den Feiglingen unsere Meinung sagen.« Der Ordner erwiderte daraufhin: »Aber warum wollt's denn dann in den'a Ballraum? Eure Spieler sind doch in der'a Umkleidekabine, do müscht ihr a rein«, und zeigte mit dem Finger auf die gegenüberliegende Tür.

Mit ungläubigem Schweigen und einem anschließenden »Oliver-Hardy-Überraschungsblick« reagierte der Fortuna-Anhang. Anschließend brach man in schallendes Gelächter aus, besann sich und verließ die Örtlichkeit mit dem Bewusstsein, die vergangenen Minuten doch wohl etwas übertrieben zu haben. Der betagte Security-Mitarbeiter des SC Idar-Oberstein hatte somit eindeutig bewiesen, dass man mit List, Fingerspitzengefühl sowie einem Hauch Naivität »Konfliktsituationen« durchaus gewaltfrei lösen kann.

Ein Ereignis, das mir damals wie heute ein ungläubiges Grinsen in die Visage zaubert ... Möglicherweise vergleichbar mit einem überraschenden Blick zum Abendhimmel, an dem irgendwann einmal »Ufos aus Idar-Oberstein« erscheinen könnten.

Ein Gastbeitrag von SH73

4. KAPITEL

DIE GRAUEN JAHRE

DIE SCHLIMM-GUTEN ZEITEN OHNE BUNDESLIGA

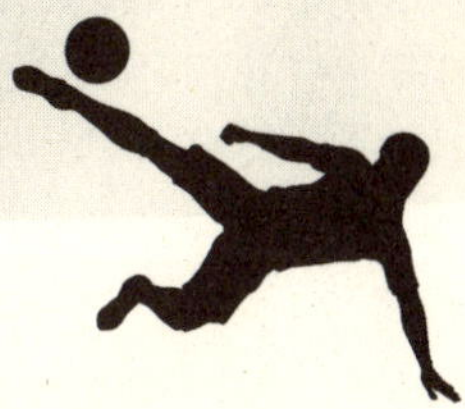

53. GRUND

Weil das Leben mit Fortuna spannender nicht sein könnte

Es gibt diesen wunderbaren Satz: »If you are not a sports fan, most of your day is predictable.« Für Menschen, die nicht des Englischen mächtig sind: »Wenn du kein Sportfan bist, ist dein Tag weitestgehend vorhersehbar.« Gesagt hat ihn der US-Talkmaster Larry King. Ich finde, in diesem Satz liegt alles drin, was den Sport ausmacht. Es kann alles passieren. Jeder kann jeden schlagen. Natürlich sind die Siege mancher Teams oder manchen Spielers wahrscheinlicher – aber am Ende ist alles möglich. Große Sensationen, große Tragik, große Emotionen.

Es sei an dieser Stelle (und in diesem Buch nicht nur hier) erwähnt, dass jeder Fan glaubt, sein Verein unterliege besonders großen Schwankungen. Fans des HSV glauben, der Fußballgott schickte sie ständig auf Achterbahnfahrt, nur weil sie seit über 50 Jahren zwischen Platz 1 und Platz 15 in der Bundesliga schwanken. Bochumer glauben, sie seien besonders arg vom Fußballzufall gebeutelt, weil ihr Klub von Zeit zu Zeit zwischen Erfolg und Misserfolg und mit Vorliebe zwischen 1. und 2. Bundesliga pendelt. Doch wenn man Fortuna-Fan ist, dann kann man mit Fug und Recht behaupten, dass das Leben kaum spannender sein könnte, weil man nie weiß, ob man in fünf Jahren Bundesliga oder Kreisklasse spielt.

Ich möchte zur Veranschaulichung dieser These einmal die Ligenzugehörigkeit von Fortuna illustrieren, seit ich 1985 geboren wurde, respektive seit ich 1988 oder 1989 zum ersten Mal bei Fortuna auf der Tribüne stand – beziehungsweise saß, denn Legenden besagen, bei den ersten Besuchen im PJS hätte ich mich doch noch mehr für Gräser interessiert als für Spielzüge.

- 1988/89: Aufstieg in die Bundesliga (guter Start so als Nachwuchsfan)

- 1989–1992: Bundesliga, am Ende sang- und klangloser Abstieg
- 1992/93: Direkter, souveräner Durchmarsch in die Oberliga Nordrhein

Fünf Jahre nach dem Start als Fan und vier Jahre nach dem Aufstieg in die Bundesliga war ich somit plötzlich Anhänger einer Drittligamannschaft.

- 1993/94: Aufstieg in die 2. Bundesliga
- 1994/95: Aufstieg in die 1. Bundesliga

Zwei Jahre nach dem Totalabsturz war ich somit wieder auf der Sonnenseite des Lebens, ziemlich sicher, dass so ein Ausflug in die Niederungen nicht wieder vorkommen würde. Zumindest nicht in den kommenden 70 bis 90 Jahren, die mir als Fan noch vergönnt sein könnten.

- 1995–1997: Bundesliga, dann aber wieder der Abstieg
- 1997–1999: 2. Bundesliga, und der erneute galante Abgang in die Drittklassigkeit (Regionalliga)
- 1999–2002: Regionalliga (verschiedene Namen der Liga), inklusive Volldesaster: Verabschiedung in die 4. Liga

Auch hier sei noch einmal darauf hingewiesen: Sieben Jahre nachdem der Bundesligaaufstieg perfekt gemacht worden war, sieben Jahre nachdem der Abstieg in die Oberliga Nordrhein glücklicherweise als Betriebsunfall abgestempelt worden war, war der Betrieb nun davor, endgültig dichtgemacht zu werden. Oder um einfach mal die Ligenwanderung meines Fandaseins bis dahin in Zahlen auszudrücken: 2-1-2-3-2-1-2-3-4

- 2002–2004: Oberliga, aber wieder aufgestiegen
- 2004–2009: 3. Liga (Regionalliga bzw. 3. Liga), Aufstieg in die Zweitklassigkeit
- 2009–2012: 2. Bundesliga, an den Aufstieg erinnert sich wohl ganz Fußballdeutschland auch noch in vielen Jahren
- 2012/2013: 1. Bundesliga, an den Abstieg werden wir uns auch noch lange erinnern
- 2013–2018: 2. Bundesliga

»If you are not a Fortuna fan, most of your years are predictable.« Wenn mir jemand eine andere Profimannschaft in Deutschland nennen kann, die in den vergangenen 25 Jahren derart durch die Ligen gependelt ist, gibt es dafür von mir eine Sonderausgabe des (noch nicht geschriebenen) Buches *111 Gründe, völlig bekloppt zu werden*.

Eines macht mir Angst. Kommen wir noch mal zu dieser Zahlenreihe zurück: 2-1-2-3-2-1-2-3-4-3-2-1-2. Man muss kein ganz begabter Mathematiker sein, um festzustellen, dass die logische Fortsetzung dieser Zahlenartistik mit einem Gastspiel von F95 in der Oberliga Niederrhein endet. Ich freu mich jetzt schon voller Liebe auf die Derbys mit TuRU 1880, den Sportfreunden Baumberg oder dem VfB Hilden, auf die Duelle mit dem SV Sonsbeck, dem PSV Wesel-Lackhausen und mit einer der großartigsten Mannschaften des Fußballverbandes Niederrhein: dem SV Hönnepel-Niedermörmter.

Aber was wundere ich mich überhaupt. Fortuna ist ja nicht nur die Göttin des Glücks, sondern auch des Schicksals. Und dass das unberechenbar ist, das hätten wir alle vorher ahnen können.

54. GRUND

Weil meine Liebe zu Fortuna in einer Zeit entstand, als es dafür wenig Gründe gab

Bei meinem ersten Fortuna-Spiel war ich den Erzählungen nach drei oder vier Jahre alt, Ende der 80er-Jahre. Gerüchte besagen, ich hätte mich anfänglich noch mehr für die grasbewachsenen Stufen des Paul-Janes-Stadions interessiert. Ich bezweifle das stark, aber ich erinnere mich in der Folge gut daran, wie ich als kleiner Junge im Rheinstadion mit meinem Vater im 37er stand. Beziehungsweise: Er stand, ich saß. Auf dem Stankett. Das halbe Spiel bestand für mich daraus, dass er mich am Bauch festhielt, wir gemeinsam klatschten und er mich zwischendurch kitzelte. Komisch, woran man sich so erinnert. Ich hatte eine rot-weiße Mütze, so ganz alter Stil, aber damals fand ich die irre cool. Ich glaube, ich fänd sie heute auch noch irre cool.

Das zeigt auch: An Spielszenen und Tore aus dieser Zeit kann ich mich nur noch sehr ausschnittsweise erinnern. Ich erinnere mich daran, wie beim Heimspiel gegen Nürnberg der Schiedsrichter am Hinterkopf getroffen wurde und er wegen einer Gehirnerschütterung ausgewechselt wurde. Da muss ich so fünf oder sechs gewesen sein. Oder daran, wie wir einmal gegen Wattenscheid spielten und im Auswärtsblock nur etwa zehn Leute standen. Komische Erinnerungen.

Ich war immer da, auch in der Oberliga Nordrhein, es war toll. Aber so richtig bewusst sind mir die Spiele und Jahre erst seit der Bundesligazeit 1995–97. Und noch bewusster die Zeit danach. In den Jahren, in denen Fortuna den übelsten Fußball spielte, in einer mäßig hübschen, recht zugigen Betonschüssel. In einem fast immer zu ¾ leeren Stadion. Ich habe mich in Fortuna verliebt, als sie eher die picklige dicke als die feine alte Dame war. Als knappe Siege über die Stuttgarter Kickers oder die damals noch sehr biedere SpVgg Greuther Fürth schon Gründe für Freudentänze waren.

Ich erinnere mich noch sehr gut an einen Dezembertag 1998. Ich hatte mich in der Nacht von Donnerstag auf Freitag übergeben, so richtig gut in Form war ich nicht. Ich war auch nicht in der Schule, und wenn man gut erzogen ist, dann darf man auch nicht zu Fortuna, wenn man vorher krank war.

Aber was soll man denn machen? Also traf ich mich als Zwölfjähriger mit einem Freund, um bei richtigem Eiskalt-Wetter zum Spiel gegen Fortuna Köln zu radeln. Fortuna stand vor diesem Spiel auf einem Abstiegsplatz, man muss schon viel Zuneigung empfunden haben, um dahin zu gehen.

5.900 Leute empfanden damals dieselbe Zuneigung. Die meisten von ihnen werden sich an dieses Spiel nicht mehr erinnern. Ich schon. Fortuna spielte 2:2.

Fortuna führte 2:1, kassierte nach 65 Minuten den Ausgleich und die letzten 25 froren wir uns den Allerwertesten ab, gewärmt nur von der leisen Hoffnung, Fortuna möge uns doch noch ein Siegtor schenken.

Es war dunkel, wir hofften vergeblich, diese Spiele waren damals wie Vorboten für die ganz dunkle, eisige Zeit, die Fortuna noch bevorstand. Fantechnisch wurde meine Generation damals sozialisiert. Das kann sich sowohl die Generation davor (Erfolge der 1970er) als auch die Generation danach (Erfolge der späten 2000er) vielleicht gar nicht so richtig vorstellen. Wir haben unser Herz an einen Verein verschenkt, der unsere Liebe meistens nur mit Füßen trat.

Na und? Hat sich jeden Tag gelohnt. Und wird sich auch jeden weiteren Tag lohnen. Und ich schreibe dieses Kapitel just nach einem 2:4 in Bielefeld, nachdem Fortuna mit den Abstiegsplätzen in der 2. Liga liebäugelt.

55. GRUND

Weil es reicht, »Niederrheinpokal« zu sagen, um einen Fortuna-Fan richtig zu ärgern

Viele Bundesliga-Fans werden es gar nicht wissen, viele Fortuna-Fans der Neuzeit werden darüber nur fassungslos den Kopf schütteln. Die Teilnahme am DFB-Pokal ist kein Grundrecht eines großen Fußballvereins. Wer jenseits der 2. Liga kickt, muss sich die Teilnahme Jahr für Jahr verdienen. Während alle anderen im DFB-Pokal spielen, heißt es für die unterklassigen Vereine: Verbandspokal. So kommt es, dass Fortuna in diesem Jahrtausend schon Pflichtspiele gegen Türkgücü Düsseldorf, TuSpo Richrath oder TSV Heimaterde Mülheim bestritten hat. Pflichtspiele wohlgemerkt.

Freilich wurden diese Spiele gewonnen, und die härtesten Widersacher im Kampf um einen DFB-Pokal-Startplatz hießen eher Rot-

Weiss Essen, Rot-Weiß Oberhausen, Wuppertaler SV oder SpVgg Velbert. Auf viel Liebe stieß der Wettbewerb bei den Fans dennoch nicht. Nicht falsch verstehen: Die Gegner waren toll. Die Leistungen der Fortuna hingegen waren verbesserungswürdig.

Nach der verkorksten Oberligasaison 2003 (8. Platz) hätte die Fortuna mit einem Sieg im Finale gegen die SpVgg Velbert zumindest noch einen versöhnlichen Abschluss hinlegen können. Das Wetter an diesem 01. Mai 2003 war ein Traum, passenderweise hieß die Heimspielstätte der Velberter auch noch »Stadion zur Sonnenblume«. Mehrere Tausend Fortunen fuhren hin. Siegessicher. Nur hatten sie diese Rechnung ohne ihre elf Helden gemacht. Fortuna rumpelte sich zu einer 0:1-Niederlage. Aus der Traum vom Duell mit den Großen, von dem man ligentechnisch damals so weit weg war wie die Bayern von einem Bundesligaabstieg.

Im Jahr darauf stand man erneut im Finale. Tausende Düsseldorfer fluteten die Uerdinger Grotenburg-Kampfbahn für das Duell mit dem designierten Zweitligaaufsteiger Rot-Weiss Essen. Relativ sicher war Fortuna durch den Aufstieg der Essener schon für die 1. DFB-Pokal-Runde qualifiziert. Doch man hatte es in der eigenen Hand, die Sache dingfest zu machen. Essen versuchte, es so leicht wie möglich zu machen, trat an diesem Dienstagabend mit einer aufgehübschten A-Jugend an. Die Essener Fans motivierten die Fortuna zusätzlich mit einem Plakat mit der Aufschrift »Für euch das Spiel des Jahres, für uns der Witz des Tages«. Derart angestachelt, erreichte die furiose Fortuna eine souveräne 0:2-Niederlage.

2008 verlor man im Finale als Drittligist gegen den Viertligisten aus Essen mit 0:1, auch im Aufstiegsjahr 2009 schaffte man es noch, gegen die Essener nach Elfmeterschießen auszuscheiden. In den Saisons 04/05, 05/06 und 06/07 schaffte Fortuna den Wuppertal-Hattrick – also drei Mal Ausscheiden gegen den WSV. Das Wort »Niederrheinpokal« treibt deshalb selbst den verliebtesten Fortunen immer noch einen Schauer des Grauens durch den ganzen Körper.

Und wer denkt, schlimmer ginge es nicht: 2003 und 2004 musste sich Fortuna als Oberligist sogar erst mal über den Kreispokal für den Verbandspokal qualifizieren. Spaziergang, würde man denken. Aber Pustekuchen. Nach Siegen gegen GSC Hermes, SV Hösel, SC West und DSC 99 kam es am 14. Mai 2003 zum Halbfinalspiel gegen BV 04. Fortuna gelang Historisches. Die Oberligaelf blamierte sich elegant mit einem 2:4 nach Verlängerung. Fortuna qualifizierte sich zwar im Spiel um Platz drei mit einem 6:0 gegen Rot-Weiß Lintorf doch noch für den Verbandspokal. Aber um das mal in Worte zu fassen. Vor nicht allzu langer Zeit gelang es dem Verein, der die längste Siegesserie der DFB-Pokal-Geschichte hingelegt hat, nicht einmal, den Kreispokal Düsseldorf zu gewinnen. Da komm mir noch einer mit Liebe.

56. GRUND

Weil die Fans den Trainer nach sieben Niederlagen in Folge feiern

Zu den größten Gänsehautmomenten der jüngeren Fortuna-Vergangenheit gehört eine Szene, die nicht während eines Spiels stattfand, sondern davor. Und zwar am 02. Oktober 2010, an der Bremer Brücke in Osnabrück. Fortuna war zuvor nicht nur aus dem DFB-Pokal geflogen (0:1 in Koblenz), sondern hatte auch die ersten sechs Ligaspiele – teils sang- und klanglos – verloren (0:2 in Cottbus, 1:2 gegen Hertha, 0:1 in Frankfurt, 1:2 gegen 1860, 0:3 in Ingolstadt und 0:1 gegen Bochum). Sieben Niederlagen zum Saisonstart, 0 Punkte, 2:11 Tore. Da muss doch der Trainer wackeln. Wenn schon nicht in der Öffentlichkeit, dann doch wenigstens auf der Tribüne.

Von wegen. Als die Mannschaft und der Trainer vor dem Spiel auf den Rasen liefen, hallten »Norbert Meier«-Sprechchöre durchs Stadion, der gesamte Gästeblock feierte den Aufstiegstrainer und stärkte der Mannschaft damit den Rücken. Das zeigte Wirkung: Nach elf Minuten führte Fortuna mit 2:0, am Ende erkämpfte man sich einen 3:2-Erfolg, startete eine Aufholjagd und wurde am Ende der Saison noch entspannt Siebter – als erster Verein, der trotz sechs Niederlagen zum Auftakt noch den Klassenerhalt packte.

Noch Monate und Jahre nach dem Spiel betonten einige Spieler, dass dieser Moment etwas ganz Besonderes gewesen sei – ein großer Schub für das Selbstbewusstsein. Doch was sind das für Fans, die nach sieben Niederlagen nichts Besseres zu tun haben, als die Mannschaft und den Trainer zu feiern? Das wichtigste Stichwort an dieser Stelle: Dankbarkeit. Ein rares Gut im schnelllebigen Profigeschäft – in Düsseldorf aber noch ein Wort, mit dem die Anhänger etwas anfangen können.

Norbert Meier hatte die Mannschaft zum wichtigen Aufstieg 2009 geführt und anschließend eine sehr entspannte Zweitligasaison beschert, an deren Ende der Neuling auf Platz 4 landete. Anderswo hätte man diese Erfolge vielleicht rasch wieder vergessen, die üblichen Mechanismen hätten gegriffen. In Düsseldorf wurde die Ruhe bewahrt. Die Fans drohten dem Verein unterschwellig mit Liebesentzug, sollten die Verantwortlichen es wagen, Meier infrage zu stellen, geschweige denn zu entlassen. Die Belohnung: Meier führte die Fortuna nicht nur in die obere Tabellenhälfte. Ein Jahr später war es ebenjener Trainer, lange Zeit als »Kopfstoß-Meier« verspottet, der den Klub in die Bundesliga emporhob.

Der Sieg in Osnabrück glich statistisch einem kleinen Wunder. Seit mehr als 20 Jahren hatte Fortuna an der Bremer Brücke nicht mehr gewonnen, die letzten drei Spiele allesamt glatt verloren (0:4, 0:5, 0:1). Der letzte Fortuna-Torschütze vor dem 1:0 von Patrick Zoundi war ein gewisser Boris Kondev. Boris wer? Kondev war zweitbester Fortuna-Torjäger in der debakeligen Abstiegssaison 2001/02 – mit sechs Toren, was alles über die Spielzeit aussagt. An dieser Stelle sei die Aussage riskiert, dass den damaligen Absturz nicht mal Norbert Meier im Amt überlebt hätte.

57. GRUND

Weil wir nie wieder nach Emden fahren müssen

Viele Fans glauben, dass Exspieler des eigenen Vereins immer ausgerechnet dann einnetzen, wenn sie auf ihren alten Klub treffen. Bei den Fortuna-Fans steigerte sich diese Phobie zeitweise so weit, dass vor Spielen gebetet wurde, ein Ex-Fortune möge beim Gegner bloß ausfallen, sonst wären die Chancen auf einen Sieg extrem gering. Und diese ständige Angst hatte auch einen Namen: Rudolf Zedi. Der 1,89 Meter große Glatzkopf war Stammspieler bei Fortuna in den dunkelsten Zeiten, mit nicht kleinem Anteil am Absturz bis in die Oberliga. Anschließend tingelte er ein wenig durch Fußballdeutschland, um 2006 nach Emden zu wechseln und von da an Saison für Saison auf die Fortuna zu stoßen.

Als hätte nicht schon für genug Antipathie gesorgt, dass Zedi einer der Henker der Fortuna um die Jahrtausendwende war – jetzt schlug er richtig zu. Beim Gastspiel 2006 verloren die Düsseldorfer auf dem Emder Acker mit 0:1. Kopfballtorschütze nach einer Ecke: Rudi Zedi. Ein Jahr später gingen die Emder erneut mit 1:0 in Führung. Torschütze: Rudi Zedi. Per Kopf nach einer Ecke. Das Bild, wie dieser kahlgeschorene Riese im Fortuna-Strafraum hochstieg und den Ball einnickte, es brannte sich allmählich in den visuellen Speicher des Gehirns. Immerhin drehte Fortuna das Spiel noch in ein 2:1. Eine Pointe hatte Zedi aber noch. Wiederum ein Jahr später gewannen die Emder erneut mit 1:0 gegen die Fortuna. Torschütze: jaja. Und wie fiel es? Unfassbar! In drei Jahren in Folge traf der Ex-Fortune Rudi Zedi gegen seine alten Kollegen jeweils zur 1:0-Führung, immer nach einer Standardsituation. Zweimal kostete dies Fortuna ganz wichtige Punkte.

Die Geschichte der Begegnungen zwischen Emden und der Fortuna ist hier aber noch lange nicht zu Ende, vielmehr beginnt sie bereits vorher. Legendär die Anekdote über Falk Schindler. Am 17. September 2005 gastierten die Emder zum ersten Mal in ihrer Vereinsgeschichte in Düsseldorf. Pipifax, dachten alle Düsseldorfer, diese Bauern schießen wir geschmeidig wieder zurück auf die Weide. Ebendieser Schindler traf allerdings in der Anfangsviertelstunde zum 1:0 für die blau beleibten Gäste. Als Fortuna-Tormann Patrick Deuß nach einer guten halben Stunde aus seinem Tor hastete und etwa 30 Meter vor dem Tor elegant über einen Steilpass der Emder säbelte, schob Emdens Velimir Grgić entspannt zum 0:2 ein. Nun schwante uns langsam Böses.

Giuseppe Canale verkürzte noch auf 1:2, der Sieg ging jedoch tatsächlich an die Kickers. Eine Ungeheuerlichkeit, die selbst der Fußballgott nicht so hinnehmen wollte. Wie von Geisterhand musste ausgerechnet Falk Schindler zur Dopingprobe. Er wurde positiv auf Carboxy-Finasterid getestet. Zum Ärger für Schindler war diese Substanz erst kurz zuvor auf die Dopingliste gesetzt worden. Schuld war ein Haarwuchsmittel des Emders, obwohl ich mich rückblickend gar nicht daran erinnern könnte, dass er obenrum besonders schütter gewirkt hätte. Aber gut: Fortuna kassierte – natürlich hochverdient – doch noch drei Punkte.

Die Rache der Emder war fies. Von nun an hegten sie anscheinend einen speziellen Groll gegen Fortuna, was nicht nur im Transfer von Rudi Zedi seinen Ausdruck fand. Nein, die Emder ließen sich eine besondere Spitzfindigkeit einfallen. Stunden vor dem Spiel begannen sie, den eigenen Platz derart unter Wasser zu setzen, dass man die Begegnung auch genauso gut ein paar Kilometer weiter mitten in der Ems hätte austragen können. An völlig trockenen Tagen versuchten die Gastgeber, die äußeren Umstände möglichst exakt an jene von Deutschland gegen Polen bei der WM 1974 anzupassen. Brillant: Fortuna, natürlich schon immer eine Truppe von großen Feingeistern und Ästheten, kam mit dem Untergrund nicht zurecht und Emden, na ja, die hatten den gefühlt acht Meter großen Rudi Zedi.

Was war die Erleichterung groß, als Fortuna 2009 aufstieg und den Emdern gleichzeitig die Lizenz entzogen wurde. »Nie wieder Emden«, grölte Abwehrrecke Robert Palikuča bei der Aufstiegsfeier vom Rathausbalkon – seine Mitspieler und alle Fans stimmten ein. So tief saß der Emder Stachel. Inzwischen kicken die Niedersachsen in der Landesliga Niedersachsen. Ein Duell wird es auf absehbare Zeit höchstens im DFB-Pokal geben. Eigentlich müsste man davor keine Angst mehr haben, aber ich erwische mich manchmal dabei, wie ich kurz beruhigt jubele, wenn die Kickers aus dem Verbandspokal ausscheiden.

58. GRUND

Weil es sonst keinen Bundesligaklub gibt, der schon mal Pflichtspiele in Freialdenhoven, Teveren oder Brück hatte

Der Hamburger SV spielte bis 2018 über 50 Jahre lang durchgängig in der Bundesliga. In dieser Zeit haben die norddeutschen Rothosen in Meisterschaftsspielen genau 54 Gegner gesehen. Fortuna Düsseldorf traf in dieser Zeit in Ligaspielen auf genau 141 Kontrahenten. Hier die illustre Gesellschaft, durch die sich der Verein in den vergangenen 50 Jahren kämpfte:

Eintracht Frankfurt, KFC Uerdingen 05, SV Meppen, SpVgg Unterhaching, SpVgg Greuther Fürth, FC St. Pauli, 1. FSV Mainz 05, FSV Zwickau, FC Gütersloh, SC Fortuna Köln, SG Wattenscheid 09, Stuttgarter Kickers, 1. FC Nürnberg, FC Energie Cottbus, SC Freiburg, VfB Leipzig, FC Carl Zeiss Jena, Tennis Borussia Berlin, Karlsruher SC, Arminia Bielefeld, 1. FC Köln, Hannover 96, SSV Ulm 1846, Rot-Weiß Oberhausen, 1. FC Saarbrücken, Sportfreunde Siegen, 1. FC Kaiserslautern II, LR Ahlen/RW Ahlen, Eintracht Trier, SC Paderborn, SV Elversberg, Borussia Dortmund II, VfL Bochum II, FK Pirmasens, FSV Salmrohr, SC Verl, SC Preußen Münster, Bayer

Leverkusen II, SC Idar-Oberstein, Rot-Weiss Essen, SV Werder Bremen II, SV Wilhelmshaven, Dresdner SC, Lüneburger SK, Eintracht Braunschweig, FC Sachsen Leipzig, FC Erzgebirge Aue, SV Babelsberg 03, Chemnitzer FC, 1. FC Magdeburg, Holstein Kiel, VfL Osnabrück, MSV Duisburg II, Alemannia Aachen II, Borussia Freialdenhoven, 1. FC Bocholt, Bonner SC, Rheydter SV, ETB Schwarz-Weiss Essen, 1. FC Union Solingen, SV Borussia Wuppertal, Germania Ratingen 04/19, GFC 09 Düren, SpVgg Velbert 02, Borussia Mönchengladbach II, SV Adler Osterfeld, Viktoria Köln, Wuppertaler SV, Yurdumspor Köln, SSG Bergisch Gladbach, 1. FC Kleve, VfL Wolfsburg II, 1. FC Köln II, Hamburger SV II, Arminia Bielefeld II, FC Rot-Weiß Erfurt, Kickers Emden, Dynamo Dresden, 1. FC Union Berlin, FC Energie Cottbus II, Wacker Burghausen, SV Sandhausen, SSV Jahn Regensburg, FC Bayern München II, VfB Stuttgart II, Kickers Offenbach, VfR Aalen, TuS Koblenz, MSV Duisburg, Alemannia Aachen, FC Augsburg, 1. FC Kaiserslautern, FSV Frankfurt, TSV 1860 München, FC Hansa Rostock, Hertha BSC, FC Ingolstadt 04, VfL Bochum, TSG Hoffenheim, Borussia Dortmund, Bayer Leverkusen, VfB Stuttgart, Borussia Mönchengladbach, SV Werder Bremen, FC Schalke 04, Hamburger SV, FC Bayern München, FC 08 Homburg, SV Waldhof Mannheim, SC Brück, FC Remscheid, Germania Teveren, FV Bad Honnef, Preußen Krefeld, Sportfreunde Hamborn 07, VfL Wolfsburg, SV Darmstadt 98, VfB Oldenburg, Viktoria Aschaffenburg, SpVgg Bayreuth, Blau-Weiß 90 Berlin, BVL 08 Remscheid, Wacker 04 Berlin, Borussia Neunkirchen, Eintracht Gelsenkirchen, Lüner SV, VfR Neuss, SpVgg Erkenschwick, Westfalia Herne, DJK Gütersloh, TSV Marl-Hüls, Eintracht Duisburg, VfB Bottrop, Hammer SpVg, SSV Hagen, STV Horst-Emscher, Homberger SV, Duisburger SpV, TuS Duisburg 48/99, SpVgg Herten.

Es ist nicht das einzige Mal, dass in diesem Buch explizit darauf hingewiesen wird, dass es sich hierbei um Pflichtspiel-Gegner im Ligabetrieb der Fortuna gehandelt hat. Viele dieser Opponenten klingen nach DFB-Pokal oder nach längst verblassten Zeiten. Dabei sind einige dieser Spiele noch gar nicht lange her. Mitte der 2000er maß sich Fortuna mit Borussia Freialdenhoven und verließ mehrfach nicht als Sieger den Platz. Welcher Bundesliga-Fan kann von sich behaupten, jemals dort gewesen zu sein? Auch Teveren, Brück, Lünen oder Marl haben nicht viele Fans erlebt, deren Klubs seit jeher in den obersten Spielklassen vertreten sind.

Ist es eine Schmach, all diese Gegner gesehen zu haben – oder ist es vielleicht sogar ein Privileg? Fortuna hat uns Fans in der Vergangenheit immer wieder gelehrt, wie es in den tieferen Ebenen des Ligensystems aussieht. Da unten gab es nicht nur viel Demut zu entdecken (was sonst soll man nach einem 0:0 gegen Freialdenhoven tun als die eigenen Ansprüche so weit herunterzuschrauben, bis auch so ein Ergebnis erträglich ist?), – die Reisen in diese abgelegensten »Stadien« waren irgendwie auch eine Liebeserklärung an den echten Fußball. Bessere Bezirkssportanlagen, auf denen die Stadionwurst noch nach dem Grill schmeckt, wo der Streuselkuchen noch von den Spielerfrauen für den Spieltag gebacken wird und wo 800 Gästefans noch ein Organisations-Chaos verursachen können, weil sonst nie mal mehr als 100 kamen.

Fans von jenen Klubs, die ein Abonnement auf die Bundesligazugehörigkeit haben, müssen all solche Erlebnisse missen. Sie sitzen immer nur in den riesigen Arenen, dauerhaft berieselt mit Merchandising und dem immer gleichen Brimborium, bei dem die Bundesliga für den Nabel der Fußballwelt gehalten wird. Fortuna-Fans haben die echte Welt gesehen. Das hilft, auch kleine Erfolge für das Größte zu halten und diesen Verein noch mehr zu lieben, als man es ohnehin schon tut.

59. GRUND

Weil Fortuna in 15 Jahren Unterhaus eine ganz eigene Identität bekam (1)

Als Fortuna am 15. Mai 2012 in die Bundesliga aufstieg, lagen 15 Jahre im Unterhaus hinter dem Verein und seinen Fans. Gewiss eine stark prägende Zeit, bei der es noch übertrieben untertrieben wäre, wenn man schreiben würde, es wäre nicht immer so richtig super gelaufen. Auf ein langes Tal folgte ein langer steter Aufstieg. Dies ist die Geschichte dazu, die auch als Liebeserklärung an den niederklassigeren Fußball zu verstehen ist und erklärt, warum Fortuna Düsseldorf ein Verein mit einer ganz speziellen Identität geworden ist, den man lieben muss, wenn man zu lieben fähig ist.

Abwärts, immer nur abwärts: Wann war eigentlich der Tiefpunkt? War es 1999 der Abstieg aus der 2. Bundesliga mit einer mit Söldnern gespickten Mannschaft, als die Vereinsführung die Millionen nur so verschleuderte? War es 2001, als nur der Lizenzentzug für den SV Wilhelmshaven half, die Drittklassigkeit zu halten – ein gefühlter Akt der kompletten Entwürdigung? Oder waren es einzelne Blamagen – das blutleere 0:6 in der Oberliga beim Wuppertaler SV, das 1:4 in Düren, oder doch das 0:1 im Verbandspokalfinale gegen die SSVg Velbert 2003, als 6.000 Fortunen, die sich so sehr nach der Rückkehr auf die größere nationale Bühne sehnten, mit einer bitteren Enttäuschung im Regen stehen gelassen wurden?

Grob könnte man sagen, die Fortuna erlebte nach dem Bundesligaabstieg 1997 fünf bis sechs Jahre eines sich immer wieder selbst beschleunigenden und wiederkehrenden Tiefpunkts. Vor knapp zehn Jahren war Fortuna Düsseldorf in einer bemitleidenswerten Bedeutungslosigkeit verschwunden. Eine ganze Generation von Fans kehrte dem Verein in dieser Zeit den Rücken, in der Stadt wollten Sponsoren und Bewohner nichts mehr von der Fortuna wissen. Wer geblieben ist, weiß heute, wo die »Stadien« in Freialdenhoven oder Velbert stehen. Generell ist das kein schönes Wissen, doch es erlaubt einen ganz anderen Blick auf einen Bundesligaaufstieg und auch einen Bundesligaabstieg als in Klubs, die höchstens mal zwei Jahre in der 2. Liga verbringen und das schon für die maximale Zumutung halten.

Anfang dieses Jahrtausends war der Verein Fortuna Düsseldorf hoch verschuldet. Aus der Ferne lässt sich nur erahnen, wer alles dabei geholfen hat, ihn vor dem endgültigen Ruin zu bewahren. Wer sich durch Nacht und Nebel kämpfte, um ein Zukunftskonzept zu entwerfen, unberührt von den desaströsen Vorstellungen, die eine identitätslose Truppe Woche für Woche im Trikot des Traditionsvereins bot. Drei Abstiege innerhalb von fünf Jahren, ein steter Rückbau der Erwartungen, die, während sie immer kleiner wurden, noch unerwarteter enttäuscht wurden. Es war für die Fortuna-Fans und auch für die Verantwortlichen ganz schwierig, den Erstligaanspruch in Einklang zu bringen mit Pflichtspielen gegen Dorfvereine oder Zweitvertretungen von langsam verblassenden Dauergegnern wie Köln, Gladbach oder Duisburg. Während im großen Fußballgeschäft die großen Geschichten geschrieben wurden, geriet die Fortuna in Vergessenheit – genauso wie es aktuell Rot-Weiss Essen oder Alemannia Aachen ergeht.

60. GRUND

Weil Fortuna in 15 Jahren Unterhaus eine ganz eigene Identität bekam (2)

Ganz, ganz unten ist es schön: Doch genug der Weltuntergangsstimmung, schließlich soll diese Geschichte auch zeigen, wie schön es in den Niederungen sein kann. Zumindest, wenn man am Ende den Kopf wieder aus der Schlinge ziehen konnte. Denn dort unten gibt es Topzuschläge auf Bezirkssportanlagen, mit denen die kleinen Klubs versuchen, ihren Jahresetat auf Kosten der Topklub-Fans zu verdoppeln. Da steigt der Preis für einen miesen Oberligakick gern mal von vier auf zehn Euro für einen unüberdachten Stehplatz, von dem aus man mit einem Fernglas gerade so das gegenüberliegende Tor erahnen kann. Dafür sind andererseits die Gesichter unbezahlbar, wenn auf einem Wald-und-Wiesen-Sportplatz wie in Freialdenhoven die halbe Fanschar Pyro hinter dem Stankett auspackt und die Anlage in dicke Rauchschwaden hüllt. Das hatte die gemütliche Provinzfußballmeute auch noch nicht gesehen.

Bei Schwarz-Weiss Essen stand die Bierbude an der Eckfahne. Um sie zu erreichen, mussten die Fortuna-Fans an der Seitenauslinie entlanglaufen. Was dazu führte, dass die meisten Fans nicht wieder in den Block zurückkehrten, sondern auf der Stadionlaufbahn sitzen blieben. Spätestens als jemand einen Wasserschlauch entdeckte und damit die in der Hitze sitzenden Gästefans nasszuspritzen begann, war dies kein Profifußballspiel mehr, sondern ein Sommertagsausflug. Dass vom Spielfeldrand der Platzsturm nicht mehr fern war, als Fortuna kurz vor Schluss das 3:2 erzielte: eine Randnotiz.

Doch was tut man langfristig als Fan, wenn der eigene Verein im Mittelmaß der Oberliga rumkrebst (2002/03: 8. Platz). Wenn der eigene Verein es schafft, sieben von 13 Elfmetern in einer Oberligasaison zu verschießen. Wenn der eigene Verein ein Intermezzo der Durchschnittlichkeit in der Oberliga einlegt und die sportlichen Highlights mehr als rar gesät sind. Dann müssen ab und zu die Fans einspringen und für unvergessliche Momente sorgen. Während des sportlich schnell vergessenen 0:1 der Ende 2003 endlich als Tabellenführer geführten Fortuna zu Hause gegen den GFC Düren am Nikolausabend kletterte ein Inkognito-Fortune im Kostüm des heiligen St. Nikolaus auf ein Toilettenhäuschen und lieferte die beeindruckendste Ein-Mann-Pyro-Show der Vereinsgeschichte.

Es sind diese Geschichten (denen der Film *Nie mehr Oberliga* ein Monument der Düsseldorfer Zeitgeschichte errichtet hat), die man in den Stadien der Bundesliga nicht erleben kann. Nirgends ist man näher dran an seinen Helden (und manchem Anti-Helden) als im Amateurfußball. Nirgendwo sonst gibt es auf der »Haupttribüne« von den Spielerfrauen selbst gebackenen Streuselkuchen (wie bei der SSG Bergisch-Gladbach). Nirgendwo anders sieht man Verbandspokalhalbfinalspiele, bei denen ein Rettungswagen plötzlich halb auf dem Spielfeld steht, weil der Fahrer es mit dem Fußballbetrieb nicht ganz so genau nimmt. Nirgendwo erträgt man so viel Demütigung (wie beim Verbandspokalfinale 2004, als die Essener Fans ein Plakat mit der Aufschrift »Für euch das Spiel des Jahres, für uns der Witz des Tages« aufhängten und eine verbesserte A-Jugend des damaligen Zweitligaaufsteigers RWE die Fortuna auch noch mit 2:0 nach Hause schickte) und erfährt gleichzeitig unendlichen Stolz, weil man die Bedingungslosigkeit der Fanliebe spürt. Nirgendwo sonst hält man ein Stadion mit mehr als 5.000 Zuschauern für eine Riesenattraktion und weint fast Freudentränen, wenn die Zuschauerzahl endlich mal wieder fünfstellig ist.

61. GRUND

Weil Fortuna in 15 Jahren Unterhaus eine ganz eigene Identität bekam (3)

Aufwärts, ganz langsam aufwärts: Und das ist das Romantische an dem langsamen Aufstieg, den Fortuna seit dem Absprung aus der Oberliga in die damalige Regionalliga Nord hingelegt hat. Immer sind der Verein, seine Aufgaben und Ansprüche peu à peu gewachsen. Nach dem Aufstieg wehte ein anderer Geist als noch in den Söldnerjahren Ende der 90er-Jahre. Man wurde zwar immer noch mehr als mitleidig angeschaut, wenn man sagte, man gehe zur Fortuna. Die im Portemonnaie steckende Dauerkarte war in den Augen der Mehrheit von Freunden und Familie der direkte Passierschein für die Aufnahme in die Psychiatrie. Immer noch fragten Fans anderer Vereine Dinge wie »Fortuna – gibt's die noch?«. Doch zum ersten Mal seit vielen Jahren konnte man sich als Fortuna-Fan wieder vorstellen, dass es aufwärts gehen könnte.

Mein Stichtag für die Trendwende war der 18. November 2005. Vor dem damaligen 3:1 gegen den FC Carl Zeiss Jena ging ich zum ersten Mal in meinem ganzen Leben ins Stadion mit der tiefen inneren Gewissheit, dass Fortuna heute gewinnt. Die Mannschaft hatte im Jahr zuvor den Kopf aus der Schlinge des Abstiegskampfes gezogen und war vor diesem Spiel viermal in Folge als Sieger vom Platz gegangen. Und tatsächlich – das innere Gefühl täuschte nicht. Das soll nicht heißen, dass es in der Regionalliga nicht genügend Rückschläge gab, um sich die Frage zu stellen, ob man nicht doch lieber ein anderes Hobby suchen sollte.

Späte Ausgleichstore wie das durch Rachid Tiberkanine von Bayer 04 Leverkusen II (einer von vielen Spielernamen, die kein Bundesliga-Fan kennt, die meinem Verein aber regelmäßig sehr wehgetan haben), nach dem ich noch etwa 30 Minuten nach Abpfiff von der leeren Südtribüne (die damals eh meist nur drittelgefüllt war) konsterniert aufs Spielfeld blickte, ungläubig über die Möglichkeiten der Ungerechtigkeit im Fußball. Auswärtsniederlagen in Lübeck oder Sandhausen, Klatschen in Osnabrück oder die schmerzhaften Erfahrungen auf Platz 11, der Heimspielstätte von Werder Bremen II. Bilanz dort: fünf 0:2-Niederlagen, eine 1:2-Niederlage, ein 1:1-Unentschieden – sieben Spiele, 1 Punkt, 2:13 Tore. Hier sei noch mal kurz der Blick geschärft. Die Erste Mannschaft von Fortuna Düsseldorf, einem Verein mit über 20 Jahren in der 1. Bundesliga, hatte gegen eine Zweite Mannschaft eines anderen Vereins bei sieben Versuchen auswärts nicht einmal gewonnen. Nur einen einzigen Punkt geholt. Diese Erlebnisse bekommt man in keinem Sadomaso-Keller billiger.

Aber es war schön, auch beim nächsten Mal voller optimistischem Fatalismus nach Emden, Kiel oder Wilhelmshaven zu gurken.

Immer in der Hoffnung, dass man es sich mit dem Besuch von vielen schlechten Spielen verdient habe, den einen ganz großen Sieg auch zu sehen. Zwar immer in dem Wissen, dass es langsam und stetig bergauf geht. Aber nie mit der vollständigen Gewissheit, dass die Rückkehr auf die große Bühne noch mal gelingt. Denn die finanziellen Altlasten konnten nur sehr langsam abgebaut werden und waren auch immer wieder ein Grund, mit schlotternden Knien die Lizenzvergabe abzuwarten. Nicht, weil Fortuna weiterhin über die eigenen Verhältnisse lebte (außer, dass man in gewissen Zeiten in einer viel zu gigantomanischen Arena spielte), sondern weil einfach nicht genügend Masse da war, die für eine schlagkräftige Truppe gereicht hätte. Trotzdem gelang es dem Verein immer wieder, sich nach vorne zu entwickeln. Und der ganz große Sieg rückte näher.

2008 gab es das erste Aufstiegsendspiel. Fortuna musste in Erfurt gewinnen, und gleichzeitig durfte Rot-Weiß Oberhausen in Berlin keinen Dreier einsammeln. 8.000 Düsseldorfer fuhren/flogen/schwammen nach Erfurt – 8.000, das war damals (und ist auch noch heute) eine ziemlich unvorstellbare Zahl. Und dann gewinnt Fortuna 4:0 und trotzdem steigen diese Oberhausener auf. Das hat für richtig Demut gesorgt. Fortuna war halt noch nicht dran. Die Fans konnten warten, denn sie wussten: Es geht noch viel schlimmer. Es gibt nämlich ziemlich viel Rumpelfußball unterhalb des Aufstiegskampfes der 3. Liga.

Dann der 23. Mai 2009. Knappe fünf Wochen zuvor hatte sich noch eine Fan-Initiative vor dem Spiel gegen Union Berlin in der Stadt flyerverteilend die Hacken wundgestanden, um mehr als 25.000 Fans zum Heimspiel gegen den Hauptstadtklub zu bekommen. Wenn es gut lief, kamen damals vielleicht 18.000 Leute. Noch immer die mitleidigen Blicke, noch immer das Kopfschütteln des Unverständnisses – zum letzten Mal! Denn am 23. Mai zum Heimspiel gegen Werder Bremen II (ja, welch Pointe) kamen plötzlich über 50.000 Menschen und seitdem waren nur noch sehr selten weniger als 20.000 Leute da.

62. GRUND

Weil Fortuna in 15 Jahren Unterhaus eine ganz eigene Identität bekam (4)

Die Demut der Rückkehrer: Fortuna gelang der Aufstieg, die Rückkehr in den Profifußball – selbst die Medien, die Fortuna jahrelang höchst erfolgreich ignoriert hatten, nahmen davon Notiz. Tolle Sachen wurden fabuliert, von dem immer noch schlafenden Riesen, der bald wieder zurückkehrt auf die ganz, ganz große Bühne. Für die langjährigen treuen Fans galten aber gar nicht nur die ganz großen Zusammenhänge. Es sind die großen Kleinigkeiten, die solch einen Aufstieg so endorphinisch machen. Wer in die 2. Bundesliga aufsteigt, spielt mindestens zwei Jahre lang im DFB-Pokal. Wer in den letzten zehn Jahren nur zwei Mal daran teilnehmen durfte, freut sich schneekönighaft über solche Aussichten.

Plötzlich standen wieder Paarungen gegen den MSV Duisburg, den 1. FC Kaiserslautern oder Alemannia Aachen auf dem Speiseplan. Vereine, mit deren Zweitvertretungen man sich kürzlich noch mehr oder auch oft minder erfolgreich herumgeschlagen hatte. Das war der Wahnsinn, das sorgte für Gänsehaut. Der Verein, den man so lange nur selbst ernst genommen hatte, wurde endlich auch wieder von anderen ernst genommen – ja, musste ernst genommen werden. Und auch hier schritt langsam eine Entwicklung voran. Erst war Fortuna der Underdog, doch rasch war man plötzlich Favorit in Spielen gegen Bochum, Cottbus oder Aachen – Klubs, die jahrelang in einer anderen Galaxie kickten. Unfassbar! Das sind Gefühle, die nur verstehen kann, wer ganz, ganz unten war. Für Fans des 1. FC Köln sind Spiele gegen den FC Ingolstadt Majestätsbeleidigung. Für Fans von Fortuna Düsseldorf war das lange Zeit das maximal Vorstellbare.

Natürlich sind auch die Fans über die Zeit gewachsen. Der Zuschauerschnitt hat vereinshistorische Rekordhöhen erreicht. Es schockt nicht mehr ganz so, wenn die Bayern oder die Gladbacher nach Düsseldorf kommen, doch so richtig dran gewöhnt hat man sich auch in einem Jahr Bundesliga noch nicht. Doch ein wenig haben der Verein und vor allem seine Kernfans diese neu gewachsene Identität bewahrt, die aus den Dritt- und Viertligazeiten kommt. Die demütige und zugleich sehr, sehr stolze Herangehensweise an jede tolle Aufgabe – immer mit dem Wissen im Hinterkopf, dass es auch ganz schnell wieder den tiefen Sturz geben kann.

Es ist ein besonderes Gefühl, Fan eines Vereins zu sein, der diese Talfahrt überstanden hat. Es verleiht Gelassenheit, hilft, leichte Rückschläge (gut, einen Abstieg als leichten Rückschlag zu bezeichnen, ist gewagt – bitte nicht falsch verstehen) in Relation zu setzen zu einem möglichen Totalabsturz. Was heut nicht klappt, klappt dann halt morgen. Eine Auswärtsniederlage? Haben wir so viele gesehen, da kommt es auf die eine weitere auch nicht an. Uns wurmen Niederlagen zwar genauso wie alle anderen Fans und wir wollen am liebsten auch jedes Spiel gewinnen. Aber wenn nicht? Gibt Schlimmeres. Wir feiern lieber unsere Spieler auch nach zwei Fehlpässen noch als Helden (statt an ihnen rumzunörgeln), weil wir deutlich schlechtere Spieler gesehen haben, die uns Wochenende für Wochenende mit Leidenschaft, aber fußballerischer Begrenztheit gequält haben. Das ehemalige Anspruchsdenken des Landeshauptstadtklubs hat sich gehörig verändert. Und es fühlt sich sehr gut an, den Fußball so sehen zu können, wie wir es heute tun – bei aller Sehnsucht nach Erfolg ist die Demut gegenüber dem Sport und die Liebe zum Verein wichtiger als Pokale und Triumphe.

63. GRUND

Weil Fortuna nie wieder auf Platz 11 landen wird

Was ist die größte Angst eines Fans, der zwischen 1997 und 2010 zur Fortuna gegangen ist? Vielleicht, dass eines Tages Marcus Marin noch mal im F95-Trikot auflaufen könnte!? Oder dass der Sohn von Rudi Zedi eines Tages gegen Fortuna spielt? Nein, das sind zwar berechtigte Sorgen. Doch die größte Furcht eines jeden Rot-Weißen, der diese Zeit mitgemacht hat, ist definitiv ein weiteres Gastspiel auf Platz 11.

Für alle Unkundigen: Platz 11 ist die Spielstätte des SV Werder Bremen II – und für Fortuna-Fans so etwas wie der Friedhof der Regionalliga Nord –, auch Hinterhof des Henkers oder Indianerfriedhof genannt. Warum? Ganz einfach: In sieben Spielen hat Fortuna dort genau einen Punkt geholt. Bei Bremens Amateuren!!! Fünfmal verlor man 0:2, einmal mit 1:2 und ausgerechnet in jenem Jahr, als das Spiel am letzten Spieltag der Saison 04/05 bedeutungslos war, holte man dort mit einem 1:1 das einzige Remis.

Die Fahrt zu Bremen II und vor allem die Rückfahrt waren immer die perfekte Demütigung. Meistens kam man nicht ohne Stau dorthin. Dann parkte man auf einem Schotterparkplatz in mittelmäßiger Fußwegdistanz zum Stadion. Der Titel »Bezirkssportanlage« wäre schon fast überdimensioniert für das dann folgende »Stadion«. Und dann wurden die Fans in einen umzäunten Bereich gestellt, zwischen ihnen und dem Rasen noch die ewig breite Tartanbahn. Wenn man es sonst gewohnt ist, eher über dem Spielfeld zu sitzen/zu stehen und auf das Dargebotene hinabzublicken – hier war der Begriff »Augenhöhe« wirklich angebracht. Auf der anderen Seite standen versprenkelt wie bei einem Kreisliga-A-Kick ein paar Werder-Fans am Stankett.

Eigentlich eine Location, wo ein Verein, der einst im Finale des Europapokals der Pokalsieger stand, im Vorbeigehen die Punkte einsammeln sollte. So zumindest die Theorie. Aber wie schon erwähnt, schaffte die glorreiche Fortuna es in sieben Anläufen nicht ein einziges Mal, in Bremen zu gewinnen. Dies dürfte zum Glück eine historisch unumkehrbare Schmach sein. Denn mit der Rückkehr der Fortuna in den Profizirkus und dem gleichzeitigen Abstieg der Bremer ins tiefere Amateurlager bleibt uns zumindest der Gang auf Platz 11 in nächster Zukunft erspart. Das ist sehr beruhigend, doch die Grundangst, irgendwann noch einmal dorthin zu müssen, ist in den hintersten Ecken der Denkzone noch tief verwurzelt.

Übrigens hat die Fortuna es darüber hinaus geschafft, auch zu Hause noch zwei Mal gegen Bremen II zu verlieren, darunter das 1:3 am Flinger Broich 2004, das nach dem Wiederaufstieg einen ersten großen Tiefpunkt markierte und die Sorge nährte, Fortuna könne unter Massimo Morales direkt wieder den Weg in die Viertklassigkeit antreten. Nur zwei Mal konnte Fortuna gegen die Bremer Nachwuchskräfte gewinnen. Das lag vor allem auch an einigen Bremer Spielern, deren bloße Erwähnung damals wie heute den Angstschweiß ausbrechen lässt: Björn Schierenbeck, der sieben Meter große, blonde Hüne, der wohl gegen kein anderes Team so zuverlässig traf wie gegen F95. Thiago Rockenbach da Silva, der später sogar zur Fortuna wechselte und prompt all das nicht mehr zeigte, was ihn in Bremen noch so stark gemacht hatte. Kevin Schindler, Marc Heider, Florian Mohr. Brrrr – diese Namen klingen heute noch wie Fingernägel auf der Tafel.

Welche Ironie es birgt, dass Fortuna den Klauen der Drittklassigkeit ausgerechnet durch den 1:0-Sieg gegen Bremen II entkam! Vor 50.000 Zuschauern, von denen viele die grausame gemeinsame Vergangenheit wohl gar nicht kannten und keinen Sinn für diese Pointe des Fußballgotts aufbringen konnten. Wir können für sie nur hoffen, dass sie sich auch in Zukunft mit dieser düsteren Historie nicht mehr auswährtsfahrttechnisch auseinandersetzen müssen.

64. GRUND

Weil wir unsere Schulden bei der Sportwelt immer noch abbezahlen

Der sportliche Aufschwung seit Beginn der Ära Werner/Meier brachte und bringt eine Menge positiver Entwicklungen mit sich. Fortuna hat sich peu à peu wieder in die Herzen der Düsseldorfer gespielt, und auch zahlungskräftige Sponsoren haben ihre Liebe zum Verein wiederentdeckt. Jahr für Jahr wurden neue Rekordmarken in den Bereichen der Dauerkartenverkäufe und Vereinsmitglieder aufgestellt. Und mit jedem Aufstieg und jeder besseren Platzierung erspielte man sich auch höhere Fernsehgelder, die entsprechend dem sportlichen Abschneiden von der DFL ausgeschüttet werden. Gerade der Sprung von der 2. zur 1. Liga macht sich in diesem Bereich besonders bemerkbar. Laut der Internetseite fernsehgelder.de bekommt selbst der am niedrigsten platzierte Bundesligist eine etwa doppelt so große Summe wie der am besten platzierte Zweitligist.

Doch über das Geld, welches Fortuna auf diese Weise einnimmt, kann der Verein nicht zu 100 Prozent verfügen. Grund dafür ist ein Vertrag mit »Sportwelt«. Die Sportwelt hatte am 28. September 1999 mit der damals gerade in die drittklassige Regionalliga abgestiegenen Fortuna unter Präsident Helge Achenbach und dem Vizepräsidenten Heinz Heßling einen Vertrag abgeschlossen. Dieser beinhaltete, dass auf fünf Jahre verteilt insgesamt 15 Millionen Mark an Fortuna gezahlt werden sollten.

Wie gut oder schlecht das Geld genutzt wurde, darüber kann sich jeder selbst ein Urteil bilden. Fakt ist jedoch, dass Fortuna auf einem guten Weg ist, den Kredit mehr als zehn Jahre später endlich beglichen zu haben. Einen wichtigen Beitrag dazu leistete Dr. Reinhold Ernst. Im August 2008, damals war Ernst noch Aufsichtsratvorsitzender bei Fortuna Düsseldorf, handelte er die aktuellen

Rückzahlungsmodalitäten aus und konnte zudem die Markenrechte am Fortuna-Düsseldorf-Logo für den Verein zurückgewinnen. Sprich: Sämtliche Einnahmen aus dem Fanartikelverkauf gingen fortan wieder zu 100 Prozent in die Kasse der Fortuna. Durch den Fortuna-Boom, den die Stadt seit einigen Jahre erlebt, stellen ebenjene Fanartikelverkäufe ebenfalls eine nicht ganz unerhebliche Einnahmequelle dar.

Unbestreitbar waren die Ergebnisse der Verhandlungen zwischen Dr. Reinhold Ernst und der Sportwelt ein Meilenstein auf dem Weg zur wirtschaftlichen Konsolidierung des Vereins. Doch durch eine Vertragsklausel steht auch fest, dass Fortuna bis mindestens 2021 weiter Geld an Michael Kölmel abführen muss. Und da sind wir wieder bei den weiter oben angesprochenen Fernsehgeldern. 15 Prozent der jährlichen Einnahmen aus diesem Bereich müssen nämlich bis 2021 an die Sportwelt abgeführt werden.

Lasst uns deshalb ein kleines Rechenbeispiel anstellen …

Ist man Optimist und nimmt an, dass Fortuna sich in den kommenden Jahren irgendwo im unteren Bundesliga-Mittelfeld etablieren kann, dann würden – Stand August 2013 – bis 2021 insgesamt gut 20 Millionen Euro an Fernsehgeldern an die Sportwelt fließen. Danach wäre man aber nicht etwa »frei«, sondern hätte lediglich die Möglichkeit, die Verträge mit der Sportwelt neu zu verhandeln. Für Fortuna Düsseldorf ist dies ein finanzielles Handicap von schier unfassbarer Größe. Selbst wenn man sich in den kommenden Jahren doch vorwiegend in der 2. Liga aufhalten sollte, gehen Jahr für Jahr viele Millionen Euro an die Sportwelt, die alternativ beispielsweise in den Lizenzspielerkader und die Nachwuchsförderung investiert werden könnten.

Spinnt man das kleine Rechenbeispiel also bis zum Ende, könnte der Sportwelt-Deal, ein Darlehen von damals 15 Mio. DM, also ein Rückzahlungsvolumen von über 50 Mio. Euro annehmen. So oder so, Fortuna wird, aller Voraussicht nach, noch einige Jahre mit dem Sportwelt-Klotz am Bein leben müssen. Das sollte sich jeder

Fan und Fachmann bei etwaigen Personaldiskussionen und Transfergerüchten vor Augen halten. Verglichen mit anderen Vereinen, die ebenfalls ein Sportwelt-Darlehen in Anspruch genommen haben, geht es unserem Verein nämlich blendend. Wenn man sich anschaut, wo Waldhof Mannheim, Alemannia Aachen und Rot-Weiss Essen heute spielen, haben die Fortuna-Verantwortlichen der Neuzeit wirtschaftlich Großes geleistet!

65. GRUND

Weil Fortuna inzwischen auch wieder Auftaktspiele gewinnen kann

Am 28.07.2007 beendeten Hamza Çakır und Michael Melka im Verbund eine ganz schwarze Serie. Beim Sieg bei Union Berlin traf Çakır in der 75. Minute zum goldenen Tor, elf Minuten später hielt Melka einen Elfmeter von Mattuschka. Fortuna gewann zum ersten Mal seit 13 Jahren wieder ein Saisonauftaktspiel. Zum ersten Mal seit dem 2:1 in Saarbrücken im August 1994. 1:1 in Bremen, 0:3 gegen den 1. FC Köln, 2:3 bei Eintracht Frankfurt, 1:2 bei Fortuna Köln, 1:1 in Saarbrücken, 1:2 in Münster, 0:4 gegen Chemnitz, 2:2 gegen Duisburg II, 0:0 gegen Union Solingen, 0:1 in Münster, 1:2 gegen Osnabrück, 0:3 gegen Ahlen. Das ist die Schreckensbilanz.

Ja gut, man könnte jetzt sagen: Fortuna hat doch in der Zeit trotzdem genug Spiele gewonnen. Aber trotzdem, das war schon eine kleine Auftaktphobie, die sich da breitmachte. Denn nichts ist für einen Fan wichtiger als dieses erste Saisonspiel. Darauf kapriziert sich die gesamte Vorbereitung. Unzählige Tage Pause, unwichtige Testspiele, aufgestaute Hoffnungen, sie alle kumulieren in diesem Spiel, der ersten Standortbestimmung. Vier Unentschieden, acht Niederlagen – das war quasi der Standort von Fortuna in all diesen Jahren.

Viele hielten den Sieg in Berlin übrigens für einen Betriebsunfall, für eine Laune der Natur. Denn schon im Jahr darauf startete Fortuna mit einer Kanterniederlage, 1:4 gegen Paderborn, oh Gott, war das ernüchternd. Aber seitdem? 3:0 gegen Paderborn, 0:2 in Cottbus, 2:0 gegen Bochum, 2:0 in Augsburg und 1:0 gegen Cottbus – das sind immerhin vier aus fünf, die letzten drei alle gewonnen.

Und es sind doch gerade diese Auftaktspiele, die schöne Geschichten schreiben. Dieses 3:0 gegen Paderborn. Diese Aufbruchstimmung nach dem Aufstieg und dann dieses perfekte Spiel, wo zur Pause schon alles entschieden war gegen den Mitaufsteiger, und wo schon klar war, ein Fehlstart ist schon mal vermieden. Auch dieses Spiel war dafür mitverantwortlich, dass F95 eine exzellente Saison spielte.

Dann das 2:0 gegen Bochum, mit diesem irren Fallrückziehertor von Sascha Rösler, der lediglich Raul den Vortritt lassen musste bei der Wahl zum Tor des Jahres. Wie dieser mit Verlaub ältere Fußballherr sich da derart verdrehte, dass den meisten Altersgenossen alle Bandscheiben rausgesprungen wären. Wie der Bochumer Sinkiewicz dumm aus der Wäsche schaute, als Rösler die Lumpi-Flanke artistisch in die Maschen donnerte. Wer könnte es je vergessen?

Und dann dieses 2:0 in Augsburg, dieses Märchen nach 15 Jahren Bundesligaabstinenz. Mit einem Dani Schahin, der als Bankdrücker aus Fürth gekommen war und nach diesem Spiel wegen seines brachialen Doppelpacks erst mal ins *Aktuelle Sportstudio* musste. Gefühlt der erste Fortuna im *Sportstudio* nach dem legendären Auftritt von Sven Demandt Ende der 80er (große Empfehlung, danach mal bei YouTube zu suchen!).

Aber noch mal zurück zu dieser schweren Zeit. Elf Jahre ohne Auftaktsieg lagen schon hinter F95, da kam mit Ahlen 2006 eine Mannschaft in die Arena, die alle für schlagbar hielten. Mit einem Mann namens Joseph Laumann im Sturm, von dem davor und danach nie wieder einer gehört hat. Und dann tut und macht Fortuna, und diese Ahlener sind so dermaßen dreist effektiv vor dem Tor, dass man am Ende froh sein musste, dass sie es beim 3:0 belassen hatten.

Da war ich kurz davor, meine Dauerkarte direkt wieder zurückzugeben. Fortuna hatte so eine tolle Truppe, die am Ende der Vorsaison nach vier Niederlagen zum Auftakt noch eine bravouröse Runde gespielt hatte. Und die wurde auch noch ordentlich verstärkt. Und alle waren so voller Hoffnung. Und dann dieses Desaster. Zum Glück kommt Ahlen auf absehbare Zeit nie wieder in die Arena!

66. GRUND

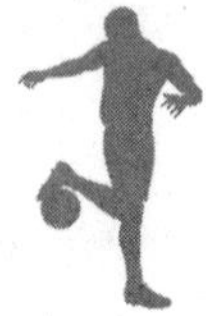

Weil wir immer mit Würde abgestiegen sind – na gut, fast immer

Es gab da diesen einen kleinen Ausrutscher, wobei der auch eher vor dem möglichen Abstieg passierte als danach. Da brachten einige Fortuna-Fans ein Banner mit ins Stadion, auf dem subtextlich stand: »Wenn ihr möglicherweise sportlich einen Perspektivwechsel des Vereins nach unten anstrebt, dann würden wir uns genötigt sehen, eurer körperlichen Unversehrtheit gewisse Unvollständigkeiten zuzuführen.« Das war ehrlich gesagt nicht sehr schön, denn bei aller Wichtigkeit der Dinge auf dem grünen Rasen und bei all den Arbeitsplätzen, die an Klassenerhalt oder Abstieg hängen – am Ende sollte zumindest für die Fans klar sein, auch die Spieler sind durchaus Menschen (die meisten).

Aber wenn man jetzt mal von solch temporär-singulären Ausritten in die Unflätigkeit absieht, dann muss man doch sagen: Seit ich mit Fortuna absteige, habe ich das immer als relativ zivilisierten Prozess wahrgenommen. Gut, oft ahnt man vorher auch etwas, nicht immer kommen Abstiege mit Fortuna plötzlich oder überraschend. Aber wenn es dann doch so weit ist, dann ist es ja doch immer auch schmerzhaft und trifft einen doch wie ein Donnerschlag – und dafür benimmt sich der Großteil der mir bekannten Fortunen dann immer sehr würdevoll.

Es gibt diesen wunderbaren kurzen Beitrag des WDR aus dem Jahre 1997 zum Abstieg der Fortuna, besiegelt durch ein 0:1 im Auswärtsspiel bei Werder Bremen. Da begleitete der Kölner Rundfunk eine Busladung Fortuna-Fans zu diesem Spiel der letzten Hoffnung. Vor dem Spiel wurde logischerweise Optimismus verbreitet – wobei »logischerweise« hier das falsche Wort ist, denn Fortuna und Optimismus – gerade in jenen Zeiten keine einfache Gemengelage. Vielleicht sollte man an dafür doch den Begriff »vorsichtiger Optimismus« verwenden.

Nun gut, wie auch immer. Vor dem Spiel und in der Halbzeit waren die Düsseldorfer recht siegessicher (ich übrigens damals nicht, aber ich bin auch nicht nach Bremen gefahren mit meinen elf Jahren), nach dem 0:1 gingen dann auch kühnste Positivdenker bei fünf Punkten Rückstand und einem offenen Spiel nicht mehr vom geglückten Klassenerhalt aus. Aber da wurde nicht gezetert und gemosert, es fiel auch keine Beleidigung, beziehungsweise es wurde keine gesendet.

Stattdessen fast schon aufmunternde Worte für Fortuna. »Zwei Jahre 2. Liga und dann wiederkommen« (der war gut!) und nur ganz wenig Tränen. Und auch der jüngste Abstieg 2013 – irgendwie würdevoll. Klar, einige benehmen sich immer daneben, der ein oder andere regt sich auch mal zwei Minütchen auf. Aber so summa summarum steht der Fortuna-Fan doch über den Dingen und erträgt, was da so kommt. Ich meine, es bleibt einem ja auch nicht viel mehr übrig bei all den regelmäßigen Nackenschlägen, die man so einzustecken hat.

Heute ist der Tag eines 0:0 gegen den FSV Frankfurt. Erster Kommentar meines Kollegen: »Du bist ja im Moment auch nicht zu beneiden.« Ich hab mir dann verkniffen, zu antworten: »Wieso? Ich bin doch Fan des großartigsten Vereins der Welt. Natürlich solltest du mich beneiden.« Denn irgendwie war mir in dem konkreten

Moment nicht so danach. Aber was man eigentlich sagen wollte: Gerade dadurch, dass man relativ viel Negatives erlebt hat, Schlimmes teilweise schon fast Gewohnheit geworden ist, kann man damit doch viel gelassener umgehen. Es gibt Hoch und Runter, mal mehr Hoch, meistens mehr Runter. Aber dann muss man auch nicht mehr jedes Mal in endzeitliche Hysterie ausbrechen, wenn es abwärts geht. Wenn es aufwärts geht übrigens auch nicht, was etwas schade ist, denn die positiven Emotionen sollte man schon voll ausleben können.

Nun ja, auf jeden Fall mag ich das sehr an Fortuna. Diese gewisse Entspanntheit. Dieses: Steigen wir heute nicht auf, dann halt nächstes Jahrhundert. Und wenn wir 2015 nicht die Champions League gewinnen, dann eben das Jahr darauf. Und auch die werden wir dann mit Würde gewinnen. Ganz ohne großes Gehabe. Vielleicht.

5. KAPITEL

SPIELER

»LASS DOCH DEN MAYER GEHEN, DANN GEHEN ENDLICH AUCH DIE FANS.«

AXEL BELLINGHAUSEN

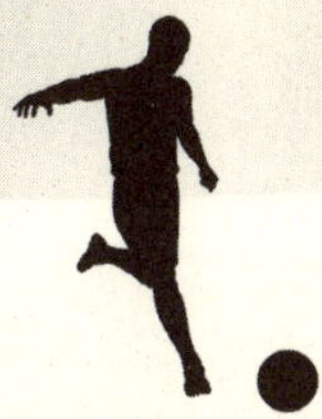

67. GRUND

Weil Paul Janes viel mehr als ein Stadionname ist

Jeder Fan hat nur eine gewisse Zeit zu leben, und wenn er Glück hat, passieren möglichst schöne Sachen in dieser Zeit; große Erfolge, irre Spiele, heroische Spieler. Zum Glück weiß man nicht, was man noch alles verpassen wird, wenn man erst mal in den ewigen Fortuna-Himmel gekommen ist. Leider weiß man aber, was man schon alles verpasst hat, weil man ein wenig zu spät vom F95-Storch gebracht wurde.

Paul Janes werden die meisten Leser dieses Buches verpasst haben – zumindest als Spieler. Dabei soll er einer der besten Rechtsverteidiger der deutschen Fußballgeschichte gewesen sein und prägte eine ganze Ära in der Nationalmannschaft, bei Fortuna sowieso. Er war Leistungsträger in der 1933er-Meisterelf, er galt als Verteidiger-Typus, der auch heute noch erfolgreich wäre, verstand das Abwehrspiel als ersten Teil der eigenen Attacke.

Charakterlich galt Janes als großer Schweiger, als Sprachpragmatiker, exemplarisch ausgedrückt in dem grandiosen Interview, das er nach der WM 1934 in Italien einem Sportreporter gab:

»Herr Janes, Sie waren mit der Nationalelf in Italien?«

»Ja!«

»Sind Sie mit dem Abschneiden zufrieden?«

»Ja!«

»Hätten Sie Weltmeister werden können?«

»Nein!«

»Der dritte Platz tut es auch?«

»Ja!«

»Wie war es in Italien?«

»Warm!«[6]

Famos! In seiner eigenen Biografie (*Ein Leben für den Fußball*, veröffentlicht 1947) beschrieb Janes seinen eigenen Spielstil als »ruhig, überlegt und durchdacht«, aber auch als »den Gegner verwirrend« und »mannschaftsdienlich-zweckmäßig«. Andere beschrieben ihn als extrem spielintelligent, als Instinkt-Fußballer.[7] Klar ist auf jeden Fall: Er war Fortune durch und durch. Nur der Krieg zwang ihn, zeitweise für andere Klubs aufzulaufen.

Die meisten Fortuna-Fans werden es wissen: Paul Janes war mit 71 Länderspielen lange Zeit Rekordnationalspieler, ehe ihn der ebenso große Uwe Seeler ablöste. Spannend ist, wie der in Küppersteg aufgewachsene Janes seinen Weg nach Düsseldorf fand. Genauso wie Franz Beckenbauer als Nachwuchskicker fast bei 1860 statt bei Bayern gelandet wäre, spielte Janes zunächst bei Rhenania Köln (damals gab es den FC ja noch gar nicht) vor. Doch, jetzt kommt's, die fanden ihn zu untalentiert. Bei einem Freundschaftsspiel wurde er dann von Fortuna »gescoutet«.[8]

Paul Janes starb, wie ein guter Düsseldorfer gerne sterben möchte. Nach einem »Uerige«-Stammtisch erlitt er im Jahr 1987 auf der Rückfahrt nach Hause einen Herzinfarkt.[9] Rund drei Jahre später wurde der Flinger Broich in Paul-Janes-Stadion umbenannt. Zum Glück ist noch kein Sponsor drauf gekommen, Fortuna dieses Stück Geschichte abzukaufen – oder Fortuna war clever genug, diesen Teil der Identität nicht zu verhökern.

Doch Paul Janes ist mehr als ein guter Namensgeber für das Stadion. Er ist eine Identifikationsfigur, auf die sich alle Fortunen einigen können – ohne ihn je spielen gesehen zu haben. Solche Spieler sind es, die die Liebe zu einem Verein auf eine solide Basis stellen, denn diese Spieler wurden schon von Generationen von Fortuna-Fans verehrt. Janes war wohl der größte all dieser ehrenwerten Fortuna-Kicker.

68. GRUND

Weil bei uns die Mutter aller Fußballgötter spielte

Worte, die auch uns alle überleben werden, ausgesprochen von Nachkriegs-Kommentator Herbert Zimmermann: »Jetzt heben sie den Ball in den deutschen Strafraum hinein. Schuss. Abwehr von Turek. Turek, du bist ein Teufelskerl. Toni, du bist ein Fußball-Gott. Entschuldigen Sie die Begeisterung. Die Fußball-Laien werden uns für verrückt halten. Aber ein Schuss von Hidegkuti, volley aus drei Metern abgefeuert, wird von Turek zur Ecke abgewehrt.«

Nicht alle Helden von Bern 1954 wurden auf diese Art verewigt, nicht an alle kann man sich erinnern. Doch Toni Turek, der steht auf einer Stufe mit Fritz Walter und Helmut Rahn. Wobei viele vermutlich denken, dass Rahn mit Vornamen »Müsste« heißt, schließlich lief der Ausspruch »Aus dem Hintergrund müsste Rahn schießen« spätestens seit dem Film von Sönke Wortmann rauf und runter. Aber gut, zurück zu Toni.

Toni Turek kämpfte im Russlandfeldzug und kam mit einem Granatsplitter im Kopf zurück, nicht unbedingt die besten Voraussetzungen, um noch eine Karriere in der Nationalmannschaft zu starten. »Ich war 30, da hab ich mit 20-jährigen Burschen den Konkurrenzkampf um einen Platz in der Nationalmannschaft aufgenommen und gewonnen«, sagte er einst. Aber auch: »Durch den Krieg habe ich meine besten Jahre verpasst.«[10]

Es dauerte dann auch noch ein paar Jahre, bevor die Fortuna zu Tureks Ehren kam. Der gebürtige Duisburger hatte sich zunächst vor allem in Süddeutschland verdingt, ehe er 1950 nach Düsseldorf kam. 133 Meisterschaftsspiele, in denen Turek vor allem mit viel Ruhe, Luftbeherrschung und Fangsicherheit glänzte. In einer Zeit, in der die Fortuna eher eine Durchschnittsmannschaft im Mittelfeld der Oberliga West war.[11]

Als Heinz Klose ihn aus dem Tor verdrängte, wechselte Fortunas Weltmeister nach Gladbach. Ein geschickter Schachzug Tureks, der erstens in Gladbach kaum spielte und zweitens zum Abstieg der Ostholländer aus der Oberliga beitrug. Belohnt wurde Turek später mit einem Job bei der Rheinbahn. Heute wird dem »Fußballgott« unter anderem mit einer Toni-Turek-Bahn in Düsseldorf gehuldigt.

Ansonsten ist der Umgang Düsseldorfs mit seinem Weltmeister von 1954 gelinde gesagt eher ausbaufähig. Ewigen Diskussionen um ein Toni-Turek-Denkmal, beispielsweise in Form eines Straßennamens oder eines Platzes, endeten im Nichts. Einzig die Fortuna konnte sich kürzlich dazu durchringen, ihre Geschäftsstelle am Flinger Broich in Toni-Turek-Haus umzubenennen. Immerhin nicht mal 30 Jahre nach seinem Tod.

Außerdem heißt die Anlage des SSV Erkrath inzwischen Toni-Turek-Stadion. Und der Verein Düsseldorfer Jonges sammelt derzeit Geld für ein Toni-Turek-Denkmal – Ausgang aber zum Zeitpunkt des Redaktionsschlusses dieses Buchs noch ungewiss. Zusatz-Info: In Nottuln gibt es eine Toni-Turek-Straße, in Rommerskirchen einen Toni-Turek-Weg. Die haben es also auch hinbekommen.

Man könnte Toni Turek als Pechvogel abstempeln, erst der Krieg, am Ende eine lange schwere Krankheit, die ihn elf Jahre lang beutelte und 1984 sterben ließ.[12] Doch man kann die Geschichte auch als Glücksgeschichte aufschreiben. Zum einen, weil er womöglich nie in Bern aufgelaufen wäre, wenn Bert Trautmann in Deutschland gekickt hätte. Der jüngst verstorbene Keeper von Manchester City wurde von Herberger dereinst nur ignoriert, weil er im Ausland kickte. Zum anderen, weil Herberger zwischendurch sogar auf Heinrich Kwiatkowski im Gehäuse der Deutschen setzte. Doch Kwiatkowski bekam beim 3:8 gegen Ungarn in der Vorrunde die Hucke dermaßen voll geschossen, dass an Turek kein Weg vorbeiführte. Zu Recht!

69. GRUND

Weil jeder Verein gerne einen Andreas Lambertz hätte

Wie wäre wohl die Karriere des Andreas Lambertz verlaufen, wenn es das Mythos-Spiel nicht gegeben hätte? Da Fortuna-Fans jüngeren Semesters mit dem Begriff »Mythos-Spiel« nicht viel anfangen können, hier kurz eine Einführung: Im Mai 2003 organisierten einige Fortunen mit Hilfe der Düsseldorfer Sportpresse ein Klassentreffen zwischen den Oberliga-Nordrhein-Helden von 1993, die später mit Ristić in die Bundesliga marschierten, und dem aktuellen Oberliga-Team. Zweck des Spiels war nicht nur, im tristen Alltag Fortuna zu feiern und den Mythos F95 zu ehren – sondern auch, durch die Einnahmen dieses schönen Tages die A-Jugendlichen Andreas Lambertz und Julius Stegmann mit Verträgen ausstatten zu können.

Hat geklappt. Die bislang zehnjährige Ära von Lumpi bei Fortuna wurde an diesem Tag ermöglicht, und wie zu Beginn dieser Geschichte angedeutet, mag man sich kaum vorstellen, wo ein Andreas Lambertz heute kicken würde, wenn die spätere Bilderbuchkarriere damals vereitelt worden wäre.

Andreas Lambertz – Kultfigur, Identifikationsträger, die personifizierte Vereinstreue (die auch Angeboten aus höheren Ligen stets widerstand) mit gefühlter Schuhgröße 54 und gefühlter Fortuna-Herz-Größe von unendlich. Alles, was Fortuna seit dem Oberliga-aufstieg war, war auch Lumpi – und umgekehrt. Ein Kämpfer vor dem Herrn, der sich in allen Belangen mit dem Verein entwickelt hat – unzählige Male wurde ihm die Klasse für die nächsthöhere Spielklasse abgesprochen, und immer wieder hat er all seine Kritiker eines Besseren belehrt. Jeder Fan kann stolz darauf sein, diese Reise mitgemacht zu haben, und vermutlich werden wir in 50 Jahren noch unseren Enkeln davon erzählen, wie Lumpi die Stadien der Republik umgrub.

Als Braunschweigs Trainer Torsten Lieberknecht kürzlich im *11 Freunde*-Interview auf die Frage, welchen Spieler er am liebsten in der Mannschaft hätte, mit »Andreas Lambertz« antwortete,[13] war das bezeichnend für den Stellenwert des Fortuna-Kapitäns. Nicht die großen Stars machen einen Fußballklub zu etwas Großem, es sind die ehrlichen Typen, die nie aufgeben und immer Vorbild sind.

Unvergessen sein Tor beim 3:3 gegen den HSV, als Lumpi trotz Verletzung zur Pause eingewechselt wurde, bis zur 120. Minute wie ein Bekloppter rauf und runter rannte und mit dem Schlusspfiff den Ball zum Ausgleich ins Tor zwang. »Die stecken nicht auf«, raunte damals ARD-Reporter Gerd Gottlob ins Mikrofon bei ebenjenem finalen Angriff, der mit der Explosion des ganzen Stadions endete. Kein Satz könnte Lumpi selbst besser charakterisieren. Dabei ist Lumpi immer bodenständig geblieben und hat auch damit Fortuna verkörpert, in dieser Zeit, in der alles rasend schnell nach oben ging und man trotzdem nicht vergessen durfte, wie nah der Klub vor Kurzem noch am Abgrund stand.

Unvergessen sein 3:2 gegen den HSV II, das 2007 Fortuna den Klassenerhalt in der Regionalliga sicherte. Immer im Herzen sein 1:1-Ausgleich auf St. Pauli 2011, als er (an meinem Geburtstag) von der Mittellinie alleine loszog, um den Ball am Ende im Winkel des Tores zu verstauen. Voller Glücksgefühle denkt man an all seine gerannten Kilometer, seine gewonnenen Zweikämpfe und selbst an seine verlorenen Bälle, die er mit einer Penetranz zurückerobert, als ginge es nicht nur um das eigene Glück, sondern jenes eines ganzen Teams, eines ganzen Vereins, ja der ganzen Stadt.

Lumpi stand am Ende in 315 Meisterschaftsspielen (bis Saisonende 2015) für Fortuna auf dem Platz und ist damit in der ewigen F95-Bestenliste bereits auf Rang 5 geklettert. Seine Karriere wird für immer diesen Verein geprägt haben, möglicherweise so wie es einst jene von Paul Janes tat. Auch wenn er selbst vielleicht zu unprätentiös ist, um dieses Kompliment anzunehmen.

70. GRUND

Weil bei Fortuna ein Handballer zum Bundesligaprofi wurde

Spieler, die im Gedächtnis bleiben wollen, müssen etwas Besonderes leisten. Die Bilanz des Harald Katemann bei Fortuna Düsseldorf klingt eigentlich weniger erinnerungswürdig, eher solide: 124 Ligaspiele, sieben Tore. Trotzdem flackern die Augen der Fortuna-Fans, wenn auch nur sein Name fällt. Der Grund: Harald Katemann war eigentlich weniger Fußballer, sondern eine Mischung aus Handballer und Leichtathlet. Wann immer es Einwurf für Fortuna in der gegnerischen Hälfte gab, Katemann war zur Stelle und schleuderte (natürlich regelkonform!) das Leder in den Strafraum.

Seine Einwurfflanken waren unberechenbar und zwangen 1996 sogar einen Weltmeister in die Knie. Es war das Jahr, als der 1. FC Kaiserslautern am Ende der Saison sogar den Abstieg hinnehmen musste. Ein Szenario, das Anfang April langsam greifbar wurde, als der FCK als Tabellensechzehnter zum -fünfzehnten nach Düsseldorf fuhr, Abstiegskrimi. Kuka brachte den FCK in Front, Karl Werner glich per Elfmeter 20 Minuten vor Schluss aus. Die 73. Minute sehe ich immer noch vor meinem geistigen Auge, wir saßen damals genau in Flugbahn des Balles. Katemann katapultierte den Ball diagonal in den 16er, Andreas Brehme stieg zum Kopfball hoch, im festen Glauben, den Ball locker wegköpfen zu können. Doch Katemanns Geschoss wurde immer länger, tropfte auf Brehmes Hinterkopf und flog über einen völlig verdutzten Andreas Reinke hinweg ins lange Eck. Ein Einwurf hatte den Abstiegskampf vorentschieden!

Nicht nur Brehme wird heute noch voller Schrecken an den Namen Katemann denken. Auch für Stefan Effenberg, dessen größte Fähigkeit darin bestand, im Mittelkreis rumzustehen und Pässe zu schlagen, war Katemann ein Feind des Fußballs. »Die können nur weit werfen und weit schießen«,[14] grollte Effenberg nach einer 0:1-Niederlage gegen die Fortuna Mitte der 90er. Ich kann bis heute nicht verstehen, was Effenberg daran so erboste. Ich habe so viele Fußballer kommen und gehen sehen, die nicht mal weit werfen oder weit schießen konnten. Und es spricht doch irgendwie nicht für die Fähigkeiten von Stefan E., wenn es ihm und seinen Gladbacher Borussen nicht gelang, diese limitierte Truppe zu schlagen.

Harald Katemann, der Fließbandeinwerfer. Flog der Ball ins Seitenaus, hallte umgehend ein langes »Harryyyyyyyyyyyyyy« durch das Rheinstadion. Es war eine Inszenierung, wie Katemann langsam Richtung Seitenlinie lief, den Ball aufnahm, ihn kurz mit dem Trikot abwischte und dann über seinen blonden 90er-Jahre-Haarschnitt in die Gefahrenzone warf. Nicht alle Einwürfe führten zu einem Tor, aber jeder von ihnen war eine Verheißung. Bei anderen offensivarmen Teams heißt die Maxime häufig, Freistöße rausholen und dann mit einer Standardsituation das Spiel entscheiden. In der Ära von Harald Katemann war ein Einwurf der bessere Freistoß. Er war die Verkörperung der Durchschnittlichkeit, und trotzdem etwas Besonderes. Liebenswerter Harald Katemann. 1996 gab er ein großartiges Interview im DSF, wo er den armen Moderator Peter Kohl mit nüchterner Sachlichkeit und seinen zwei Standardphrasen »Ich glaub nicht« und »Ich sach mal« zur Verzweiflung brachte. Der wichtigste Satz aber: »Ich spiele auch Fußball.«

In der Oberligazeit kehrte Harald Katemann übrigens noch mal nach Düsseldorf zurück – mit seinem Heimatverein 1. FC Bocholt. Weit werfen konnte der Manndecker immer noch.

71. GRUND

Weil Fortuna 111 Legenden hat

Ahmet Cebe, Albert Görtz, Aleks Spengler, Aleksandar Ristić, Amand Theis, Andreas Kaiser, Andreas Lambertz, Anthony Baffoe, Anton Turek, Atli Edvaldsson, Axel Bellinghausen, Bernhard Steffen, Bruno Recht, Christian Weber, Darko Dražić, Deniz Kadah, Dieter Bierbaum, Dieter Brei, Dieter Herzog, Dietrich Weise, Dirk Krümpelmann, Egon Köhnen, Enver Marić, Erich Juskowiak, Ernst Albrecht, Felix Zwolanowski, Flemming Lund, Frank Mayer, Franz-Josef Wolfframm, Fred Hesse, Georg Hochgesang, Georg Koch, Gerd Zewe, Gerd Zimmermann, Günter Thiele, Hamza Çakır, Hans-Georg Noack, Hans Meck, Hans Müller, Hans-Dieter Tippenhauer, Hans-Josef Hellingrath, Harald Katemann, Heiner Baltes, Heinz Janssen, Heinz Klose, Heinz Körner, Heinz Lucas, Heinz Wirtz, Hilmar Hoffer, Hubert Schmitz, Jakob Bender, Jens Langeneke, Jörg Daniel, Jörg Schmadtke, Josef Derwall, Josef Weikl, Jürgen Schult, Karl Gramminger, Karl Hoffmann, Karl Werner, Karl-Heinz Meyer, Klaus Allofs, Klaus Budde, Kuno Klötzer, Kurt Trautwein, Manfred Bockenfeld, Marco Christ, Martin Gramminger, Matthias Bakkers, Matthias Mauritz, Michael Büskens, Michael Schütz, Norbert Meier, Otto Rehhagel, Paul Bornefeld, Paul Jäger, Paul Janes, Paul Mehl, Peter Biesenkamp, Peter Löhr, Peter Meyer, Petr Rada, Reiner Geye, Ralf Dusend, Ralf Loose, Ralf Voigt, Reinhold Fanz, Reinhold Straus, Richard Cyron, Robert Niestroj, Rolf Kern, Rudi Bommer, Rüdiger Wenzel, Rudolf Wojtowicz, Sascha Rösler, Stanislaus Kobierski, Sven Backhaus, Sven Demandt, Theo Breuer, Thomas Allofs, Vlatko Glavaš, Waldemar Gerhardt, Werner Biskup, Werner Faßbender, Werner Kriegler, Werner Lungwitz, Wilfried Woyke, Willi Pesch, Willi Wigold, Wolf Werner, Wolfgang Seel

72. GRUND

Weil wir den besten rechten Flügel aller Zeiten in der Nationalelf stellten

Der beste rechte Flügel der Nationalmannschaftsgeschichte – da denken einige sicher an Lahm und Müller, andere an Bonhof und Grabowski oder an Höttges und Haller. Ist natürlich alles Quatsch. Eingefleischte Experten erinnern sich bei diesem Superlativ natürlich an den 15. Februar 1982. Gerade einmal 10.000 Zuschauer verloren sich im Ticha-Stadion im bulgarischen Varna – eine unverfroren unangemessene Kulisse für das, was auf dem grünen Rasen zu sehen war.

Der rechte Flügel von Fortuna Düsseldorf, in der Bundesliga gefürchtet, nahm auch den Gegner aus Bulgarien nach allen Regeln des zügigen Flügelspiels auseinander. Manfred Bockenfeld und Rudolf Bommer, beide mit Beinen wie Bambusrohre, aber mit dem Tempo eines ausgewachsenen Panthers. Nicht nur im Klub marschierten sie unentwegt rauf und runter. An diesem Spätwinterabend in Bulgarien rannten sie den kompletten Ostblock in Grund und Boden.

Es war das einzige gemeinsame Länderspiel des besten rechten Flügels aller Zeiten – Bilder aus dieser Zeit sind rar gesät. Doch aus Erzählungen habe ich mir sagen lassen: So was gab es nie zuvor und wird es wahrscheinlich auch nie wieder geben.

Das führt uns zu weiteren Nationalmannschaftsanekdoten der Fortuna, von denen die nächste auch auf ewig eine Besonderheit bleiben dürfte. 4. September 1974, wenige Monate nach dem WM-Triumph im eigenen Land. Deutschland gastiert beim Nachbarn in der Schweiz, St.-Jacobs-Park zu Basel. In der Anfangsformation: Reiner Geye und Dieter Herzog, dazu als dritte Spitze Bernd Hölzenbein. Geye trifft sogar zur 2:1-Führung (sein einziges Länderspieltor), doch das ist nicht die beeindruckendste Begebenheit dieses Abends. Zur Pause bringt Trainer Helmut Schön auch noch Wolfgang Seel für Hölzenbein. Drei Fortunen im Sturm der Nationalmannschaft. Wahnsinn. Das dürfte im modernen Fußball unerreicht bleiben, wo Jogi Löw und seine Trainerkollegen ja am stürmerlosen Angriff arbeiten. Dieter Herzog ist übrigens einer von zwei Düsseldorfer Weltmeistern. Zwei Spiele durfte er in der Zwischenrunde der WM 1974 bestreiten. Dem anderen Weltmeister ist selbstverständlich in diesem Buch ein eigenes Kapitel gewidmet.

Das Freundschaftsspiel in Varna war Manfred Bockenfelds einziges Länderspiel. Rudi Bommer lief insgesamt sechs Mal für Deutschland auf, zum letzten Mal im September 1984 beim 1:3 gegen Argentinien – ausgerechnet im Rheinstadion. Damit ist Bommer auch der letzte Deutsche Nationalspieler der Fortuna gewesen. Klar, wir hatten derweil Nationalspieler aus Albanien, Kongo, aus Burkina Faso oder sogar aus Österreich. Aber so ein deutscher Auswahlkicker wäre auch nicht übel. Am knappsten verpasste wohl Georg Koch in seinen besten Zeiten einen Einsatz – von Lumpi mal ganz abgesehen, der natürlich längst Nationalmannschaftskapitän wäre, wenn er Nutella essen würde.

Aber ich weiche schon wieder ab. Insgesamt bestritten 25 Spieler mindestens ein Länderspiel für Deutschland, während sie bei der Fortuna unter Vertrag standen. In 240 Einsätzen erzielten sie 37 Tore. Nicht jeder Einsatz hatte die Strahlkraft jenes legendären Kicks mit Bommer und Bockenfeld. Trotzdem finden sich unter den Fortunen ehemalige Rekordnationalspieler, WM-Torschützen und mit Klaus Allofs auch ein Europameister von 1980. Hier ist die Länderspielstatistik der glorreichen Fortunen:

Ernst Albrecht (17 Spiele/4 Tore), Klaus Allofs (21/9), Jakob Bender (9/0), Manfred Bockenfeld (1/0), Rudolf Bommer (6/0), Kurt Borkenhagen (1/0), Theo Breuer (2/0), Josef Derwall (2/0), Reiner Geye (4/1), Hans Heibach (1/0), Dieter Herzog (5/0), Günter Jäger (1/0), Paul Janes (71/7), Erich Juskowiak (30/4), Stanislaus Kobierski (26/9), Kurt Krüger (1/0), Matthias Mauritz (1/0), Paul

Mehl (2/0), Hans Neuschäfer (1/0), Wolfgang Seel (6/0), Bernhard Steffen (2/0), Anton Turek (20/0), Willi Wigold (4/3), Gerd Zewe (4/0), Felix Zwolanowski (2/0)

Die wohl tragischste Geschichte rund um Fortuna und die Nationalelf stammt aus dem Jahr 1958: WM-Halbfinale Deutschland gegen Schweden. Das Spiel steht bei 1:1 nach knapp einer Stunde Spitz auf Knopf, als sich Erich Juskowiak mit seinem Gegenspieler Hamrin im Zweikampf beharkt. Hamrin tritt nach, Juskowiak tritt zurück. Logische Konsequenz: Der Schwede sieht nix, der Fortune Rot. Zu zehnt verliert Deutschland die »Schlacht von Göteborg« am Ende mit 1:3 und scheidet aus. Der »Jus« ist zeit seiner Karriere untröstlich über diesen Vorfall. Doch die Liebe zu den tragischen Helden war schon immer eng mit der Fortuna verwoben.

73. GRUND

Weil bei Fortuna der Mann mit den schönsten Grätschen der Fußballgeschichte spielt

21 Tore hatte Anton Fink in der Drittligasaison 2008/09 erzielt und war damit überlegen Torschützenkönig geworden. Die halbe 2. Liga jagte den Spieler der SpVgg Unterhaching, und als am Ende der Karlsruher SC den Zuschlag bekam, waren einige Fans in Düsseldorf mächtig enttäuscht. Zu gerne hätte man beim Aufsteiger den Knipser als neuen Mittelstürmer gesehen, weil Axel Lawarée langsam in die Jahre kam und die anderen Neuverpflichtungen nicht unbedingt eine Torgarantie versprachen – was Martin Harnik später eindrucksvoll widerlegte.

Statt Anton holte Manager Wolf Werner kurzerhand Oliver Fink aus Unterhaching an den Rhein, was dem Neuankömmling rasch den Spitznamen »der falsche Fink« anhaften ließ, ein nicht unbedingt schmeichelhafter Ausdruck der schmalen Enttäuschung. Fünf

Jahre später wird dieser Spitzname höchstens noch ironisch gebraucht, so unterschiedlichen sind die finkschen Karrieren weiterverlaufen. Anton hatte jahrelang Sand im Getriebe, inzwischen spielt er 3. Liga in Chemnitz und ist immerhin dort ein Torgarant (und 2012/13 auch wieder Torschützenkönig).

Oliver Fink hingegen hat inzwischen 26 Bundesligaspiele und fast 200 Partien in der 2. Liga auf dem Buckel und gehört in Düsseldorf längst zum Inventar, ist nach Lambertz und Langeneke mittlerweile dienstältester Fortune. Die Entwicklung hätte man vorausahnen können, wenn man sich mit Finks vorheriger Karriere ausreichend auseinandergesetzt hätte – mit seinen Auftritten in der 2. Liga für Regensburg und Burghausen. Doch wer hat damals schon regelmäßig die Zweitligaspiele solcher Klubs mit Aufmerksamkeit verfolgt?

Was sind die Qualitäten dieses Oliver Fink? An guten Tagen schlägt er präzise Pässe, dass den gegnerischen Abwehrreihen die gute Laune vergeht. Er ist in guter Form der perfekte Umschaltspieler, der den Ball im Mittelfeld behauptet und dann hinter die Viererkette auf schnelle Spitzen spielt. Leider haftet ihm manchmal auch ein gewisses Phlegma an, das verhindert, dass er zu viele gute Spieltage in Folge erlebt. Manchmal taucht er auch ab. Das ist schade.

Über jeden Zweifel erhaben hingegen sind Finks Fähigkeiten am Boden. Niemanden in der Historie des Klubs habe ich so elegant grätschen sehen wie Fink. Seine Tacklings sind ein Gedicht, eine Offenbarung, die leider manchmal zu intensiv ist für die Fähigkeiten der Schiedsrichter, die gerne ein Foul dort sehen, wo es gar keines gibt. Die Fink'sche Eleganzgrätsche kommt aus dem toten Winkel des Gegenspielers, setzt dann zur Rutschpartie an, bis ein Bein quasi löffelartig um den Fuß des Gegners herumschnellt und das Leder so wegspitzelt, dass Fink es häufig auch noch aufnehmen und den Gegenangriff einleiten kann.

Diese Grätschen sind so schön und kündigen sich so wundervoll an, wenn Fink hinter einem Gegenspieler Tempo aufnimmt und langsam abhebt. Man möchte in diesem Moment, in dem man weiß, dass es gleich passiert, am liebsten der Ball sein. Der freut sich sicher schon drauf, gleich von dieser Grätsche verführt zu werden, endlich wieder der Fortuna zu gehören.

Fink verwandelt die britische Verrohung des harten Tacklings in eine Liebkosung des Zweikampfs. Wenn der »falsche Fink« grätscht, dann bleibt jedem Konzepttrainer sein »Keine Grätschen! Immer oben bleiben!« im Halse stecken.

Wenn Oliver Fink eines Tages aufhört und möglicherweise bei Fortuna eine Weiterbeschäftigung bekommt: Er muss eine Stelle als Grätschcoach bekommen. Jeden Tag 15 Minuten Tackling-Einheit nach dem regulären Training. Man denke nur daran, wie in Düsseldorf eine neue Dynastie der Balleroberung erschaffen wird, ein Zweikampf wird in Düsseldorf kein Kampf mehr sein, sondern ein Rendezvous, wenn Fink seine Lehre vom perfekten Timing erst einmal an die gesamte Mannschaft weitergegeben hat (und wenn Adam Bodzek nicht mehr im Kader steht, der von solch weicher Zweikampfführung vermutlich wenig hält). Ich träume davon, dass Oliver Fink eines Tages per Grätsche ein Tor erzielt. Noch hat er ja ein paar Tage dafür Zeit.

74. GRUND

Weil jedem Fortuna-Fan auch bei mindestens 111 Namen ein kalter Schauer überkommt

Djebrane Abda, Helge Achenbach, Yusuf-Muri Adewunmi, Jørn Andersen, Tomislav Barbarić, Marc Beckers, Christian Beeck, Thomas Berthold, Samir Bilalovic, Mirko Bitzer, Michael Blättel, Mario Block, Paweł Bocian, Thomas Brdarić, Daniel Breda, Virgil Breedveld, Günter Breitzke, Gerhard Busch, Tiago Coelho Branco Calvano, Du-Ri Cha, Martin Cupr, Bruno Custos, Jörg Daniel,

Stefan Dauber, Horst-Franz Degen, Karl Del'Haye, Şenol Demirci, Arnold Dybek, Asmir Džafić, Holger Fach, Ignazio Fornarelli, Peter Förster, Andreas Gensler, Rudolf Gores, Uwe Greiner, Laurent Guthleber, Kemal Halat, Jürgen Hauswald, Stephan Heller, Thomas Hoersen, Wolfgang Homberg, Michael Hopp, Thomas Huschbeck, Joachim Hutka, Dennis Ibrahim, Rudi Istenič, Mathias Jack, Tibor Jančula, Guido Jörres, Frank Juric, Ludger Kanders, Bruno Kern, Wolfram Klein, Marek Klimczok, Sebastian Kneißl, Robert Kocis, Boris Kondev, Horst Köppel, Mladen Kovacic, Enrico Kowski, Oliver Kröner, Dirk Krüssenberg, Dorje Kunovac, Jakub Lisek, Markus Lösch, Marcus Marin, Sanshiro Matsumoto, Ermin Melunović, Emino Meram, Dirk Michels, Sven Mollenhauer, Jussi Nuorela, Markus Oberleitner, Walter Otta, Darko Pančev, Gleb Panferov, Mariano Luis Pasini, Zvezdan Pejović, Ionel Pirvu, Nelson Pizarro, Gustav Policella, Severino Pusic, Peter Quallo, Christian Radlmaier, Jürgen Radschuweit, Nando Rafael, Bastian Retterath, Mike Rietpietsch, Anthony Roche, Thiago Rockenbach, Kenan Şahin, Frank Scharpenberg, Frank-Michael Schonert, Jörn Schwinkendorf, Kujtim Shala, Manfred Stefes, Kevin Strauss, Mario Tolkmitt, Sándor Torghelle, Nizar Trabelsi, Stefan Trienekens, Lars Unger, Rodrigo Vieira, Andrey Voronin, Heinz Vossen, Thorsten Walther, Wellington Luís de Sousa, Francis Yonga, Kōzō Yūki, Dženan Zaimović, Rudolf Zedi

75. GRUND

Weil bei Fortuna Typen zu Legenden werden, die vorher in Oberhausen, Ahlen und Osnabrück kickten

Jens Langeneke war vor seiner Fortuna-Zeit für mich fußballerisch die Langeweile in Person. Oberhausen, Ahlen, Osnabrück – seine bisherige Vita klang nicht nur nach der organisierten Mittelmäßigkeit, er spielte auch meistens so. Dann kam er nach Düsseldorf, begann passabel, verletzte sich – und saß in der Rückrunde 2006/07 sogar längere Zeit auf der Bank. Der damalige Trainer Uwe Weidemann hätte vielleicht sogar nichts gegen eine Trennung in der Sommerpause gehabt. Doch Langeneke sagte: »Wenn ich einen Vertrag unterschreibe, erwarte ich, dass er von beiden Seiten eingehalten wird.«

Der elegante Innenverteidiger blieb, half mit beim vereinsinternen Ohne-Gegentor-Startrekord, und schon verlängerte sich sein Vertrag automatisch – und der Verein setzte von selbst noch mehr Laufzeit drauf. Seitdem war Jens Langeneke die Konstante bei Fortuna neben Andreas Lambertz. Er ist der Stabilisator, Motivator, der perfekte Stellungsspieler. Er ist Lehrer, ohne ihn wären Johannes van den Bergh, Bamba Anderson oder Assani Lukimya womöglich nie so gut geworden. Neben ihm konnten sie reifen, als wäre Langeneke ein gutes Eichenfass.

Das ist Jens Langeneke, der Fußballer. Mindestens genauso Grund für eine Ehrerbietung: Jens Langeneke, der Mensch! Langeneke sagt, was er denkt. Normalerweise tun das im Fußballgeschäft nur noch Typen der Marke Lukas Podolski oder Mario Basler. Und ohne denen zu nahe treten zu wollen, aber: Langeneke macht sich vor dem Reden auch Gedanken und spricht ganz bewusst Dinge an und aus, die nicht immer nur konform sind mit der Meinung der Vertreter der kommerzialisierten Fußballwelt – ohne sich dabei vorsätzlich anzubiedern und den Fans das Wort zu reden.

Er ist Fußball, wie wir Fans ihn schmecken, riechen, fühlen wollen. Er steht dazu, dass er Pyrotechnik nicht für das Ende der zivilisierten Welt hält. Er steht für Männersport – dafür war seine Reaktion auf den Kopfstoß von Marko Arnautović das beste Beispiel. Langeneke blieb stehen, anstatt sich dem Tode nahe auf dem Boden zu wälzen. »Wir haben doch alle Augen im Kopf. Ich bin nicht der Typ, der sich wie vielleicht 95 Prozent aller anderen Spieler hinfallen lässt, auf dem Boden kugelt – wahrscheinlich hätte Herr Sippel dann Rot gegeben.« Vorher hatte er Arnautović humoristisch-deftig provoziert. Das klingt nach der männlich-romantischen Definition von Fußballplatz.

Er verkörpert das Fair Play und hat doch eine ganz klare Auffassung bezüglich seiner Rituale: Das Shakehands mit dem Gegner vor dem Spiel findet er grausam. Nach dem Spiel könne man sich die Hand geben, sagt er, aber vorher will er keinem die Hand reichen, von dem er fünf Minuten später umgehauen wird – oder den er umhaut.

Langenekes Auftreten auf dem Platz und auch daneben besteht aus einem sehr gesunden Selbstbewusstsein, das man ihm manchmal auch als Überheblichkeit oder Arroganz auslegen könnte – das aber großartig den Geist Düsseldorfs verkörpert. 2008 formulierte er beispielsweise nach dem 2:0-Sieg gegen den WSV: »Mir war schon ein wenig langweilig da hinten. Nach den sensationellen Sprüchen, die die Wuppertaler vorher geklopft haben, hätte ich ein bisschen mehr erwartet.« Und über seinen Gegenspieler Mahir S.: »Der Sağlık erzählt verdammt viel. Sogar auf dem Platz erzählt er mir noch, was für ein toller Stürmer er sei. Na ja, gegen mich hat er noch nie ein Tor geschossen, und das wird auch ewig so bleiben.«[15] Womit er übrigens recht behalten sollte.

76. GRUND

Weil wir bei Fortuna manchmal gar nicht wissen, warum Spieler zum Publikumsliebling werden

Es gibt Fußballspieler, die werden zum Publikumsliebling, weil sie quasi zum Inventar eines Vereins gehören. Andere schießen hundert Tore pro Saison, wieder andere zeigen eine Glanzparade nach der anderen oder werfen sich in jeden Zweikampf ohne Rücksicht auf Verluste. Das sind die Helden der Fankurven, die man noch etwas lieber sieht als die anderen Heroen des eigenen Teams.

Ken Ilsø war während seiner Zeit bei Fortuna eigentlich nichts davon. Er war kein Goalgetter, kein Zweikämpfer und stammt auch nicht aus der Fortuna-Jugend. Und doch war er in Düsseldorf eine Art Publikumsliebling, was vor allem an seinem Auftreten lag. In der Winterpause 2010/11 vom FC Midtjylland zur Fortuna gekommen, stand er am 28. Januar 2011 zum ersten Mal in einem Heimspiel auf dem Feld. Das Resultat: drei Tore beim 6:0-Sieg über den FSV Frankfurt. Ilsøs perfekter Einstand, sein Telefonjubel, seine lockere Frisur und sein bubenhaft-wildes Gesicht ließen ihn innerhalb weniger Tage zum Heilsbringer werden. In der Folge waren es vor allem Ilsø, Sascha Rösler und Maximilian Beister, die in der Rückrunde 2010/2011 technisch fein wirbelten und Fortuna einen richtigen Lauf bescherten, der erst in der Rückrunde 2011/12 endete. Doch schon die Hinrunde jener Saison fand weitestgehend ohne den blonden Dänen statt, der zuerst verletzt war und dann keinen dauerhaften Weg in das erfolgreiche Fortuna-Team fand. Trotzdem blieb Ilsø so populär wie kaum ein Spieler – sobald ein anderer Kicker schwächelte, wurde laut nach dem Techniker gerufen. Immer wieder wurde in Internetforen, Presseberichten oder im Stadion Ken Ilsø gefordert; selbst wenn es rundlief, schien die halbe Stadt den Geist des Dänen zu vermissen, wenn er mal ein Spiel auf der Bank sitzen musste. Ein Nicht-Einsatz von Ilsø war immer auch ein kleines Politikum. Woran lag das?

Zum einen erfüllte Ilsø damals den ewigen Traum nach einem technisch feinen Spielmacher, der auf dem Bierdeckel drei Gegenspieler austanzt und dann mit einem flachen Pass den Mitspieler in Szene setzt. Er war ein Versprechen für geniale Momente – ein Schlawiner, der gedankenschnell und schlitzohrig war, obwohl er aussah, als wäre er gerade erst in die gymnasiale Oberstufe gekommen. Er war der Leichtfuß, der Fußball noch etwas schöner machte als all die Arbeiter, einer, der sich ins Freundebuch des Balles eintragen durfte. Und dennoch war er nie ein Luftikus, der die Mannschaft im Stich lässt, wenn es brenzlig wird.

Zum anderen war Ilsø nahbar, er zeigte eine hohe Identifikation mit Stadt und Verein und traf genau ins Fanherz, wenn er sich via Facebook für die geniale Stimmung bedankte, obwohl er noch nicht mal mitspielen durfte. Er postete Bilder von der Kö im Herbst und schrieb: »Düsseldorf ist schön.« Das wollen die Fans sehen, und es wirkte nie kalkuliert und war auch gerade deshalb so begeisternd.

Leider war Ken Ilsø gerade in seinen letzten 1,5 Fortuna-Jahren zu unkonstant (mal eine Halbzeit hui, mal die zweite Hälfte pfui) und defensivtaktisch nicht in einer Topverfassung, um ein unangefochtener Stammspieler in der Fortuna-Equipe zu werden. Dabei haperte es in diesen 1,5 Jahren meistens gerade in der Offensive der Fortunen. Auch wenn er nie der Messias wurde, der er nach seinem Drei-Tore-Debüt zu werden schien, ein Phänomen war er zweifelsfrei. Eine Publikumsliebling, der auf dem Platz auf seine Art überzeugte, bei dessen Toren man noch etwas mehr jubelte als bei denen anderer Spieler – und einer, der vor allem den Kontakt zu den Fans auf spielerische Art und Weise intensivierte. Irgendwie ein Düsseldorfer Jung.

77. GRUND

Weil bei Fortuna immer nur Nuancen zwischen Legende und tragischem Helden liegen

Er war ein echter Flingeraner Junge und die großartige Enzyklopädie des deutschen Ligafußballs von Hardy Grüne widmet ihm ein paar tolle Zeilen: Ernst Albrecht. »Albrecht war schon seit frühester Jugend dem Ball hinterhergelaufen, obwohl ihm seine Eltern das ›Bolzen‹ verboten hatten. Heimlich warf er seine Fußballsachen aus dem Fenster des Elternhauses und rannte mit einem vor dem Haus wartenden Vereinskameraden zum Fortuna-Platz.«[16] Das klingt so richtig nach der guten alten Zeit, als sich Männer noch dafür rechtfertigen mussten, statt brav zum Turnen zu gehen, gegen das runde Leder zu kicken.

Ernst Albrecht ist allerdings einer der tragischsten Topspieler, die jemals das Fortuna-Trikot trugen. Er debütierte mit 17 im Fortuna-Dress, wurde Ende der 20er-Jahre Stammspieler und hatte als Rechtsaußen seinen festen Platz im Fortuna-Aufgebot während der Meistersaison 1933. Auch seine Tore brachten Fortuna in die Endrunde um die Deutsche Meisterschaft, doch dort musste er die Segel streichen, weil er sich schwer am Knie verletzte. Den großen 3:0-Triumph über Schalke konnte er nur von der Tribüne aus beobachten.[17]

Drei Jahre später kam Fortuna erneut ins Finale – diesmal stand der 1. FC Nürnberg auf dem Speiseplan. Albrecht konnte mitwirken, doch F95 verlor denkbar unglücklich mit 1:2 nach Verlängerung. Somit ist Albrecht zwar auf dem Papier Deutscher Meister – ein wenig unvollendet war dieser Titel für ihn dennoch.

Fast 20 Jahre lang trug Ernst Albrecht das Fortuna-Trikot – leider ist nirgendwo verzeichnet, wie viele Spiele er in dieser Zeit absolvierte – es müssen Hunderte gewesen sein. Auch während des Krieges kickte er in diversen Düsseldorfer Auswahlteams, weil er als Schlosser vom Kriegsdienst freigestellt wurde, wie Michael Bolten und seine Koautoren in der vortrefflichen Vereins-Chronik *Alles andere ist nur Fußball – die Chronik von Fortuna Düsseldorf* anmerken.[18] Seine Spielart muss eine solche gewesen sein, wie sie die Fans weltweit noch heute lieben: »Es gab für den schnellen Düsseldorfer kein Zurückdribbeln, kein Zögern, es gab nur eins – nach vorne in höchstem Tempo und (darin lag das Geheimnis seiner Erfolge) trotzdem den Kopf klar zu halten und stets konzentriert das Richtige zu tun. Diese Vereinigung von Schwungkraft und Beherrschtheit kennzeichnet seinen schwer kopierbaren Stil. Besonders wirkungsvoll war die verblüffende Art, in der er in Sprintertempo den heranfliegenden halbhohen Ball mit der Brust abfing, ihn ohne Tempoverzögerung im Lauf den Körper hinuntergleiten ließ, um ihn ohne

Schwierigkeiten vor die Füße zu zwingen.« Derart beschrieben die Gazetten damals Albrechts Stil.[19]

Ernst Albrecht war auch Fortunas erster Nationalspieler. Doch auch wenn er in seinem ersten Länderspiel direkt traf (zum 3:0 beim 3:2-Erfolg gegen die Schweiz), war auch dieser Karriere eine kleine Krönung nicht vergönnt. 1928 berief ihn der damalige Auswahlcoach Otto Nerz zum ersten Mal in den Kader, 16 weitere Einsätze folgten. Doch kurz vor der WM 1934, der ersten Weltmeisterschaft, an der Deutschland teilnahm, verlor er seinen Flügelflitzer-Posten und musste zu Hause bleiben.[20]

Fortuna-Fan soll er zeit seines Lebens geblieben sein – und immerhin da wählte er nicht den schlechtesten Zeitpunkt zum Ableben. In der Hoch-Zeit der Düsseldorfer Bundesligageschichte, Mitte der 70er-Jahre, verstarb Albrecht, der bis dahin ein Lotto-Toto-Geschäft in Düsseldorf geführt hatte. Klar, bis zu den beiden Pokalsiegen hätte er auch noch warten können. Doch der Tod hat ihn vor einigen sehr bitteren Stunden mit den Rot-Weißen bewahrt.

78. GRUND

Weil »Frank Mayer, einer wie wir – geht er, gehen wir« nicht nur ein Spruch war

Frank Mayer wird vermutlich nicht böse sein, wenn an dieser Stelle zunächst erwähnt wird, dass er nicht unbedingt im Ursprungssinne des Wortes ein Jahrhunderttalent ist. Zumindest nicht im Umgang mit dem Ball. Im Umgang mit den Fans, in der Aktivierung der Publikumslieblingsattribute hingegen war Frank Mayer ein ganz, ganz Großer. Erstens ein Spieler, der immer kämpfte, bis er zu müde zum Umfallen war. Zweitens ein Meckerer vor dem Herrn, der bei unrechter Behandlung durch den Unparteiischen schneller zum Schiri sprinten konnte als jemals zum Ball. Und drittens ein Mann, der sich auch mal in die Fankurve stellte, wenn er gerade nichts Besseres auf dem Platz zu tun hatte – sprich wenn er gesperrt oder verletzt war – oder auch gerne mal nach einer Auswechslung.

In 113 Spielen schoss Mayer immerhin 44 Tore für Fortuna, das ist gar nicht so übel – vor allem für einen, der aus dem Kölner Einflussgebiet kommt. Und für einen, der seine eigenen Fitnesswerte einst mit dem überragenden Spruch »Laktat schießt keine Tore« kommentierte. Legendär seine Auftritte, beispielsweise beim 3:2 im Niederrhein-Pokal gegen das klassenhöhere Rot-Weiss Essen, eines der irrsinnigsten Spiele der an fußballerischen Highlights nicht gerade reichen Oberligazeit. Legendär auch seine Kommentare nach den Spielen oder auf der *Nie mehr Oberliga*-DVD von Fortuna-Videos. Es braucht hier vermutlich nicht darauf eingegangen zu werden, warum das ganze Stadion sang »Der Mayer hat gefickt olé olé«, wenn Mayer eingenetzt hatte.

Nun ja, nun zur Schattenseite dieser Publikumsliebe. Beziehungsweise zur Schattenseite von Massimo Morales. Zu Beginn der Saison 03/04 sitzt Frank Mayer plötzlich auf der Bank, sogar ein Abschied aus Düsseldorf wird öffentlich diskutiert. In einer Zeit, wo man wirklich nicht mehr viel hatte als Fortuna-Fan, war das für viele ein Schlag ins Gesicht. Als Mayer am fünften Spieltag gegen Borussia Wuppertal tatsächlich nicht in der Startelf ist, bekundet das Stadion seine Sympathie – und auch seine Antipathie gegenüber der Idee, aus Frank Mayer einen Nicht-Fortunen zu machen.

Mit einer Choreo im Block A mit Mayers Konterfei und dem Spruchband »Frank Mayer einer wie wir, geht er, gehen wir« wurde damals dem Unmut Ausdruck verliehen. Die Gefühlslage dieser Tage wurde später auf der *Nie mehr Oberliga*-DVD von »Neunpunktehain« wunderschön zusammengefasst: »Das war nicht nur ein Spruch. Wenn Mayer hätte gehen müssen, dann wären wir wirklich ein paar Spiele lang zu Hause geblieben. Aus Solidarität für jemanden, der einfach viel für diesen Verein geleistet hat.« Ich glaube, in der Jugendsprache sagt man zu so etwas: word! Noch besser übrigens auf dieser wunderbaren DVD der anschließende Spruch von Axel Bellinghausen: »Ich hab mich total geärgert. Ich habe mir gesagt: Mensch, lass doch den Mayer gehen, dann gehen endlich auch die Fans.«

Zuletzt war ich auf einer Bloggerseite unterwegs, als ich eine Anekdote eines Groundhoppers über ein Spiel entdeckte, das ich leider nicht selbst miterlebt habe. In der Saison 2007/08 gastierte der Bonner SC bei der Zwoten, mit Frank Mayer im Gepäck. Das einstige F95-Idol saß zwar nur auf der Bank, kam aber kurz vor Schluss rein und schoss sogar noch ein Tor – Fortuna verlor 0:3. Die Qualifikation für die neue NRW-Liga rückte damit in fast unerreichbare Ferne (es ist eigentlich nicht die Bemerkung nötig, dass Fortuna dieses Unerreichbare am Ende erreichte). Trotzdem stimmte der Anhang im Paul-Janes-Stadion nach dem Spiel minutenlang »Der Mayer hat gefickt olé olé« an. Wenn das nicht den Stellenwert von Frank Mayer deutlich macht, was dann.

Ach so, vielleicht die Beschreibung von Micky Brechter auf der nun wirklich ausreichend gepriesenen *Oberliga*-DVD: »[…] Dass wir in Düsseldorf genau auf solche Typen stehen, die kämpfen. Und dass es da auch vollkommen egal ist, wenn jemand 57 Mal im Abseits gestanden hat und technisch nicht der größte Fußballer ist, aber das Herz am richtigen Fleck ist.«

79. GRUND

Weil die Gebrüder Allofs die schönsten Fußball-Märchen schrieben

Dieses Buch ist das Werk zweier Jungs gebürtig in den 80er-Jahren – individuell gefärbt, größtenteils aus den eigenen Erinnerungen entstanden, phasenweise angereichert durch Anekdoten, Eindrücke und unüberprüfbare Legenden anderer (älterer) Fortunen.

Auch Beiträge über Spieler, die ihre Karriere längst beendet haben, werden aus der Perspektive zweier Endzwanziger erzählt und nicht von einem Allwissenden, der die komplette Vereinsgeschichte von 1895 bis 2013 miterlebt hat. Das hat Vor- und auch Nachteile. So beginnt die Story über die Brüder Allofs beispielsweise mit einer Anekdote aus einem Jahr, als der eine schon nicht mehr kickte und der zweite schon nicht mehr der Jüngsten einer war.

Es ist eine meiner ersten Fortuna-Stadion-Erinnerungen: Am 13. April 1991 kommt es zum Auswärtsspiel bei Bayer 05 Uerdingen, mein Vater fährt mit mir in die Grotenburg-Kampfbahn. Irgendwie sieht der Gästeblock in meiner Erinnerung anders aus als der heutige in Krefeld, in meiner Erinnerung stehen wir viel näher dran, als es dort tatsächlich möglich ist. Aber worin mich meine Erinnerung nicht täuscht: Kurz vor Schluss, beim Stand von 1:1, läuft Thomas Allofs auf den Uerdinger Keeper Bernd Dreher zu und drischt einen leicht titschenden Ball knapp unter der Latte ins Netz.

Es ist meine erste Erinnerung an eine Jubelexplosion im Block. Um mich herum rastete alles aus, ich begriff das vermutlich so halb, machte aber einfach mal mit, war ja schließlich eine spaßige Angelegenheit, so zu hüpfen und die Arme wild rumzuschleudern. Dass ich das immer noch weiß, spricht dafür, dass es mich nachhaltig beeindruckt hat. Allerdings sicherlich nicht so sehr, wie die Allofs-Brüder Klaus und Thomas Eindruck auf viele andere Fortunen machten, die schon vor 1985 zu F95 gehen konnten.

Klaus Allofs und Thomas Allofs haben nicht nur ihren Nachnamen gemeinsam und die Mutter. Sie standen auch gemeinsam in zwei DFB-Pokal-Endspielen, die sie beide gewannen. Das einzige Pokalendspiel mit Fortuna, bei dem Thomas an der Seite von Klaus fehlte, ging 1978 in die Hose. Das einzige Europapokalendspiel, in dem beide gemeinsam auf dem Platz standen, allerdings auch. Klaus Allofs ist bis heute (wird sich sicher sehr bald ändern) der einzige Bundesliga-Torschützenkönig im Fortuna-Dress (1979, 22 Treffer). So viel zur Statistik.

Wenn ich in meiner Erinnerung eine Karikatur von Klaus Allofs zeichnen müsste – ich würde es hier sogar tun, wenn ich nicht so ein miserabler Zeichner wäre –, dann bestünde Allofs aus viel dunklem Haar, einem ebenso dunklen wie buschigen Schnäuzer und aus einem Körper, der für mich immer ein wenig so aussah, als hätte ihn jemand noch mal kurz von oben und unten zusammengedrückt, nachdem er ausgewachsen war.

Große Redner sind beide Allofs-Brüder – der eine heute Manager in Wolfsburg, der andere Vorstandsmitglied bei der Fortuna – nicht, das verbindet sie mit anderen Vereinsgrößen wie Janes oder Turek: »Die Pokalsiege mit Düsseldorf waren schon besonders, weil man sie dieser Mannschaft nicht unbedingt zugetraut hätte.«[21] Na, wenn das kein emotionaler Treueschwur ist. Aber gut, Klaus Allofs hat in seiner Karriere auch viel anderes erlebt und ist eben ein nüchterner Kerl.

Dass Klaus Allofs 1981 für die damalige Rekordsumme von 2,25 Millionen DM zum 1. FC Köln wechselte, nahmen ihm durchaus einige Fans übel. Für manchen war dies sogar der Anfang vom Ende von Fortuna Düsseldorf als wettbewerbsfähige Bundesligamannschaft. Aber ich schweife ab, hier soll es ja um die schönsten Fußball-Märchen gehen. Denn selbst wenn auch Thomas dem Ruf des 1. FC Kaiserslautern erlag und die Fortuna verließ, so haben beide Allofse (gibt es da eine Mehrzahl?) doch eine erfolgreiche Ära bei Fortuna geprägt. Beide sind gebürtige Düsseldorfer und hatten entscheidenden Anteil an zwei der drei großen Titel der Fortuna-Geschichte. Selbst wenn es Spieler gab, die mehr zum Publikumsliebling taugten – Allofs und Fortuna, auch das ist ein Stück Liebesgeschichte.

6. KAPITEL

GROSSE HISTORIE

DEUTSCHER MEISTER 33,
NUR DAMIT ES JEDER WEISS

80. GRUND

Weil Fortuna noch immer die längste Siegesserie der DFB-Pokal-Geschichte hält

- 05.08.1978: Fortuna Düsseldorf – Stuttgarter Kickers 7:2 (2:1), Torschützen: 1:0 Zimmermann (16.), 1:1 Haug (21.), 2:1 Brei (40., HE), 3:1 K. Allofs (53.), 4:1 Zewe (58.), 4:2 Eck. Müller (59.), 5:2 Lund (61.), 6:2 Seel (63.), 7:2 Günther (86.)
- 23.09.1978: Fortuna Düsseldorf – VfR Heilbronn 3:0 (2:0), Torschützen: 1:0 Brei (21.), 2:0 Brei (22.), 3:0 Bommer (75.)
- 1.12.1978: Fortuna Düsseldorf – Alemannia Aachen 2:1 (1:1), Torschützen: 0:1 Kehr (12.), 1:1 Seel (26.), K. Allofs (75.)
- 27.04.1979: MSV Duisburg – Fortuna Düsseldorf 0:1 (0:0), Torschütze: 0:1 Köhnen (83.)
- 26.05.1979: Fortuna Düsseldorf – Bayer Leverkusen 2:1 (1:0), Torschützen: 1:0 Hub. Schmitz (34.), 1:1 Bruckmann (46.), 2:1 Zewe (71.)
- 06.06.1979: Fortuna Düsseldorf – 1. FC Nürnberg 4:1 n.V. (1:1, 1:1), Torschützen: 0:1 Schmider (2.), 1:1 T. Allofs (31.), 2:1 Seel (105.), 3:1 Bommer (107.), 4:1 Günther (118.)
- 23.06.1979: Fortuna Düsseldorf – Hertha BSC 1:0 n.V. (0:0), Torschütze: 1:0 Seel (116.)
- 25.08.1979: Borussia Neunkirchen – Fortuna Düsseldorf 0:4 (0:2), Torschützen: 0:1 Wenzel (13.), 0:2 K. Allofs (43.), 0:3 T. Allofs (46.), 0:4 Wenzel (66.)
- 29.09.1979: Fortuna Düsseldorf – Wacker 04 Berlin 2:0 (1:0), Torschützen: 1:0 Wenzel (18.), 2:0 K. Allofs (60.)
- 12.01.1980: SV Göppingen – Fortuna Düsseldorf 1:4 (0:1), Torschützen: 0:1 Bommer (32.), 1:1 Pflüger (54.), 1:2 Dusend (68.), 1:3 Köhnen (77.), T. Allofs (79.)
- 16.02.1980: Karlsruher SC – Fortuna Düsseldorf 3:5 (0:3), Torschützen: 0:1 T. Allofs (23.), 0:2 K. Allofs (41.), 0:3 Weikl (43.),

1:3 Struth (58.), 2:3 Ed. Becker (74.), 2:4 Köhnen (77.), 2:5 K. Allofs (80.), 3:5 Struth (81., FE)

- 06.04.1980: Kickers Offenbach - Fortuna Düsseldorf 2:5 n.V. (1:1, 0:0), Torschützen: 1:0 Kutzop (47., FE), 1:1 T. Allofs (50.), 1:2 Geinzer (94., ET), 2:2 Völler (99.), 2:3 K. Allofs (112.), 2:4 K. Allofs (115.), 2:5 K. Allofs (118.)
- 10.05.1980: Fortuna Düsseldorf - Borussia Dortmund 3:1 (1:1), Torschützen: 1:0 Wenzel (37.), 1:1 W. Frank (52.), 2:1 K. Allofs (60.), 3:1 K. Allofs (77.)
- 04.06.1980: Fortuna Düsseldorf - 1. FC Köln 2:1 (0:1), Torschützen: 0:1 Bernhard Cullmann (26.), 1:1 Wenzel (60.), 2:1 T. Allofs (65.)
- 30.08.1980: Eintracht Trier - Fortuna Düsseldorf 0:1 (0:0), Torschütze: 0:1 T. Allofs (73.)
- 04.10.1980: Kickers Würzburg - Fortuna Düsseldorf 0:2 (0:1), Torschützen: 0:1 T. Allofs (29.), 0:2 Theis (85.)
- 22.11.1980: Fortuna Düsseldorf - Borussia Dortmund 3:0 (0:0), Torschützen: 1:0 Seel (56.), 2:0 T. Allofs (84.), 3:0 T. Allofs (87.)
- 31.01.1981: Fortuna Düsseldorf - SV Werder Bremen 2:0 (1:0), Torschützen: 1:0 K. Allofs (41.), 2:0 K. Allofs (47.)[22]

81. GRUND

Weil wir schon Deutscher Meister waren als der 1. FC Köln noch nicht mal im Vereinsregister stand

Quizfrage: Nennen Sie die Erfolge des 1. FC Köln bis zum Ende des Zweiten Weltkrieges! Antwortmöglichkeiten a) bis d): Es gab keine. Denn bekanntlich entstand der 1. Fußballclub von der falschen Rheinseite erst am 13. Februar 1948 als Zusammenschluss des Kölner BC 01 und der SpVgg Sülz 07 und schimpft sich seitdem 1. FC Köln 01/07, was natürlich ähnliche Augenwischerei ist wie unser 1895, schließlich stammt die wahre Fortuna eigentlich von 1919.

Nichtsdestotrotz hält der Kölner sich ja gerne für den größten Primaten unter der Sonne und glaubt, sein Fußballklub hätte schon zu Zeiten der alten Ägypter die Szenerie bestimmt. Stimmt eben nicht so ganz. Fortuna war schon lange, lange Deutscher Meister, Finalteilnehmer, mehrfacher Endrundenteilnehmer und Finalist im Vorläufer des DFB-Pokals, da stritten sie sich in Köln immer noch darum, welcher ihrer vielen Durchschnittsvereine der erfolgloseste sei. Immerhin hatten es der Kölner BC (1912) und die SpVgg Sülz (1928) sogar zweimal in die Endrunde zur Deutschen Meisterschaft geschafft. Der BC scheiterte glorreich im ersten Spiel mit 1:8 am Karlsruher FV. Die Sülzer schlugen immerhin Eintracht Frankfurt mit 3:1, um dann mit 2:5 gegen Bayern München zu verlieren. Als einige Kilometer weiter längst der Stern der Fortuna am Himmel zu leuchten begann, lag über der Stadt mit dem Dom, »arrangiert wie von unten durch 'ne Betonplatte geschossen« (Dieter Wischmeyer), noch lange die Dunkelheit der Sieglosigkeit. Im Vereinsregister suchte man den »dreckigen« FC bis dahin vergeblich.

65 Jahre später treffen sich die Fortuna und der FC nach über 14 Jahren mal wieder zu einem Pflichtspiel – und die Kölner werden versuchen, zu leugnen, dass es sich um ein Derby handelt. Sie halten inzwischen das Duell mit Gladbach für das wahre Derby, weil ihnen in den 14 Jahren zu viel »schale Jauche« (wieder Mischmeyer) in den Kopf geflossen ist. Dennoch werden sie alle wie aufgeregte Kinder nach Düsseldorf laufen, wenn es so weit ist – damit sie mal wieder echtes Großstadtflair genießen können und aus ihrer eigenen »Metropole« herauskommen, die architektonisch so aussieht, als wäre sie nach der Zerstörung im Krieg exakt nach dem Bebauungsplan eines Dreijährigen entworfen worden. Das meiste ist zufällig aneinandergebaut, größtenteils nicht schön und dafür dann aber auch nicht besonders kultiviert. Klar, jetzt werden einige mit der Statistik kommen und sagen: »Ooooh, der FC hat doch viel länger Bundesliga gespielt, und die direkten Duelle weisen 27 Siege für die Kölner und nur 13 für die Düsseldorfer aus.« Ja, aber will

man deswegen denn gleich FC-Fan sein? Man kann da möglicherweise wohnen und sich durch die Nähe zu Düsseldorf und die Anwesenheit von anderen Zugezogenen auch noch wohlfühlen. Aber FC-Fan? Das ist doch die Höchststrafe! Man gehe nur mal einen Moment in sich und überlege, in welchen Lebensumständen man heute stecken würde, wenn einen der liebe Gott nicht zu Fortuna geführt hätte, sondern nach Müngersdorf. Ach, lieber nicht. Stellt es euch nicht vor. Ich hab's gemacht. Es ist zu grausam.

Außerdem kann uns all diese Statistik einen Triumph nicht nehmen: Immerhin gelang Fortuna der größte Titel der Vereinsgeschichte – neben zwei DFB-Pokalsiegen und natürlich der Amateurmeisterschaft – ausgerechnet in Köln. Am 11. Juni 1933 schlug die Fortuna dort den hoch favorisierten FC Schalke 04 mit 3:0 – ein Freudenfest, das jüngst von Fortuna-Legende Mattes Mauritz in der *WZ* so toll beschrieben wurde: »Fortuna führt 2.0. Gegen die Profitruppe aus dem Kohlenpott. Vater Mauritz liegt wildfremden Menschen in den Armen. Langsam wird den Fans klar, dass hier in Köln-Müngersdorf gerade Düsseldorfer Fußballgeschichte geschrieben wird.«[23] Stellen wir uns doch lieber diese Momente einmal vor dem geistigen Auge vor. Und überlegen uns, wie viele Meisterschaftsendspiele die Kölner in Düsseldorf gewonnen haben. 1:0 für Fortuna.

82. GRUND

Weil jedes Fortuna-Spiel etwas Besonderes ist, 111 aber ganz besonders waren (Teil 1)

Es folgt eine Auflistung von 111 Fortuna-Spielen, die definitiv dazu beigetragen haben, diesen Verein zu lieben. Große Siege, üble Niederlagen, irre Spiele aus mittlerweile 118 Jahren Vereinsgeschichte.

- Fortuna Düsseldorf – TuRU Düsseldorf 2:1 n.V. (01.05.1927)
- Fortuna Düsseldorf – Hamburger SV 1:4 (08.05.1927)
- Schwarz-Weiss Essen – Fortuna Düsseldorf 0:1 (09.06.1929)
- SpVgg Fürth – Fortuna Düsseldorf 5:1 (16.06.1929)
- SpVgg Sülz 1907 – Fortuna Düsseldorf 4:2 n.V. (11.05.1930)
- Fortuna Düsseldorf – Eintracht Frankfurt 2:3 n.V. (14.05.1931)
- SpVgg Sülz 1907 – Fortuna Düsseldorf 0:7 (19.3.1933)
- Fortuna Düsseldorf – FC Schalke 04 3:0 (11.06.1933)
- Fortuna Düsseldorf – Vorwärts Rasensport Gleiwitz 9:0 (07.05.1933)
- Arminia Hannover – Fortuna Düsseldorf 0:3 (21.05.1933)
- Fortuna Düsseldorf – Eintracht Frankfurt 4:0 (28.05.1933)
- Hamburger SV – Fortuna Düsseldorf 1:4 (22.09.1935)
- 1. FC Nürnberg – Fortuna Düsseldorf 2:1 n. V. (21.06.1936)
- SV Waldhof Mannheim – Fortuna Düsseldorf 0:4 (26.04.1936)
- Fortuna Düsseldorf – SpVgg Klafeld-Geisweid 1:2 (14.06.1936)
- FC Schalke 04 – Fortuna Düsseldorf 2:1 (09.01.1938)
- Fortuna Düsseldorf – Tennis Borussia Berlin 8:1 (10.12.1939)
- Fortuna Düsseldorf – FC Schalke 04 7:2 (07.11.1954)
- Fortuna Düsseldorf – Borussia Dortmund 3:0 (25.01.1957)
- FC Bayern München – Fortuna Düsseldorf 1:0 (29.12.1957)
- VfB Stuttgart – Fortuna Düsseldorf 4:3 n.V. (16.11.1958)
- Fortuna Düsseldorf – 1. FC Köln 4:1 (27.08.1961)
- Fortuna Düsseldorf – FC Schalke 04 3:2 (22.08.1962)
- 1. FC Nürnberg – Fortuna Düsseldorf 2:1 n. V. (29.08.1962)

- Fortuna Düsseldorf - Rot-Weiß Oberhausen 8:5 (11.08.1963)
- Fortuna Düsseldorf - Borussia Mönchengladbach 4:0 (14.02.1965)
- Kickers Offenbach - Fortuna Düsseldorf 1:5 (26.06.1966)
- Borussia Dortmund - Fortuna Düsseldorf 1:2 (20.08.1966)
- Rot-Weiss Essen - Fortuna Düsseldorf 0:4 (04.03.1967)
- Wacker 04 Berlin - Fortuna Düsseldorf 2:4 (09.06.1971)
- Fortuna Düsseldorf - VfB Stuttgart 6:1 (07.10.1972)
- FC Bayern München - Fortuna Düsseldorf 3:2 (21.11.1972)
- Fortuna Düsseldorf - FC Bayern München 4:2 (05.01.1974)
- Fortuna Düsseldorf - AC Turin 3:1 (25.09.1974)
- Fortuna Düsseldorf - Borussia Mönchengladbach 3:2 (09.10.1974)
- Fortuna Düsseldorf - Raba Vasas ETO Györ 3:0 (05.11.1974)
- Fortuna Düsseldorf - 1. FC Köln 5:2 (15.03.1975)

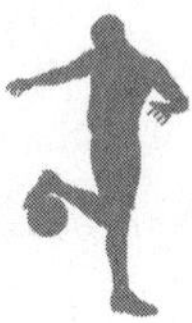

83. GRUND

Weil Fortuna ohne Gegentor in der Endrunde Deutscher Fußballmeister wurde

2012/13 wurde der FC Bayern München mit nur 18 Gegentoren Meister - das ist Bundesligarekord. Mitnichten sind die Bayern jedoch der einzige Klub, dem dieses Kunststück gelang. Vielmehr haben sie einen Uraltrekord der Fortuna eingestellt und dabei auch noch deutlich weniger Tore selbst geschossen als die 95er. Bei der einzigen Deutschen Fußballmeisterschaft der bisherigen (!!!) Vereinshistorie kamen die Fortunen nicht nur lediglich mit 18 Gegentoren aus, sie schossen auch noch 125 Treffer.

Aber der Reihe nach: Dominant war Fortuna durch die Gruppe B der Bezirksmeisterschaft Berg-Mark gestürmt - 97:13 Tore in 17 Spielen - dazu 16 Siege und ein Unentschieden. Als nächster Gegner wartete im Bezirksfinale der VfL Benrath, den Fortuna unglaublich souverän mit 3:2 und 1:1 in die Schranken wies. Auf dem Weg zur Endrunde schalteten die Fortunen dann den Vorgängerverein des 1. FC Köln – die SpVgg Sülz 07 – mit einem 7:0-Kantersieg aus, bezwangen Borussia Fulda mit 2:1 und verloren das bedeutungslose Westdeutsche Meisterschaftsfinale mit 0:1 gegen den späteren Finalgegner Schalke.

Nun also die Endrunde, für die sich damals die beiden Finalisten der Westdeutschen Meisterschaft genauso qualifizierten wie der Westdeutsche Pokalsieger (Benrath) und 13 weitere Vereine. Das Los verhieß den Fortunen im ersten Match ein Heimspiel (es kamen berauschende 8.000 Zuschauer) gegen den »polnischen« Vertreter Vorwärts RaSpo Gleiwitz, südostdeutscher Meister. Es entzieht sich der Kenntnis der Autoren, ob die oberschlesischen Gäste bereits durch ihre Anreise so ausgelaugt oder einfach fußballerisch limitiert waren, das 9:0 inklusive eines lupenreinen Quattricks von Felix Zwolanowski (67. bis 85. Minute) sprechen doch eine deutliche Sprache pro Fortuna.

Es folgten ein einwandfreier 3:0-Sieg bei Arminia Hannover und ein 4:0-Erfolg in Berlin gegen Eintracht Frankfurt, mit deren Hilfe Fortuna sich ein Revanchespiel gegen den FC Schalke 04 im Finale zu Köln erspielte – eine zweite Chance, den berühmten Schalker Kreisel mal kräftig auf links zu drehen. Die Bilder und Geschichten sind vermutlich bekannt: Zwolanowski brachte die Fortuna nach zehn Minuten in Front, die Schalker bissen sich anschließend eine Stunde lang die Zähne an der in dieser Endrunde unüberwindbaren Fortuna-Defensive aus und gaben sich endgültig auf, als Paul Mehl ihnen 20 Minuten vor Schluss zum zweiten Mal einschenkte. Der Rest war Düsseldorfer Schaulaufen, gekrönt davon, dass Routinier Georg Hochgesang den Schalker Schlussmann Hermann Mellage noch zum 3:0 überwinden konnte.

Und jetzt mal Ehre, wem Ehre gebührt. Vielen Düsseldorfern fallen aus der Meistermannschaft schnell Paul Janes, Stanislaus Kobierski oder Willi Wigold ein. Aber die Innendecker Kurt Trautwein und Paul Bornefeld sowie Tormann Willi Pesch finden in den wenigsten Schriften Erwähnung. Mit ihrem sinnvollsten Gegentorlos-Rekord der Vereinsgeschichte haben sie sich jedoch einen festen Platz in den Annalen der Fortuna gesichert.

Chronistenpflicht: Das gleiche Kunststück wie der Fortuna gelang übrigens sonst nur dem 1. FC Nürnberg im Jahre 1920 – allerdings gab es damals kein Achtelfinale und somit nur drei Spiele in der Endrunde bis zum Titel.

84. GRUND

Weil Matthias Mauritz die Meisterschaft von 1933 so wunderschön nacherzählte

Bebildert vom großartigen Jonas Zimmer. Die Zeichnungen basieren auf einer tollen Geschichte der *Westdeutschen Zeitung*, die im Internet unter www.wz-newsline.de/lokales/duesseldorf/sport/fortuna-duesseldorf/fangesang-geschichte-deutscher-meister-33-nur-damit-es-jeder-weiss-1.955299 zu finden ist.

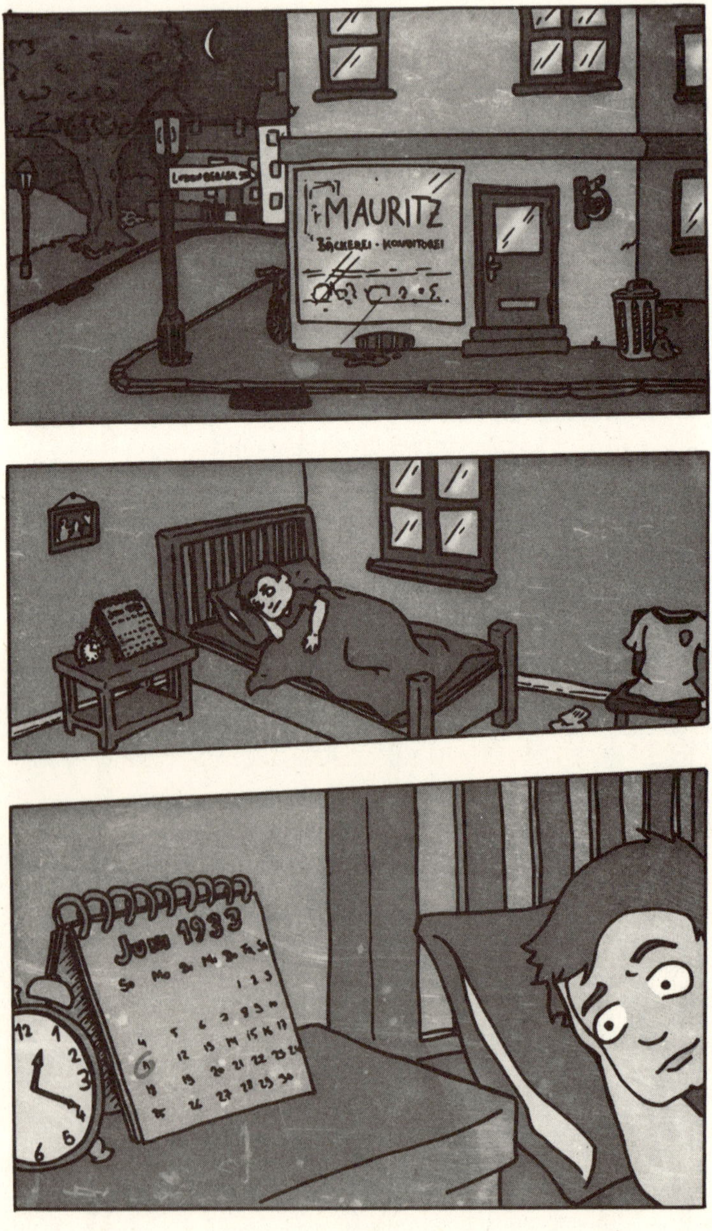
MAURITZ
BÄCKEREI · KONDITOREI
JUNI 1933

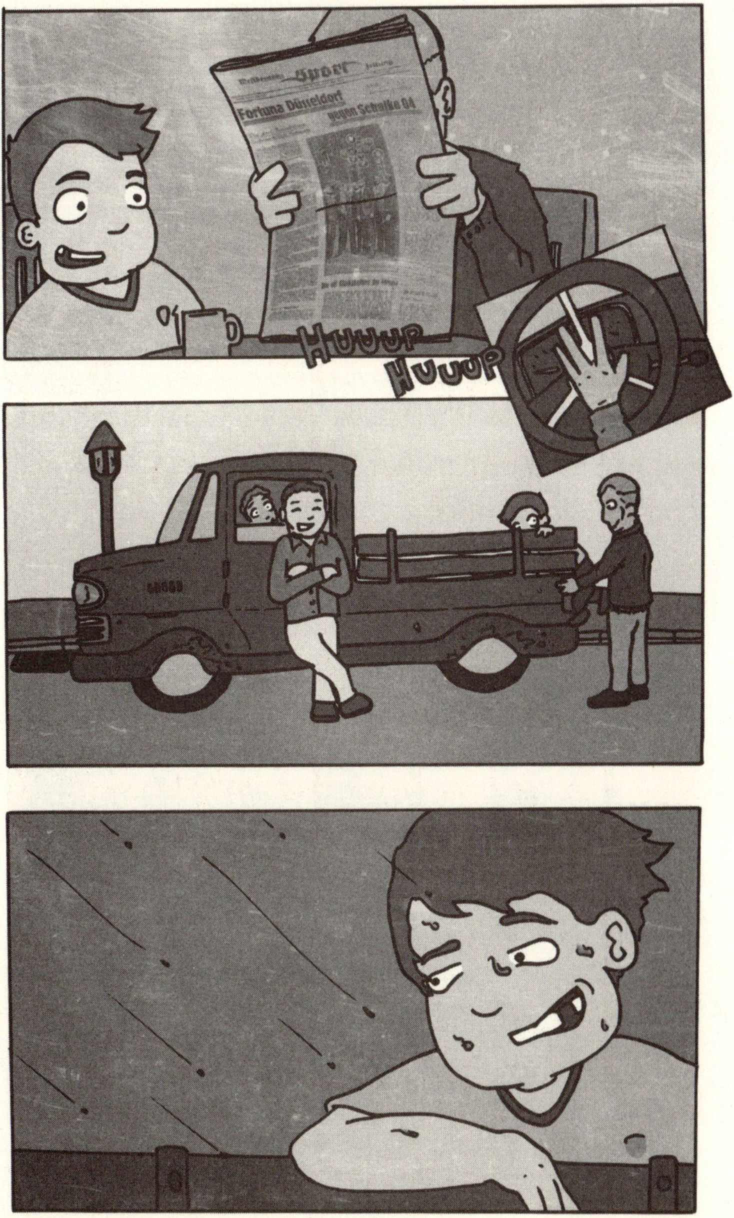
Sport
Fortuna Düsseldorf
gegen Schalke 04
HUUUP
HUUUP

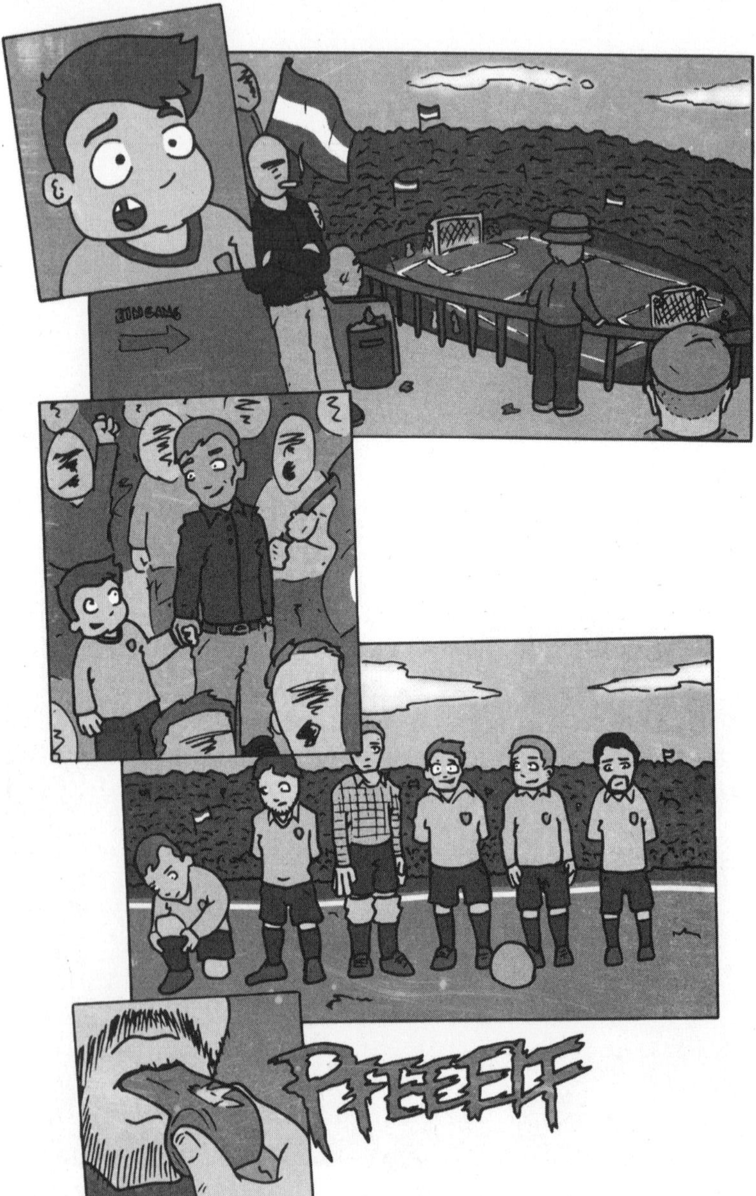

EINGANG
PFEEEIF

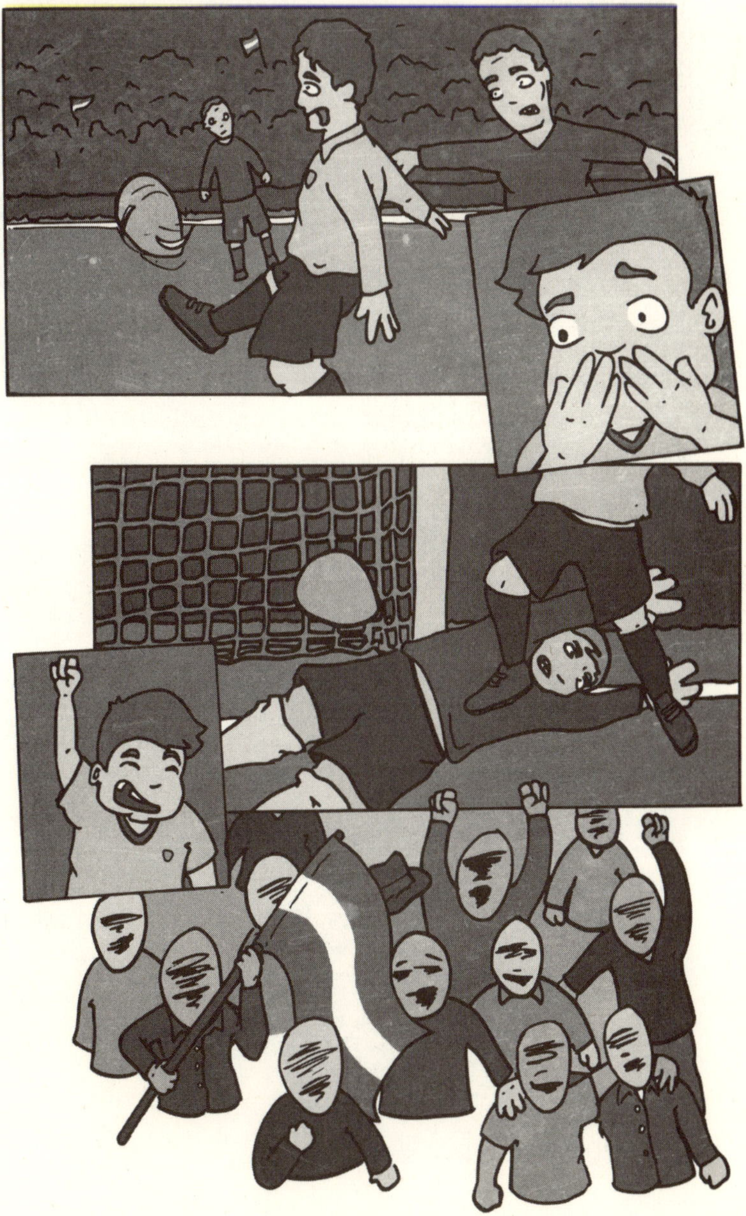

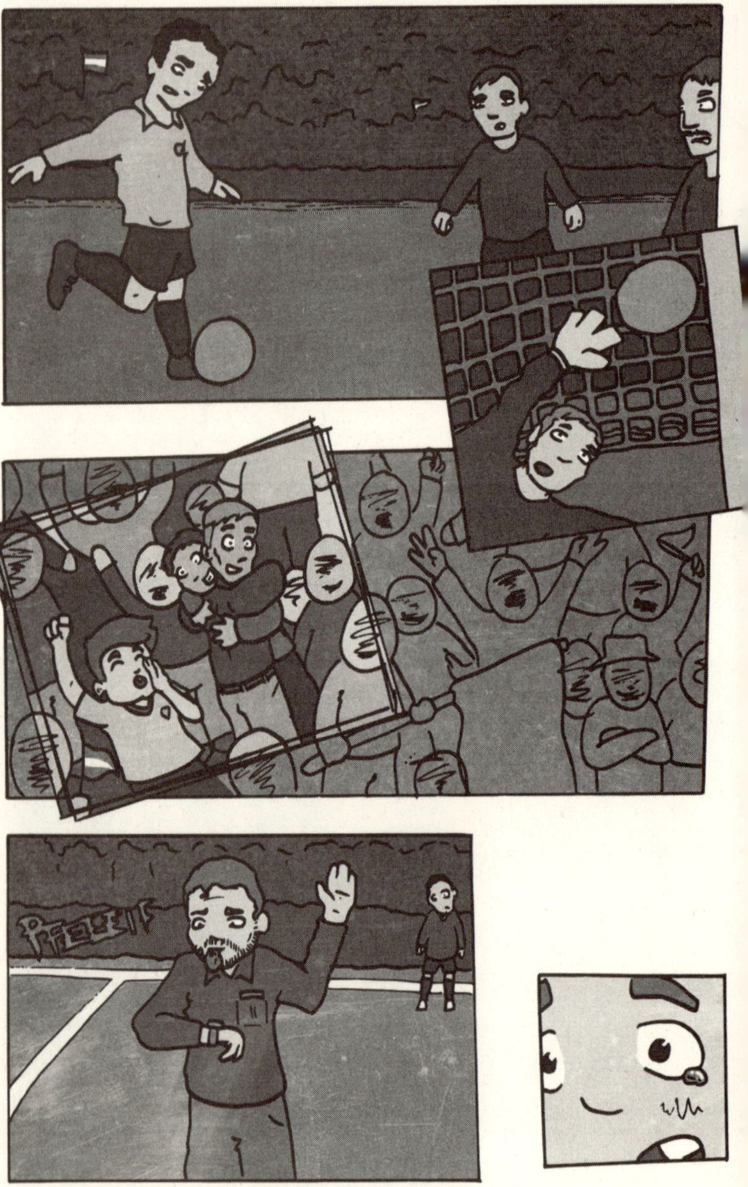

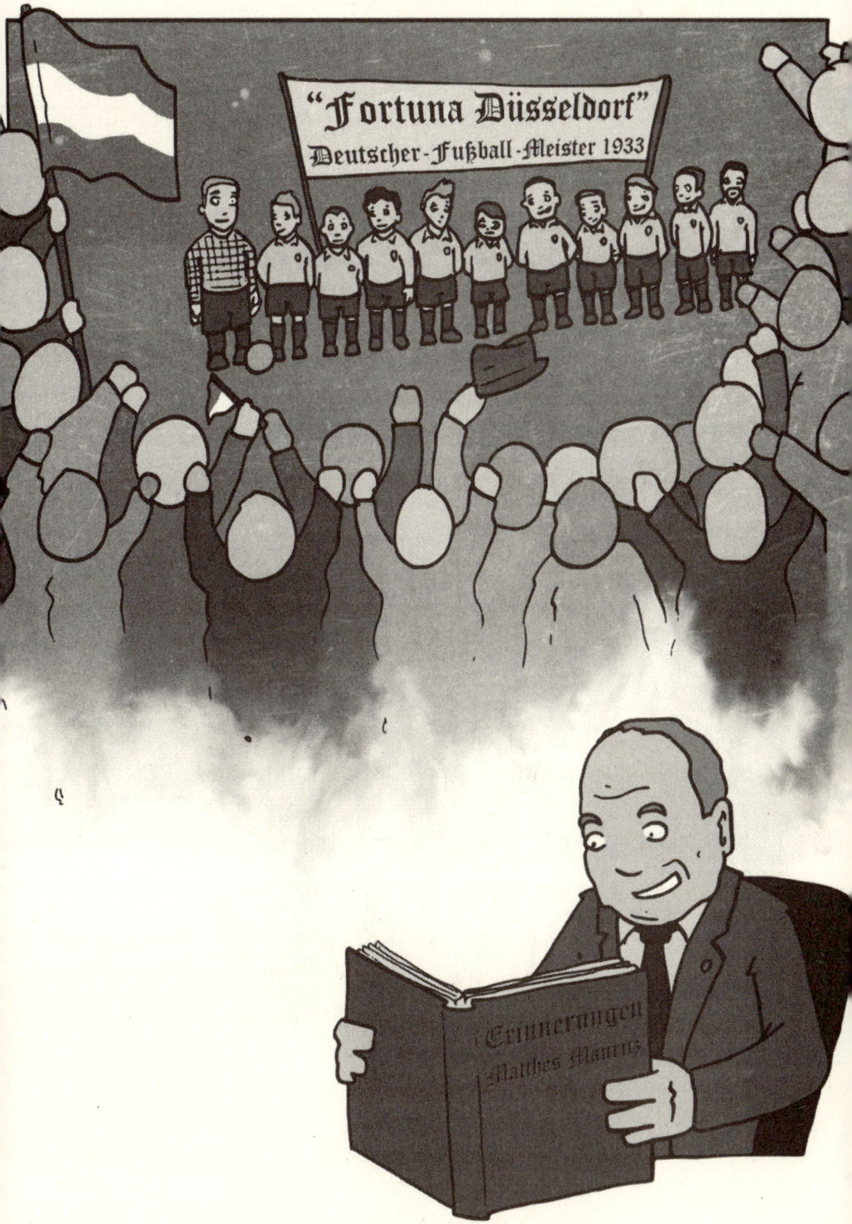
"Fortuna Düsseldorf"
Deutscher-Fußball-Meister 1933
Erinnerungen
Matthes Mauritz

85. GRUND

Weil wir sehr, sehr, sehr, sehr gute Gäste sind

Als ich das Kapitel über die Heimserie von 2009 bis 2012 schrieb (siehe Grund 89), war ich selbst noch mal davon beeindruckt, wie stark wir damals waren. Nach der Bundesligasaison, in der gegen übermächtige Gegner zwangsläufig viele Punkte zu Hause verloren gingen, hatte man fast schon wieder vergessen, was für eine Heimmacht Fortuna jahrelang war. Aber genug der Zufriedenheit. Jetzt kommen wir zu den Auswärtsspielen.

Nicht umsonst hatten wir den Heim-Meier oder auch den Arena-Gustav, den guten Herrn Policella, der immer nur auf dem heimischen Rasen traf. Denn mit dem, was Fortuna in einigen Jahren auswärts anbot, könnte der Verein jedem professionellen Folterkeller Konkurrenz machen. Exemplarisch sei hier zunächst das Jahr nach dem Wiederaufstieg in die 2. Liga genannt. Zu Hause spielte Fortuna wie entfesselt, verlor kein einziges Spiel, kassierte in der Rückrunde nur ein einziges Gegentor – am unwichtigen letzten Spieltag beim 3:1 gegen Rostock.

Und auswärts? Vier Siege, vier Unentschieden, neun Niederlagen. Na gut, 16 Punkte sind für einen Aufsteiger gar keine so üble Bilanz. Aber dieses Team war so gut, holte zu Hause 43. Da hätten es auswärts schon ein paar mehr sein dürfen. 0:1 in Koblenz, 1:2 in Rostock, 0:2 beim FSV Frankfurt, 0:2 in Augsburg. Diese Spiele waren so grausam, das möchte man als Zeitzeuge später gar niemandem erzählen – und wenn, dann müssten die Anekdoten darüber in einer Buchhandlung unter »Horror« einsortiert werden. An diesen Abenden betete man regelmäßig, dass man in der Abteilung »Fiktion« gelandet sei.

Es gab auch unglückliche Punktverluste wie beim 1:2 auf St. Pauli, als Fortuna ein gigantisches Spiel ablieferte, oder das 1:2 in Fürth, wo Fortuna dicke um zwei bis drei Punkte betrogen wurde. Aber am Ende standen immer wieder null Punkte da – häufig genau dort, wo man einen Punktgewinn ob des Tabellenstands durchaus eingepreist hatte.

Ich schreibe dieses Kapitel Ende September 2013. Fortuna hat seit über einem Jahr nicht mehr auswärts gewonnen. Aus den vergangenen 18 Auswärtsspielen hat Fortuna vier magere Pünktchen geholt. Nur St. Pauli, Köln, Dortmund und Wolfsburg waren doof genug, uns einen Punkt zu überlassen. 18 Spiele, das ist mehr als eine Saison. Wer da eine Auswärtsdauerkarte hat, der muss doch längst in Behandlung sein. Es ist sehr unverständlich, mit welchem Phlegma Fortuna auswärts immer wieder zu Werke geht, zumal das in der Aufstiegssaison beispielsweise ganz anders war.

Aber drehen wir die Sicht doch einfach mal um. Fortuna ist ein super Gast. Wir haben uns doch auch monatelang gefreut, wenn die Gegner die Punkte in der Arena gelassen haben. Wir haben getanzt und gefeiert, während sie beklommen vom Platz schlichen.

Ach nein, das ist eine beschissene Sichtweise. Der Grund dafür ist leicht: Es ist so wahnsinnig unangenehm, wenn sich andere Heimfans freuen. Wenn man 3:0 in Paderborn verliert, drei Mal diesen beknackten Torjingle hört und anschließend noch, dass man unbedingt dieses Tor später noch im Einkaufszentrum Schießmichtot krönen soll. Das ist nicht auszuhalten. Ich liebe Fortuna immer, aber das sind die Momente, die mich wirklich an dieser Liebe zweifeln lassen. Gefühlte 35 Stunden Autofahrt nach irgendwo, 85 Minuten Langeweile. Und dann kommt so ein Betonkopf (das ist ein Lob!) wie Nikolče Noveski und köpft seinen Karnevalsverein in Feierlaune, während du im kleinen Auswärtsblock stehst und dich fragst, warum du da heute hinfahren musstest.

Ich habe einen Heidenrespekt vor all jenen, die auch auswärts kein Spiel verpassen. Die sich mit dem Regionalexpress bis Cottbus quälen oder Sonntag um drei Uhr losfahren, um bei minus 27 Grad im Ostseestadion auf die Mütze zu kriegen. Nicht jeder kann sich das finanziell und zeitlich leisten, sonst würden es vermutlich noch viel mehr machen. Aber dieser Einsatz verlangt eine tiefe Verneigung. Insbesondere, wenn man 18 Mal in Folge ohne drei Punkte im Gepäck wieder heimgekehrt ist und Woche für Woche die Sinnfrage wieder stellen muss.

Übrigens ist die Auswärtsschwäche der Fortuna keine moderne Erscheinung, auch in den Anfängen des Vereins war das schon Thema. Wer sich die Ergebnislisten aus der ersten Hälfte des 20. Jahrhunderts anschaut, wird dort vor allem viele Niederlagen finden.

Warum wir trotzdem auswärts fahren? Aus Angst, etwas zu verpassen. Weil es sich so gut anfühlt, wenn man dann doch mal mit dem Dreier heimfährt. Und weil so ein Roadtrip einfach schön ist.

86. GRUND

Weil jedes Fortuna-Spiel etwas Besonderes ist, 111 aber ganz besonders waren (Teil 2)

- Fortuna Düsseldorf – Werder Bremen 4:1 (22.03.1975)
- Fortuna Düsseldorf – FC Bayern München 6:5 (07.06.1975)
- Fortuna Düsseldort – Rot-Weiss Essen 5:2 (16.08.1975)
- Fortuna Düsseldorf – VfL Bochum 4:4 n.V. (13.12.1975)
- Fortuna Düsseldorf – 1. FC Kaiserslautern 5:1 (04.06.1976)
- Fortuna Düsseldorf – Hamburger SV 2:0 (18.09.1976)
- Fortuna Düsseldorf – Rot-Weiss Essen 4:4 (04.12.1976)
- Rot-Weiss Essen – Fortuna Düsseldorf 5:3 (14.05.1977)
- Fortuna Düsseldorf – 1. FC Köln 5:1 (06.08.1977)
- Fortuna Düsseldorf – FC Bayern München 4:2 (17.08.1977)
- Fortuna Düsseldorf – FC Schalke 04 1:0 (26.12.1977)
- Fortuna Düsseldorf – MSV Duisburg 4:1 (25.01.1978)
- Borussia Mönchengladbach – Fortuna Düsseldorf 3:2 (25.03.1978)
- 1. FC Köln – Fortuna Düsseldorf 2:0 (15.04.1978)
- Universitatea Craiova – Fortuna Düsseldorf 3:4 (13.09.1978)

- Fortuna Düsseldorf – FC Aberdeen 3:0 (18.10.1978)
- Fortuna Düsseldorf – Eintracht Frankfurt 4:2 (18.11.1978)
- Fortuna Düsseldorf – FC Bayern München 7:1 (09.12.1978)
- Fortuna Düsseldorf – FC Barcelona 3:4 n.V. (16.05.1979)
- Fortuna Düsseldorf – 1. FC Nürnberg 4:1 n.V. (06.06.1979)
- Fortuna Düsseldorf – Hertha BSC 1:0 n.V. (23.06.1979)
- Fortuna Düsseldorf – VfB Stuttgart 6:2 (20.10.1979)
- Fortuna Düsseldorf – 1. FC Kaiserslautern 6:1 (19.01.1980)
- Karlsruher SC – Fortuna Düsseldorf 3:5 (16.02.1980)
- Kickers Offenbach – Fortuna Düsseldorf 2:5 n.V. (06.04.1980)
- Fortuna Düsseldorf – 1. FC Köln 2:1 (04.06.1980)
- Fortuna Düsseldorf – SV Salzburg 5:0 (17.09.1980)
- TSV 1860 München – Fortuna Düsseldorf 4:3 (25.10.1980)
- FC Schalke 04 – Fortuna Düsseldorf 0:4 (07.03.1981)
- 1. FC Köln – Fortuna Düsseldorf 1:2 (06.06.1981)
- Fortuna Düsseldorf – Bayer 04 Leverkusen 5:1 (13.02.1982)
- Fortuna Düsseldorf – Karlsruher SC 4:3 (20.11.1982)
- Fortuna Düsseldorf – Eintracht Frankfurt 5:1 (04.06.1983)
- Fortuna Düsseldorf – Borussia Dortmund 7:0 (23.09.1983)
- Fortuna Düsseldorf – Kickers Offenbach 5:0 (05.11.1983)
- Fortuna Düsseldorf – Borussia Mönchengladbach 4:1 (20.01.1984)
- Fortuna Düsseldorf – FC Bayern München 4:1 (03.02.1984)

87. GRUND

Weil sie in Barcelona immer noch beeindruckt von diesen Gladiatoren aus Düsseldorf sind

Mein Vater hatte das Glück, dass er deutlich vor mir geboren wurde – was natürlich bei den meisten Vätern und Söhnen der Fall ist. Dieses Glück brachte ihn dazu, am 16. Mai 1979 den womöglich größten Abend der Fortuna-Vereinsgeschichte zu erleben. Ach was sag ich, den größten Tag. Am Morgen machte er sich damals aus Münster auf die Reise in die Schweiz – nach Basel, um genau zu sein. Wenn er heute davon erzählt, mit so einer Mischung aus Faszination und Amüsement, dann werde ich definitiv neidisch. Zu fünft waren sie unterwegs, eine Freundin in Basel als bestmögliche Anlaufstelle. Vermutlich wissen über 90 Prozent der Leser dieses Buches, um welchen Tag es hier geht. Aber ich schreibe es trotzdem noch mal hin, weil es sich eben auch so gut anfühlt: Fortuna Düsseldorf traf am 16. Mai 1979 auf den FC Barcelona, im Finale des Europapokals der Pokalsieger. Nacheinander hatte Fortuna Universitatea Craiova, den FC Aberdeen, Servette Genf und Banik Ostrau ausgeschaltet, um in diesem Endspiel zu stehen.

Mein Vater erzählt immer wieder davon, wie die Autobahn in die Schweiz damals von Rot-Weißen bevölkert war. Wie sie in der Stadt ankamen, in der Volksfeststimmung herrschte, die Rot-Weißen und die Rot-Blauen, wobei die Spanier deutlich in der Überzahl waren. Wie sie im Stadion standen, die Düsseldorfer in der einen Kurve, 10.000 Mann oder mehr, was muss das im St.-Jakobs-Stadion für ein Anblick gewesen sein? Und dann die Übermacht der Katalanen, mehr als 20.000. Es gibt natürlich Bilder von dem Spiel, und es ist darauf zu erahnen, was es für ein Gefühl gewesen sein muss, an diesem Tag in dieser Kurve zu stehen.

Jetzt aber zum Spiel: Vermutlich verteilten die Sanitäter schon in den ersten zehn Minuten vielfach Wiederbelebungsgeräte. Denn nach vier Minuten bekam Fortunas knallharter Stopper Gerd Zimmermann einen auf den Schlappen und musste sein erstes und einziges Europapokalfinale umgehend wieder verlassen. Eine Minute später lag Fortuna mit 0:1 zurück gegen die freilich hochfavorisierten Barcelonasen. Die kamen mit Neeskens, mit Krankl, mit Barça-Legenden wie Carles Rexach.

Es hätte alles seinen Lauf nehmen können, wenn Fortuna nicht eine Ansammlung von Gladiatoren gewesen wäre. Denn nach kurzem Schütteln spielte Bommer im Strafraum der Spanier kurz Billard, zog dann ab – und weil Keeper Artola den Ball nur klatschen lassen konnte, staubte der jüngere Allofs zum Ausgleich ab. Als Jörg Daniel dann auch noch einen (natürlich absolut unberechtigten ;)) Elfmeter aus dem Eck fischte, schien alles möglich. Übrigens nicht die einzige Glanztat Daniels an diesem Abend.

Die nächste Hiobsbotschaft war die Verletzung von Brei, der auch noch in der ersten halben Stunde ausgewechselt werden musste. Gefolgt von einem ziemlich unnötigen Chaos in der Fortuna-Abwehr, das einen erneuten Jubelsturm in der Barça-Kurve auslöste, 2:1 – wenn man Zeitzeugen glauben mag, nicht so ganz unverdient und natürlich höchst unverdient zugleich. Dann aber noch vor der Pause auf der Gegenseite dieser irre Diagonalpass auf Seel, der das Zögern des spanischen Tormanns perfekt ausnutzte und per Außenrist den Ball in den Kasten droppte.

Und dann die zweite Hälfte mit dem Strahl von Allofs, der nur knapp am Pfosten vorbeizischte. Mit den kläglichen Versuchen von Neeskens und Krankl, der Fortuna den Garaus zu machen. Und mit der nahezu unvermeidlichen Konsequenz: Verlängerung. Eine Pointe, die – auch hier muss man wieder Augenzeugen glauben – die Stimmung auf einen gewissen Siedepunkt ansteigen ließ. Um das hier noch mal klarzustellen: Fortuna hatte in diesem Spiel auch genügend Chancen, das Ding nach Düsseldorf zu holen. Es war kein pures Glück, dass dieses Spiel ein so haarscharfes Ende nahm.

Es waren ein abgefälschter Schuss und ein glücklicher Konter, die Barça zur 4:2-Führung in der zusätzlichen halben Stunde Spielzeit brachten. Welch Schicksal für unsere Rot-Weißen, die so nah dran gewesen waren – und sogar noch mal nah rankamen. Seel stocherte einen Allofs-Volleyknaller über die Linie, 3:4 in der 114. Minute. Alleine, die Zeit reichte nicht mehr, um den Barcelonasen noch einen einzuschenken und sie in den Showdown vom Punkt zu zwingen. Was die wenigsten wissen: Zehn Jahre später revanchierte sich die Fortuna für diese Finalniederlage, fidelte mit 2:1 den FC Barcelona in einem anderen Finale von der Platte – Torschützen übrigens Chaloupka und Uwe Fuchs.[24] Im nicht minder prestigeträchtigen Endspiel des Turnieres Trofeo Ciudad de Palma auf Mallorca. Allerspätestens seitdem ist der Respekt ganz Kataloniens riesig vor unserer Fortuna. Zu Recht!

88. GRUND

Weil Fortuna in den 30er-Jahren den Fußball in Deutschland mitprägte

Es gibt viele tolle Traditionsvereine, die auch noch heute existieren. Der FC Schalke 04, der 1. FC Nürnberg, die SpVgg Fürth, Hertha BSC, der Hamburger SV – alles Klubs, die auch schon in den Anfangszeiten des organisierten deutschen Fußballs zur absoluten Spitzenklasse gehörten. Und, man mag es kaum glauben, auch die Fortuna gehörte dazu. Schaut man sich die Statistiken der 20er- und 30er-Jahre an, dann hat Fortuna damals nicht nur mitspielen dürfen, Fortuna war einer der prägenden Klubs.

Zum ersten Mal qualifizierte sich Fortuna 1927 für die Meisterschaftsendrunde. Im entscheidenden Spiel um den dritten Teilnehmer aus dem Westen traf die Fortuna ausgerechnet auf TuRU 1880, den Verein von der Feuerbachstraße. 30.000 Zuschauer sollen damals dagewesen sein, wie Michael Bolten recherchiert hat. Im vermutlich spannendsten Lokalderby der Geschichte – es mag gegen den VfL Benrath auch spannende Spiele gegeben haben – gewann Fortuna am Ende mit 2:1 nach Verlängerung. Der Siegtreffer fiel in der 127. Minute. Torschütze: August Götzinger.

Das Aus bei der Endrunde kam jäh gegen den Hamburger SV, als die Fortuna vor geschätzten 20.000 Zuschauern mit 1:4 unterlag. Doch von da an war F95 auf der Fußballlandkarte angekommen. Zwei Jahre später qualifizierte man sich schon wieder – übrigens vor Borussia Mönchengladbach – und wurde von da an nahezu

Stammgast bei den Deutschen Meisterschaften. Und was waren das für Glanzstücke: Der Titel 1933, der heute noch so inbrünstig besungen wird. Die Finalniederlage 1936, als man dem 1. FC Nürnberg mit 1:2 nach Verlängerung unterlag. Als der Nürnberger Gußner in der 120. Minute einfach mal abzog und Düsseldorf ins Tal der Tränen stürzte. »Selbst die Nürnberger hatten Mitleid mit den Düsseldorfern. Nie zuvor hatte eine Mannschaft tragischer verloren«, schreibt Hardy Grüne dazu in *Vom Kronprinzen zur Bundesliga*.

In den 30er-Jahren wurde Fortuna Serienmeister im Gau Niederrhein. Ab und zu scheiterte man in den Endrundengruppenspielen, doch oft genug reichte es bis ins Halbfinale. 1938 wurde die Fortuna nach einem 4:2-Sieg über den HSV noch einmal Dritter, 1939 und 1940 noch Niederrheinmeister, in letzterem Jahr scheiterte man nur ganz knapp an Schalke in den Gruppenspielen.

Und dann kam der Krieg: Viele Spieler wurden eingezogen oder mussten woanders in Deutschland Dienst tun. Die Mannschaft fiel auseinander, 1942 stieg Fortuna sogar aus der Niederrhein-Gruppe ab. Es gelang zwar der sofortige Wiederaufstieg, doch von da an fristete Fortuna eher ein Dasein unter ferner liefen. Klar, 1947 waren wir noch mal Meister der Klasse Niederrhein Berg-Mark und scheiterten erst an Schalke auf dem Weg zur Endrunde. Doch spätestens mit der Gründung der Oberliga West ein Jahr später ging das Zepter an andere Klubs in NRW. Bis man wieder in die deutsche Top-Elite aufstieg, dauerte es mehr als 30 Jahre. Klar, zwischendurch war Fortuna auch mal in Pokalfinalen und stieg in die Bundesliga auf. Aber die goldenen Jahre waren vorbei.

Es gibt keinen Grund, diesen Jahren nachzuweinen. Erstens hat sie ohnehin kaum jemand erlebt, der heute noch zur Fortuna gehen kann. Und zweitens gab es auch ohne ein Team von nationaler Spitzenklasse genug zu feiern als Fortuna-Fan. Dennoch können wir stolz darauf sein, dass der Name Fortuna Düsseldorf schon in aller Munde war, als Klubs, die heute groß sind, noch lokale Betriebssportgemeinschaften waren. (Dieser Beitrag basiert weitestgehend auf dem herausragenden und nur zu empfehlenden Werk *Enzyklopädie des deutschen Ligafußballs 1. Vom Kronprinzen bis zur Bundesliga 1890 bis 1963* von Hardy Grüne)

89. GRUND

Weil Fortuna die Heimdauerkartenbesitzer von 2009 bis 2012 richtig verwöhnte

Eine unglaubliche Heimserie von 40 Siegen, zehn Unentschieden und vier Niederlagen in Zahlen und Fakten:

- 02.05.2009 Fortuna Düsseldorf – Dynamo Dresden 1:0 (1:0), Tor: 1:0 Lambertz (40.)
- 13.05.2009 Fortuna Düsseldorf – FC Carl Zeiss Jena 1:0 (0:0), Tor: 1:0 Christ (52.)
- 23.05.2009 Fortuna Düsseldorf – SV Werder Bremen II 1:0 (1:0), Tor: 1:0 Christ (12.)
- 08.08.2009 Fortuna Düsseldorf – SC Paderborn 3:0 (3:0), Tore: 1:0 Christ (15.), 2:0 Fink (20.), 3:0 Weber (35.)
- 21.08.2009 Fortuna Düsseldorf – TuS Koblenz 1:0 (1:0), Tor: 1:0 Jovanović (38.)
- 11.09.2009 Fortuna Düsseldorf – FC Augsburg 1:1 (0:1), Tore: 0:1 Thurk (37.), 1:1 Fink (83.)
- 28.09.2009 Fortuna Düsseldorf – Alemannia Aachen 0:0
- 18.10.2009 Fortuna Düsseldorf – FSV Frankfurt 4:1 (0:1), Tore: 0:1 Cenci (35.), 1:1 Harnik (57.), 2:1 Langeneke (70.), 3:1 Jovanović (77.), 4:1 Christ (86.)
- 30.10.2009 Fortuna Düsseldorf – Karlsruher SC 1:0 (1:0), Tor: 1:0 Harnik (44.)
- 20.11.2009 Fortuna Düsseldorf – FC Energie Cottbus 2:1 (0:0), Tore: 0:1 Jula (57.), 1:1 Harnik (64.), 2:1 Harnik (85.)

- 04.12.2009 Fortuna Düsseldorf - Arminia Bielefeld 3:2 (2:0), Tore: 1:0 Harnik (16.), 2:0 Jovanović (22.), 2:1 Fort (49.), 2:2 Risgård (63.), 3:2 Langeneke (80.)
- 13.12.2009 Fortuna Düsseldorf - Rot-Weiß Oberhausen 2:0 (2:0), Tore: 1:0 Heidinger (27.), 2:0 Harnik (34.)
- 22.01.2010 Fortuna Düsseldorf - 1. FC Union Berlin 1:0 (0:0), Tor: 1:0 Anderson (51.)
- 07.02.2010 Fortuna Düsseldorf - MSV Duisburg 2:0 (2:0), Tore: 1:0 Lambertz (17.), 2:0 Harnik (24.)
- 19.02.2010 Fortuna Düsseldorf - Rot-Weiß Ahlen 4:0 (3:0), Tore: 1:0 Anderson (31.), 2:0 Oehrl (37.), 3:0 Harnik (44.), 4:0 Heidinger (65.)
- 05.03.2010 Fortuna Düsseldorf - SpVgg Greuther Fürth 0:0
- 22.03.2010 Fortuna Düsseldorf - 1. FC Kaiserslautern 0:0
- 05.04.2010 Fortuna Düsseldorf - FC St. Pauli 1:0 (0:0), Tor: 1:0 Heidinger (48.)
- 18.04.2010 Fortuna Düsseldorf - TSV 1860 München 2:0 (1:0), Tore: 1:0 Langeneke (4.), 2:0 Langeneke (90.)
- 09.05.2010 Fortuna Düsseldorf - FC Hansa Rostock 3:1 (2:0), Tore: 1:0 Gaus (10.), 2:0 Anderson (30.), 2:1 Sebastian (50.), 3:1 Harnik (56.)
- 30.08.2010 Fortuna Düsseldorf - Hertha BSC 1:2 (0:2), Tore: 0:1 Friend (25.), 0:2 Domovchiyski (30.), 1:2 Wellington (81.)
- 19.09.2010 Fortuna Düsseldorf - TSV 1860 München 1:2 (1:0), Tore: 1:0 Lovin (45., ET), 1:1 Rakić (49.), 1:2 Buck (52.)
- 27.09.2010 Fortuna Düsseldorf - VfL Bochum 0:1 (0:1), Tor: 0:1 Tese (22.)
- 15.10.2010 Fortuna Düsseldorf - FC Augsburg 1:0 (1:0), Tor: 1:0 Bröker (43.)
- 01.11.2010 Fortuna Düsseldorf - MSV Duisburg 1:0 (0:0), Tor: 1:0 Veigneau (83.,ET)
- 12.11.2010 Fortuna Düsseldorf - Rot-Weiß Oberhausen 3:0 (0:0), Tore: 1:0 Fink (48.), 2:0 Langeneke (61.), 3:0 Torghelle (88.)

- 05.12.2010 Fortuna Düsseldorf - Karlsruher SC 1:0 (1:0), Tor: 1:0 Rösler (8.)
- 18.12.2010 Fortuna Düsseldorf - SpVgg Greuther Fürth 1:0 (0:0), Tor: 1:0 Beister (73.)
- 15.01.2011 Fortuna Düsseldorf - FC Energie Cottbus 3:1 (1:0, Tore: 1:0 Bröker (40.), 2:0 Lambertz (48.), 2:1 Petersen (64.), 3:1 Fink (70.)
- 28.01.2011 Fortuna Düsseldorf - FSV Frankfurt 6:0 (2:0), Tore: 1:0 Ilsø (17.), 2:0 Ilsø (42.), 3:0 Bodzek (49.), 4:0 Beister (56.), 5:0 Ilsø (81.), 6:0 Beister (89.)
- 13.02.2011 Fortuna Düsseldorf - FC Ingolstadt 04 3:1 (1:0), Tore: 1:0 Beister (45.), 1:1 Leitl (49.), 2:1 Langeneke (52.), 3:1 Langeneke (64.)
- 27.02.2011 Fortuna Düsseldorf - VfL Osnabrück 2:1 (1:0), Tore: 1:0 Rösler (24.), 1:1 Kotuljac (77.), 2:1 Rösler (89.)
- 12.03.2011 Fortuna Düsseldorf - SC Paderborn 07 0:0
- 02.04.2011 Fortuna Düsseldorf - FC Erzgebirge Aue 3:0 (2:0), Tore: 1:0 Ilsø (10.), 2:0 Hensel (18., ET), 3:0 Langeneke (67.)
- 15.04.2011 Fortuna Düsseldorf - 1. FC Union Berlin 3:0 (2:0), Tore: 1:0 Rösler (17.), 2:0 Lambertz (36.), 3:0 Ilsø (67.)
- 24.04.2011 Fortuna Düsseldorf - Arminia Bielefeld 2:0 (1:0), Tore: 1:0 Rösler (41.), 2:0 Lambertz (69.)
- 08.05.2011 Fortuna Düsseldorf - Alemannia Aachen 3:1 (2:1), Tore: 1:0 Langeneke (14.), 2:0 Rösler (22.), 2:1 Stehle (45.), 3:1 Beister (70.)
- 18.07.2011 Fortuna Düsseldorf - VfL Bochum 2:0 (0:0), Tore: 1:0 Rösler (66.), 2:0 Bröker (88.)
- 05.08.2011 Fortuna Düsseldorf - FC Ingolstadt 04 4:1 (1:0), Tore: 1:0 Rösler (43.), 2:0 Bröker (50.), 2:1 Hartmann (53.), 3:1 Fink (54.), 4:1 Bröker (72.)
- 19.08.2011 Fortuna Düsseldorf - TSV 1860 München 3:1 (1:0), Tore: 1:0 Rösler (29.), 2:0 Lambertz (46.), 3:0 Beister (67.), 3:1 Lauth (85.)

- 10.09.2011 Fortuna Düsseldorf - Karlsruher SC 4:2 (2:1), Tore: 1:0 Langeneke (12.), 2:0 Rösler (20.), 2:1 B. Müller (43.), 3:1 Bröker (67.), 4:1 Bröker (75.), 4:2 Ngwat-Mahop (80.)
- 24.09.2011 Fortuna Düsseldorf - FC Energie Cottbus 4:2 (3:0), Tore: 1:0 Beister (4.), 2:0 Rösler (17.), 3:0 Beister (26.), 3:1 Rangelov (52.), 3:2 Hünemeier (55.), 4:2 Grimaldi (90.)
- 21.10.2011 Fortuna Düsseldorf - FC Hansa Rostock 2:0 (1:0), Tore: 1:0 Langeneke (27.), 2:0 Rösler (54.)
- 04.11.2011 Fortuna Düsseldorf - Dynamo Dresden 2:1 (1:1), Tore: 1:0 Beister (20.), 1:1 Poté (44.), 2:1 Jovanović (90.)
- 28.11.2011 Fortuna Düsseldorf - SpVgg Greuther Fürth 2:1 (2:0), Tore: 1:0 Fink (18.), 2:0 Langeneke (39.), 2:1 Prib (64.)
- 16.12.2011 Fortuna Düsseldorf - SC Paderborn 07 2:3 (0:1), Tore: 0:1 Proschwitz (37.), 1:1 Juanan (56.), 1:2 Meha (60.), 1:3 Mohr (73.), 2:3 Jovanović (75.)
- 13.02.2012 Fortuna Düsseldorf - Eintracht Frankfurt 1:1 (0:0), Tore: 0:1 Köhler (69.), 1:1 Langeneke (90.)
- 27.02.2012 Fortuna Düsseldorf - Alemannia Aachen 0:0
- 10.03.2012 Fortuna Düsseldorf - FC Erzgebirge Aue 3:1 (1:1), Tore: 0:1 Koçer (4.), 1:1 Beister (22.), 2:1 Ilsø (65.), 3:1 Bröker (72.)
- 24.03.2012 Fortuna Düsseldorf - Eintracht Braunschweig 1:1 (0:1), Tore: 0:1 Kumbela (27.), 1:1 Bröker (47.)
- 02.04.2012 Fortuna Düsseldorf - FC St. Pauli 0:0
- 10.04.2012 Fortuna Düsseldorf - FSV Frankfurt 1:0 (0:0), Tor: 1:0 Jovanović (55.)
- 22.04.2012 Fortuna Düsseldorf - 1. FC Union Berlin 2:1 (2:1), Tore: 1:0 Ilsø (15.), 1:1 Terodde (18.), 2:1 Rösler (22.)
- 06.05.2012 Fortuna Düsseldorf - MSV Duisburg 2:2 (2:2), Tore: 0:1 Exslager (8.), 1:1 Fink (18.), 2:1 Lukimya (21.), 2:2 Gjasula (27.)[25]

90. GRUND

Weil jedes Fortuna-Spiel etwas Besonderes ist, 111 aber ganz besonders waren (Teil 3)

- Fortuna Düsseldorf – Hamburger SV 4:2 (24.11.1984)
- Fortuna Düsseldorf – FC Bayern München 4:0 (28.09.1985)
- FC Bayern München – Fortuna Düsseldorf 2:3 (08.03.1986)
- Fortuna Düsseldorf – Hamburger SV 3:2 (08.11.1986)
- Fortuna Düsseldorf – BVL Remscheid 6:2 (01.08.1987)
- VfL Osnabrück – Fortuna Düsseldorf 1:5 (14.09.1988)
- Rot-Weiss Essen – Fortuna Düsseldorf 1:5 (18.03.1989)
- Fortuna Düsseldorf – SV Meppen 4:1 (11.06.1989)
- Blau-Weiß 90 Berlin – Fortuna Düsseldorf 2:7 (18.06.1989)
- Fortuna Düsseldorf – VfB Stuttgart 4:2 (02.09.1989)
- 1. FC Köln – Fortuna Düsseldorf 1:3 (21.10.1989)
- Fortuna Düsseldorf – FC St. Pauli 7:0 (12.05.1990)
- Fortuna Düsseldorf – Borussia Mönchengladbach 4:1 (15.12.1990)
- Fortuna Düsseldorf – VfL Bochum 3:4 (31.05.1991)
- Fortuna Düsseldorf – SG Wattenscheid 09 4:3 (30.08.1991)
- Karlsruher SC – Fortuna Düsseldorf 1:5 (20.09.1991)
- Chemnitzer FC – Fortuna Düsseldorf 0:2 (18.06.1995)
- Fortuna Düsseldorf – FC Bayern München 3:1 (18.09.1995)
- Fortuna Düsseldorf – Borussia Mönchengladbach 3:2 (11.11.1995)
- VfB Stuttgart – Fortuna Düsseldorf 2:3 (04.05.1996)
- VfB Stuttgart – Fortuna Düsseldorf 0:2 (21.09.1996)
- Fortuna Düsseldorf – SV Meppen 4:3 (01.03.1998)
- FC Carl-Zeiss Jena – Fortuna Düsseldorf 3:4 (07.06.1998)
- Fortuna Düsseldorf – FSV Salmrohr 7:0 (24.04.2000)
- Fortuna Düsseldorf – Rot-Weiss Essen 3:2 (03.10.2002)
- Fortuna Düsseldorf – FC St. Pauli 3:0 (08.04.2005)
- Fortuna Düsseldorf – Rot-Weiß Erfurt 3:2 (19.08.2006)
- VfB Lübeck – Fortuna Düsseldorf 2:3 (22.09.2006)

- Fortuna Düsseldorf – Hamburger SV II 3:2 (19.05.2007)
- Eintracht Braunschweig – Fortuna Düsseldorf 5:5 (10.05.2009)
- VfR Aalen – Fortuna Düsseldorf 1:2 (16.05.2009)
- 1.FC Kaiserslautern – Fortuna Düsseldorf 0:2 (23.10.2009)
- VfL Osnabrück – Fortuna Düsseldorf 2:3 (02.10.2010)
- Fortuna Düsseldorf – FSV Frankfurt 6:0 (28.01.2011)
- FC St. Pauli – Fortuna Düsseldorf 1:3 (17.10.2011)
- Fortuna Düsseldorf – Hertha BSC 2:2 (16.05.2012)
- Fortuna Düsseldorf – Eintracht Frankfurt 4:0 (30.11.2012)

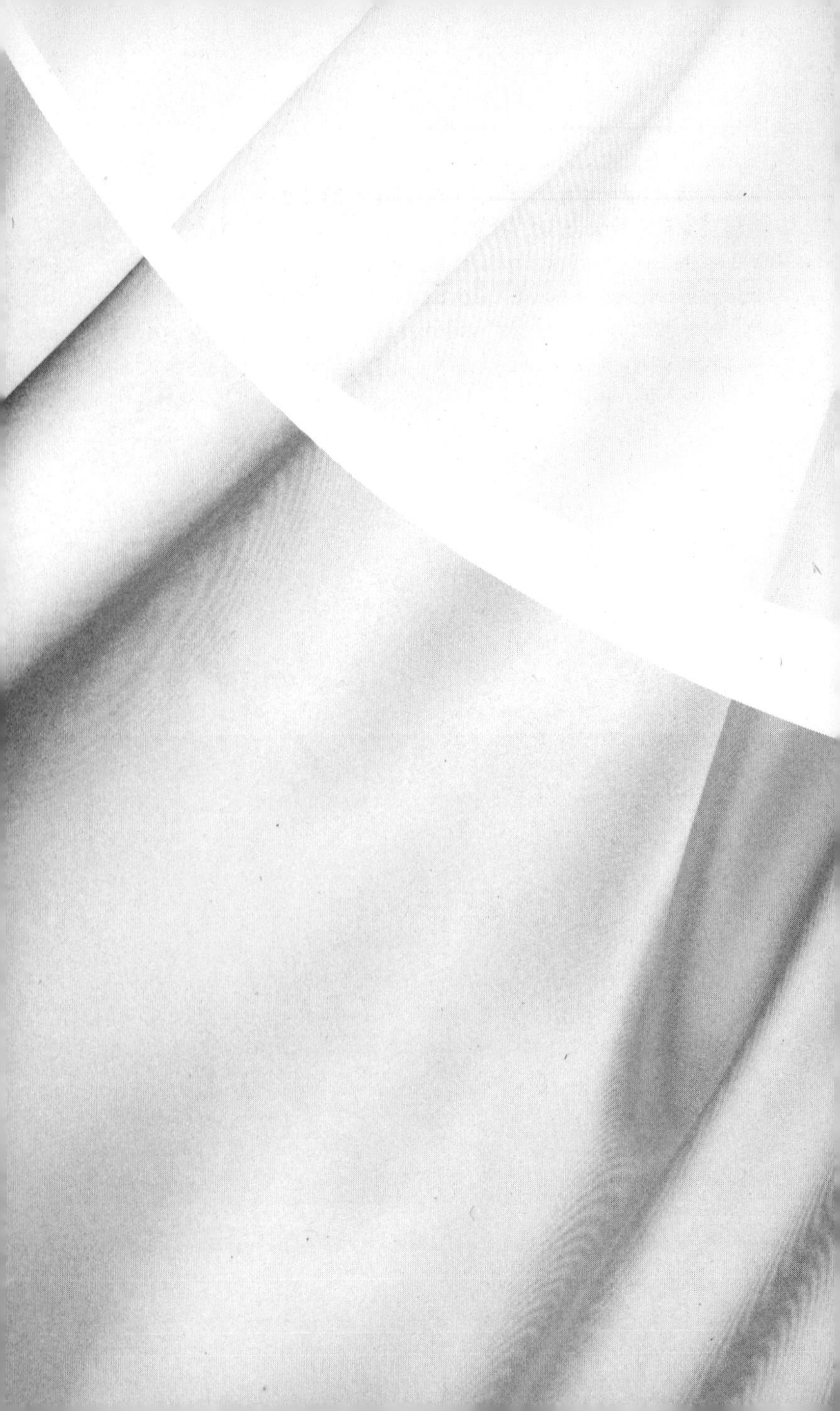

7. KAPITEL

MENSCHEN RUND UM FORTUNA

VON GRUBENLAMPEN-KLAUS BIS PELÉ

91. GRUND

Weil es für Fortuna keinen besseren Radio-Kommentator geben könnte als Oliver Bendt

Sein Torschrei ist Legende, seine Reportagen sind Fortuna. Es könnte für F95 keinen passenderen Kommentator geben als Oliver Bendt. Sein Stern ging auf am 3. März 2007 beim Heimspiel der Fortuna gegen Dynamo Dresden (spätestens). Sein Schlussakkord in Worten, als Fortuna noch eine allerletzte Ecke zugesprochen bekommt:

»Unfassbar, was dieser Mann hier hält. Das ist so grotesk, dass es hier 1:0 für Dynamo Dresden steht. Da fällt mir nichts mehr zu ein. Und jetzt: DA IST DER AUSGLEICH! TOOOOOOOOOOOR FÜR DIE FORTUNAAAAAAAAA! TOOOOOOOOOOOOR! Ist das verdient! Ist das verdient! Mein Gott, ich krieg mich nicht mehr ein. Denis Wolf ist es gewesen, der Mann, der gekommen ist, für Jörg Albertz. Mit einem Kopfball. Aus knapp acht Metern Entfernung setzt er den Ball links oben in den Winkel. Und Oliver Herber, der beste Mann der Dresdner, der Torwart, der kann's nicht fassen, dass er doch noch den Ausgleich kassiert hat. Vierundneunzigste Minute, da ist der hochverdiente Ausgleich für die Fortuna.«

Und dann sagte er jene legendären Sätze, mit denen man heute noch viele Fortuna-Fans zum Grinsen bringen kann: »Mein Gott, hätte mich das angekotzt, wenn die Dresdner dieses Spiel hier gewonnen hätten! Das wäre so unverdient gewesen. [...] Jeder, der dieses Spiel gesehen hat, wird das unterschreiben.« – Es gibt diese Momente, in denen ein Kommentator ausspricht, was wirklich alle denken. Hier ist es Olli Bendt gelungen und damit hat er sich in die Herzen der Fans geredet. Seitdem ist er Kult (auch wenn »Kult« immer so ein doofes St.-Pauli-Union-Berlin-Wort ist), sein Torschrei für die Fortuna hängt jedem im Ohr, der ihn schon mal gehört hat. Fans hören sich seine Reportagen auch nach dem Spiel noch an, sogar wenn sie selbst im Stadion gewesen sind. Legendär auch seine 90-Minuten-Reportage aus Aalen 2009, als Tausende Daheimgebliebene an den Radiogeräten hingen wie die Süchtigen (Fernsehbilder gab es nicht) und Olli Bendt schon nach zehn Minuten voraussagte, dass seine Stimme dieses Spiel nicht überleben werde. Als sein markerschütternder Schrei das 2:1 durch Deniz Kadah herausbrüllte, platzten vermutlich in ganz Düsseldorf Trommelfelle und Fensterscheiben.Olli Bendt hat es perfekt verstanden, die Emotionen rund um Fortuna in den vergangenen Jahren zu bündeln und zu formulieren. Im Unterschied zu seinen Vorgängern bei Antenne Düsseldorf hat er es geschafft, die Euphorie rund um Fortuna anzufachen und ist durch seine Nähe zu den Fans inzwischen auch bei Veranstaltungen wie Aufstiegsfeiern oder Mythos-Spiel-Erinnerungsabenden ein begehrter Moderator. Immer sachlich in der Analyse, aber zugleich über das für Otto Normalverbraucher typische Maß enthusiastisch in der Spielkommentierung.

Seine Kommentierungen des 1:0 von Heidinger bei Bayern München II, des 5:4 von Christ in Braunschweig, des 2:1 von Kadah in Aalen – noch heute kriecht einem eine lange Gänsehaut den ganzen Rücken hinauf, wenn man sie noch mal anhört. Seine Popularität hat ihm eigene Best-of-YouTube-Videos eingebracht, und jede Saison könnte man neue machen. Ob 3. Liga oder Bundesliga, bei Oliver Bendt hört man, dass Radio-Liebe keine Liga kennt.

Auch wenn wir alle ihn natürlich am liebsten sagen hören: »Ranisav Jovanović steht bei Bibiana Steinhaus, fleht sie an. Pfeif bitte ab! Und ich muss ganz ehrlich sagen: Ich glaube, ganz Düsseldorf würde in Gedanken der Bibiana einen Riesenstrauß Rosen schicken, wenn sie jetzt hier endlich abpfeift. Es machen sich alle feierbereit hier. Noch immer steht Jovanović bei Bibiana Steinhaus und sagt: ›Pfeif doch ab, pfeif doch bitte ab. Dann geht hier die Party los.‹ Aber das ist nicht der Fall. Stattdessen jetzt die Bremer noch einmal im Angriff. Jens Langeneke dazwischen, schlägt den Ball heraus. Bibiana Steinhaus! Nimmt die Pfeife in die Hand! UND DA IST DER AUFSTIEG! DA IST DER AUFSTIEG! DA IST DER AUFSTIEG! UND WAS JETZT HIER

ABGEHT! WAS JETZT HIER ABGEHT, DAS IST UNFASSBAR! WAS FÜR BILDER! WAS FÜR BILDER!« Da ist sie wieder: die Gänsehaut.

92. GRUND

Weil eine Legende wie Petr Rada immer noch von Fortuna schwärmt

Bei Fortuna-Fans der späten Achtziger und frühen Neunziger ist Petr Rada eine Legende. Der kleine Tscheche schoss im Trikot der Rot-Weißen Standards, wie Heine einst Gedichte schrieb. Beinahe hätte Rada 2008 auf dem Trainerstuhl der Fortuna Platz genommen. Doch er zog es damals vor, Karel Brückner als Trainer der Tschechischen Nationalmannschaft zu beerben. Nach einer glück- und erfolglosen Qualifikation wurde Rada bereits nach etwas mehr als einem Jahr wieder entlassen. Danach arbeitete er als Trainer in der tschechischen Liga und half während seiner Zeit als Trainer von Slavia Prag entscheidend dabei mit, den Transfer des Abwehrhünen Martin Latka zu realisieren. Im Gespräch mit Petr Rada wird uns schnell klar – der Mann liebt Fortuna Düsseldorf, und Spieler wie er sind eben auch ein Grund, diesen Verein zu lieben.

Petr, wie häufig haben Sie noch Kontakt nach Düsseldorf, sowohl zum Verein, als auch zu Bekannten oder alten Kollegen?

Ich habe regelmäßig Kontakt mit meinen alten Weggefährten. Mit Aleksandar Ristić telefoniere ich alle ein bis zwei Wochen. Und auch mit Andrzej Buncol, Sven Demandt, Ralf Loose und einigen anderen telefoniere ich immer mal wieder. Mir ist es sehr wichtig, diese Kontakte aufrechtzuerhalten. Fortuna ist mein Verein, und ich habe nie aufgehört zu verfolgen, was sich in Düsseldorf tut. Egal ob Oberliga oder Regionalliga. Ich muss ehrlich sagen, dass ich im Nachhinein ein bisschen traurig bin, dass ich Anfang 2008 nicht bei Fortuna gelandet bin.

Sie wurden in den Medien als Kandidat für die Nachfolge von Uwe Weidemann gehandelt. Es gab also wirklich Gespräche zwischen Ihnen und dem Verein?

Es gab Gespräche mit Wolf Werner. Zur selben Zeit lag mir aber auch ein Angebot vom tschechischen Fußballverband vor. Jeder Trainer träumt davon, mal die Nationalmannschaft seines Landes zu trainieren. Aber aus der heutigen Sicht muss ich sagen: Leider habe ich mich für Tschechien entschieden. Wir haben keine gute WM-Qualifikation gespielt und ich wurde nach etwas mehr als einem Jahr entlassen.

Im Winter 2012 hat mit Martin Latka einer der Leistungsträger ihres damaligen Vereins Slavia Prag den Verein Richtung Düsseldorf verlassen. In der deutschen Presse war zu lesen, dass Sie maßgeblichen Anteil am Transfer hatten. Welche Rolle haben Sie bei der Verpflichtung Latkas gespielt?

Martin wollte unbedingt wieder in eine größere Liga im Ausland wechseln und hat seinen Vertrag bei Slavia deshalb nicht verlängert. Er hat nie einen Hehl daraus gemacht, dass er sich sportlich verbessern möchte. Trotzdem war Martin aber immer zu 100 Prozent bei der Sache. Man hat das auf dem Platz zu keiner Zeit gemerkt, seine Leistungen waren tadellos. Als dann die ersten Angebote kamen und er mit mir darüber gesprochen hat, habe ich gesagt: »Martin, du hast bei uns einen super Job gemacht. Wenn du wechseln willst, dann such dir einen guten Verein. Ich drücke dir die Daumen.«

Hat Martin Latka mit Ihnen darüber gesprochen, von welchen Vereinen diese Angebote kamen?

Er hatte ein Angebot aus der Türkei, aber das wäre kein Fortschritt für ihn gewesen. Auch der FC Augsburg hat bei seinem Berater angefragt. Als Martin mir dann erzählt hat, dass ihm auch ein Angebot von Fortuna Düsseldorf vorliegt, habe ich ihm sofort dazu geraten, sich ernsthaft damit zu beschäftigen. Ich sagte: »Martin, wenn dieser Verein dich will, dann darfst du nicht nur aufs Geld schauen. Düsseldorf ist eine wunderbare Stadt, im Verein arbeiten gute Leute, da gibt es eine großartige Perspektive für die Zukunft.« Wenn mich jetzt Leute vom Verein anrufen und sagen »Petr, der Latka ist wirklich ein toller Spieler und auch ein guter Mensch«, dann macht mich das natürlich glücklich.

Die Fans – und vermutlich auch der Verein – wissen es sehr zu schätzen, dass Sie Fortuna immer noch im Herzen tragen, Herr Rada. Sie sind hier noch immer eine sehr angesehene Persönlichkeit, und wenn im Rahmen von Martin Latkas Verpflichtung Ihr Name fiel, dann gab es nur positive Bemerkungen über Sie.

Ich bin immer für Fortuna da, wenn es die Möglichkeit dafür gibt, und auch 20 Jahre später noch sehr stolz darauf, dass ich mal für diesen Verein gespielt habe. Sagen Sie von mir »Danke« an diese fantastischen Fans, die sich tatsächlich heute noch an mich erinnern und von mir sprechen.

Machen wir, Herr Rada! Vielen Dank für das Gespräch.

93. GRUND

Weil Norbert Meier immer für einen markigen Spruch zu haben ist (Teil 1)

Norbert Meier war während seiner fünfjährigen Amtszeit als Cheftrainer von Fortuna Düsseldorf nicht nur wegen seines sportlichen Erfolgs überaus beliebt. Auch seine Sprüche, vorgetragen mit seiner leicht knurrigen, norddeutschen Art, kamen bei Fans durchweg gut an. Wir haben ein paar Kostproben zusammengetragen:

- *You know what ›auskotzen‹ means?* (Im Trainingslager zum saudiarabischen Neuzugang Mazin Ahmed Al-Huthayfi)[26]
- *Man macht auch nicht in drei Tagen aus einer Würstchenbude eine Großraumdiskothek.* (Über die finanziellen Möglichkeiten des Klubs)[27]

- *So ein Sprint, manchmal muss ich mich fragen, ob ich sie noch alle unterm Pony habe. Aber meine Frau sagt immer, ich sehe noch aus wie 50. So was hält jung. Ich war wie eine brunftige Hirschkuh. Ich bin erst wieder zur Besinnung gekommen, als ich neben Aleks Spengler stand.* (Beim Fernsehsender Sky über seinen Sprint nach dem Last-Minute-Tor von Jovanović gegen Dresden)
- *In seinen 46er Pumps hat er sich wieder die Lunge aus dem Leib gerannt.* (Über Lumpi nach dem Spiel gegen Fürth)[28]
- *Natürlich richten wir uns auf den Gegner aus. Aber wir haben keine Raumfahrtanzüge angezogen und auch nicht nackig trainiert.* (Vor dem Spiel gegen Bayern München)[29]

94. GRUND

Weil Aleksandar Ristićs »bestimmte System« bis heute niemand wirklich verstanden hat

Dreimal war Aleksandar Ristić Trainer bei Fortuna Düsseldorf, zuerst zwischen 1987 und 1990, dann zwischen 1992 und 1996 und dann noch einmal in der Saison 2000/01. Dabei stieg Ristić mit der Fortuna zweimal in die Bundesliga auf – und weil er sich zweimal clever entlassen ließ, stieg er sogar nie mit Fortuna aus der Bundesliga ab. Dabei konnte Ristić eigentlich nur zwei Sachen besonders gut.

Erstens war er extrem gut darin, Linienrichtern auffällig unauffällig ein Bonbon zuzustecken, was irgendwann auch die Fernsehkameraleute merkten und bei so ziemlich jedem Fortuna-Spiel mindestens einmal einspielten. Zweitens konnte er extrem gut sein »bestimmte System« spielen lassen, das bis heute kein Außenstehender wirklich verstanden hat. Wichtig war nur, dass seine Spieler es verstehen, die Gegner es nicht durchschauen und Fortuna deshalb lange unter Ristić erfolgreich spielte. Doch was machte dieses »bestimmte System« so stark?

Fortunas Geschäftsführer Paul Jäger sagte einst in einem Live-Chat mit dem 95erForum über Ristić: »Auf Ristić ›mit bestimmte System mit bestimmte Qualität‹ lasse ich nichts kommen. Der konnte irgendeinen von der Straße nehmen, der noch nie vor den Ball getreten hatte, und machte es aus ihm einen Bundesligaspieler. Hauptsache, er passte ins System.«

»Bestimmte System«, das hieß grob gesagt: defensiv spielen und trotzdem gewinnen, hatte aber noch Tausende unerklärliche Facetten. Fortuna rührte unter Ristić in der Bundesliga gerne möglichst viel Beton an und brachte vor allem dann die Gegner zur Weißglut, wenn aus dieser Defensivtaktik auch noch Siege entstanden. Legendär beispielsweise der Wutausbruch von Stefan Effenberg nach der Niederlage gegen Fortuna: »Die können nur weit werfen und weit schießen.«

Ristić ist und bleibt eine Legende in Düsseldorf, nicht nur wegen seiner Aufstiege und seiner Art, sondern auch ob seiner Identifikation mit dem Verein. Im zweiten Filmchen der *Halbangst*-Reihe *(Das Haus vom Veh)* ließ sich Ristić dazu überreden, eine kultverdächtige Nebenrolle zu übernehmen – stark!

Der einzige Nachteil am »bestimmte System«: Sobald nicht mehr gewonnen wurde, blieb nur noch eine sehr unattraktive Spielweise bei gleichzeitig recht unattraktiven Resultaten. Die Magie und der Charme verflogen und Ristić wurde entlassen. Dabei tut man ihm unrecht, wenn man ihn nur auf »bestimmte System« reduziert. Ristić orientierte sich in seiner langen Karriere durchaus auch mal an den Stärken der bereits vorhandenen Spieler. So coachte Ristić 1981 als Co-Trainer auch Kaiser Beckenbauer: »Dem Franz, den sonst nie einer zurechtwies, habe ich gesagt, dass er statt 50-Meter-Pässen Flanken von der Grundlinie schlagen soll. Er hat genickt und wir haben gewonnen.«[30]

Pragmatiker Ristić. Der mit seiner Art den Geschäftsführer Jäger auch gerne mal verrückt machte, O-Ton Jäger auf die Frage, welcher Trainer ihn am meisten geärgert hat: »Auch Ristić; weil er bei

Niederlagen von der Mannschaft ablenkte. Die Presse sollte nicht über die blinden Spieler schreiben, sondern über was anderes. Also nahm Ristić sich ein Opfer, zum Beispiel mich. ›Jäger, blinde Nuss, hat er Spielberechtigung nicht rechtzeitig geholt, will ihn nicht mehr sehen, steigen wir so nicht auf mit diese Mann.‹ Oder der Mediziner war schuld.« Klingt exakt nach König Aleks.

95. GRUND

Weil selbst Pelé unbedingt gegen Fortuna spielen wollte

Im Februar 2007 saß ich unbedarft in der Redaktion der *Freien Presse* in Plauen, einem der Orte, an denen man am wenigsten erwartet, mit Fortuna Düsseldorf in Berührung zu kommen. Die einzigen Fußballfans, auf die man innerhalb der Mitarbeiterschaft traf, hielten es auch tatsächlich nur mit dem FC Bayern – das war eh klar. Aber es sprach sich anscheinend schnell herum, dass im schönen Gebäude am Plauener Postplatz ein Düsseldorfer sitzt.

Denn eines Tages kam ein etwas älterer Leser mit Jutebeutel ins Büro und suchte nach dem Fortuna-Fan. Nachdem er ihn gefunden hatte, ließ er sich nicht davon abbringen, einen etwa einstündigen Vortrag darüber zu halten, wie er während seiner Ausbildungszeit für einige Zeit in Düsseldorf wohnte. Und wie er damals zur Fortuna ging, inklusive des größten Highlights dieser Zeit. Denn im Juni 1959 gastierte kein Geringerer als Edson Arantes do Nascimento mit seinem FC Santos in Düsseldorf – vereinfacht gesagt: Pelé.

Der ältere Herr erzählte verzückt vom damals 18-jährigen Pelé, der die Fortuna-Abwehr rechts wie links schwindelig spielte, gerade erst war der Brasilianer bei der WM 1958 zum Weltstar geworden. Doch ebenso beeindruckend sei es gewesen, wie die Fortunen bei ihrer 4:6-Niederlage dem brasilianischen Topklub Paroli boten. Dieser alte Mann, der sicherlich schon an der 80 kratzte, wirkte, als habe er das schon ewig jemandem erzählen wollen, und nun endlich hatte er einen Düsseldorfer im Osten gefunden, der ihm gespannt lauschte. Es habe andere tolle Spiele gegeben damals, doch keines sei so besonders gewesen wie jenes mit Pelé sagte er.

Der alte Herr hätte sich mal mit Fortuna-Legende Matthias Mauritz zusammensetzen wollen, denn als das Santos-Spiel sich zum 50. Mal jährte, erzählte ebenjener Mauritz in einer Geschichte auf derwesten.de, wie er auf dem Platz Pelé gegenüberstand – nicht minder fasziniert: »Alles macht er rechts wie links. Das habe ich nie wieder erlebt.« Als Pelé in der 37. Minute höchstpersönlich zum 3:1 für Santos einschoss, nachdem er laut Bericht die komplette Fortuna-Abwehr wie Alberto Tomba in seinen besten Zeiten umkurvte, kommentierte Mauritz dies so: »Bis dahin hatte er mir den Ball zweimal durch die Beine gespielt. Junge, was war der schnell und schussstark.«[31] Die Zeitzeugen sprechen von diesem Spiel, als sei ihnen die heilige Jungfrau erschienen, als sei es eine Ehre gewesen, Pelé spielen zu sehen. So als wenn man heute einen Lambertz oder Bellinghausen spielen sehen darf. Dabei ist es vermutlich genau andersherum: Es muss für Pelé doch eine Riesenehre gewesen sein, im Rheinstadion aufzulaufen. Er war ja gerade erst einmal Weltmeister geworden. Im Rheinstadion durfte ja nicht jeder dahergelaufene Wattenscheider oder Gütersloher kicken.

Matthias Mauritz sagte über Pelé: »Pelé hat nie versucht, den Gegner lächerlich zu machen. Im Gegenteil: Er hat freundlich gestrahlt und ihm anerkennend auf die Schulter geklopft.«[32] Auch das muss ein Missverständnis gewesen sein. Freundlich gestrahlt hat er sicher, doch nicht im Sinne eines anerkennenden Schulterklopfens, sondern eher aus Dankbarkeit. Auch wenn damals nur 15.000 Zuschauer ins weite Rund kamen, Pelé konnte endlich diesen Punkt von seiner To-do-Liste des Lebens streichen. Wenn man mal schaut, welche Weltstars alle nicht im Rheinstadion spielen durften – Maradona, Messi, Kenan Şahin –, liegt Pelé in der Gunst des Fußballgotts doch ganz weit vorne.

Bei Fortuna traf übrigens Jupp Derwall in diesem Spiel doppelt, der spätere Bundestrainer, von dem viele gar nicht wissen, dass er lange Zeit bei F95 spielte. Leider war das Spiel nur ein Freundschaftskick und nicht Teil des Weltpokals, den der FC Santos in dieser Zeit zweimal gewann. Den Gewinn des Europapokals der Landesmeister hatte Fortuna nämlich im Jahr zuvor wie so oft ganz knapp verpasst.

96. GRUND

Weil ein Fanleben ohne Grubenlampen-Klaus nichts wert wäre

Grubenlampen-Klaus sieht nicht mehr so gut. Er steht im Stadion neben mir, und dann heißt es gerne mal: »Der Heeren spielt sich heute aber auch wieder eine Scheiße zusammen.« Auch an Tagen, an denen Heeren gar nicht mitspielt und Cebe gerade zum x-ten Mal den Ball verdaddelt hat. Grubenlampen-Klaus hat eine Zeit lang immer nachgefragt, welcher Fortune denn da gerade an der Eckfahne in der entferntesten Ecke vom Gegner per Übersteiger stehen gelassen wurde. Inzwischen ist er allerdings dazu übergegangen, einfach jeden Fehler Lumpi zuzuschreiben. Das ist leicht – und man liegt gar nicht so selten richtig.

Grubenlampen-Klaus ist super. Ich war mit ihm in Braunschweig und in Aalen, das hat uns auf ewig verbunden. Diese beiden Roadtrips waren mit das Beste, was ich mit Fortuna erlebt habe – und wer mit Grubenlampen-Klaus schon mal auf der A2 unterwegs war (Richtung Braunschweig), der weiß, dass nicht nur die großartigen Spiele dafür verantwortlich waren. Nach der Fahrt nach Braunschweig 2009, die bereits unsere zweite Braunschweig-Fahrt war, hatte ich den Eindruck, die ganze Autobahn wäre eine Allee, gesäumt von Schloten, Schächten und Zechen.

Grubenlampen-Klaus war in seinem ersten Leben nämlich Unter-Tage-Journalist. Oder PRler. Die Autobahnen des Ruhrgebiets waren sein Zuhause, obwohl er waschechter Düsseldorfer ist. Mit Grubenlampen-Klaus war mir auf Auswärtsfahrten noch nie auch nur eine Minute langweilig. Selbst dann nicht, wenn wir den Trip für Bekloppte mit DiFo Meets UK nach Ipswich unternommen haben. Wer das mal mitgemacht hat – Freitagnacht nach England, Samstag zum Spiel und am selben Abend wieder zurück, 22 Stunden Busfahrt für 1 ½ Stunden Fußball –, der weiß, dass man sich da schon was zu erzählen haben muss. Grubenlampen-Klaus und ich haben es fünf Mal zusammen gemacht.

»Wann kommt Grubenlampen-Klaus?«, heißt es immer in der Altstadt vor dem Spiel, wobei ich eigentlich der Einzige bin, der ihn Grubenlampen-Klaus nennt. »Viertel vor«, ist die Antwort. »Oder viertel nach.« Meistens kommt er dann auch, aber verlassen kann man sich darauf nicht immer. Sehr verlässlich hingegen ist er auf der Tribüne. Jedem gegnerischen Foul folgt ein lautes »Derhatschongelb!«. Bei all den Emotionen im Stadion ist es beruhigend, wenn man sich auf gewisse Dinge verlassen kann.

Meine Bagage, mit der ich zu den Spielen gehe, ist generell großartig, ohne Zweifel. Aber wenn Grubenlampen-Klaus nicht dabei ist, dann fehlt richtig was. Ach so, Grubenlampen-Klaus ist übrigens ein alter Klassenkamerad meines Vaters, der natürlich auch immer dabei ist – genauso wie mein Onkel. Es ist ein großer Traum von mir, mit den dreien einmal Fortuna auswärts im Europapokal zu begleiten. Einmal ins Auto steigen und nach Zagreb, Bordeaux oder Glasgow fahren.

An dieser Stelle sei mal kurz der Pfad des Grubenlampen-Klaus verlassen und auf etwas Grundsätzlicheres hingewiesen. Natürlich sind Fans Gewohnheitstiere, man kann sich an alles gewöhnen. Und deshalb ist es nicht verwunderlich, dass Vereine, die öfter im internationalen Wettbewerb vertreten sind, ihre Hütte bei Europapokalspielen nicht mehr richtig vollbekommen. Aber wenn ich sehe, dass beispielsweise in Stuttgart zu Europa-League-Spielen nur noch eine Handvoll Zuschauer kommt, dann bringt mich das richtig auf die Palme. Wissen diese Leute eigentlich, was es für ein unglaubliches Privileg ist, sich mit internationalen Mannschaften zu messen? In europäische Städte reisen zu können, verbunden mit einem Fußballspiel der eigenen Mannschaft. Man hat jüngst bei den Hannoveraner Fans gesehen, wie man dieses Privileg ausleben kann, als 10.000 oder mehr von ihnen nach Kopenhagen reisten.

Der Traum, das zumindest einmal im Leben mit Fortuna zu erleben, stärkt auch unsere Verbundenheit mit dem Verein. Ich glaube, wenn man keine Träume mehr mit dem eigenen Klub hat, dann braucht man ihn auch nicht mehr zu lieben. Grubenlampen-Klaus wird mir vermutlich zustimmen.

97. GRUND

Weil Oliver Bendt diese 13 Wahnsinnstage aus dem Mai 2009 nicht mehr loslassen

Natürlich hat meine Liebe zur Fortuna nicht erst 2009 begonnen, das passierte an einem Freitagabend 1984. Vor 10.200 Zuschauern spielte die Fortuna damals 1:1 gegen Bayer Uerdingen. 1. Liga vor 10.200 Zuschauern. Heute undenkbar. Und dass es heute undenkbar ist, lag auch und vor allem an 13 wahnsinnigen Tagen im Mai 2009.

Alles begann am 10. Mai, Auswärtsspiel in Braunschweig. Wer dabei war, wird es nie mehr vergessen. Die Fortuna brauchte eigentlich einen Sieg, um noch Chancen auf den Aufstieg in die 2. Liga zu haben. Und sie lieferte in Braunschweig vielleicht das beste Auswärtsspiel der Saison ab. Michael Melka hielt zwei Foulelfmeter, Claus Costa erzielte ein Tor, und Marco Christ stürzte den Auswärtsblock mit seinem 5:4 in der 85. Minute in einen kollektiven

Freudentaumel. Der allerdings nur fünf Minuten anhielt, denn dann erzielte Fait-Florian Banser noch den 5:5-Ausgleich. Stille im Block, Fassungslosigkeit, Leere. Sollte es die Fortuna tatsächlich wieder nicht in die 2. Liga schaffen? War man als Fortuna-Fan dazu verdammt, einfach immer weiter zu leiden?

Drei Spieltage vor Schluss hatte die Fortuna zwei Punkte Rückstand auf einen direkten Aufstiegsplatz, einen auf den Relegationsplatz. Bei einem leichten Restprogramm für die Konkurrenz. Aber schon auf der Rückfahrt aus Braunschweig sagte ich zu meinem Kollegen: »Dieses 5:5 wird der Mannschaft helfen, sie werden es diese Saison packen.« Keine Ahnung, woher ich diesen Optimismus nahm, aber auf einmal war er da. Und er wurde weiter genährt, als der Konkurrent Paderborn unter der Woche überraschend zu Hause gegen Bremen II mit 0:2 verlor. Jetzt hatte es die Fortuna auf einmal selbst in der Hand, zumindest den Relegationsplatz zu erreichen.

Von Euphorie war in Düsseldorf aber noch gar nichts zu spüren. Das extrem wichtige Spiel gegen Jena an einem Mittwochabend fand vor 14.000 Zuschauern statt. Die Fortuna gewann durch ein Tor von Marco Christ mit 1:0. Unspektakulär, aber jetzt war die Fortuna Dritter. Und jetzt schien ein erster kleiner Ruck durch die Stadt zu gehen. Vorletzter Spieltag, Auswärtsspiel beim VfR Aalen.

Wir von Antenne Düsseldorf haben erstmals ein komplettes Spiel live übertragen, und ich habe mir hinterher sagen lassen, dass die Straßen in Düsseldorf leer gefegt waren. Halb Düsseldorf hing am Radio und fieberte mit der Fortuna mit, denn das Spiel wurde nirgendwo gezeigt. Die etwa 4.000 Düsseldorfer vor Ort machten das Spiel zu einem Heimspiel, aber irgendwie wollte es nicht so recht klappen. Zur Pause stand es 1:1, Andreas Lambertz war angeschlagen, nichts deutete auf einen Sieg der Fortuna hin. Aber der Konkurrent Unterhaching lag zurück, Platz 2 war also greifbar. Dann die Auswechslung von Lambertz in der 49. Minute. Und für ihn betrat ein Mann das Spielfeld, der in der Saison noch nicht viel gerissen hatte: Deniz Kadah. Oder besser gesagt: Deeeeeeeeenizzzzzzzzzzzz Kadahhhhhhhhhhhhhhhhhhh!

Denn in der 72. Minute konnte ich diesen Namen den Daheimgebliebenen so als 2:1-Torschützen zujubeln. Danach brannte nichts mehr an, Unterhaching verlor seine Partie, die Fortuna-Fans stürmten den Platz, und ich hatte in meiner Kabine Tränen in den Augen. Und ich musste runter auf den Platz, die Emotionen erleben. Klar, die Fortuna brauchte noch einen Sieg im letzten Heimspiel gegen Bremen II, aber ich war mir sicher: Das packt das Team. Und ich ließ mich während der Liveübertragung zu der Aussage hinreißen, dass zu diesem Spiel 30.000 bis 40.000 Zuschauer in die Arena kommen müssten. Nach 14.000 Zuschauern gegen Jena nur drei Tage zuvor zumindest eine gewagte Aussage.

Meinte auch mein Chef am Montagmorgen zu mir und lachte mich wegen dieser Aussage aus. »Warte ab«, entgegnete ich, wurde von der Entwicklung in den nächsten Tagen aber auch völlig überrascht. Die Karten für das Spiel gegen Bremen wurden der Fortuna aus den Händen gerissen, bereits am Mittwoch war das Spiel ausverkauft. 50.100 Zuschauer in der 3. Liga, die Stadt hatte ihre Liebe zur Fortuna wiederentdeckt. Und in diesem Spiel wurde die Grundlage dafür gelegt, dass der Fortuna-Boom bis heute anhält. Es war ein Fußball-Fest.

Das Spiel selbst war geprägt von Fehlern und Chancenarmut. Aber die Stimmung war einfach gigantisch. Die Arena getaucht in Rot-Weiß, viele leuchtende Kinderaugen und am Ende einfach nur überbordende Freude auf den Rängen und auf dem Rasen. Marco Christ sei Dank. 13 Tage Wahnsinn hatten ein geniales Ende gefunden, die Fortuna hat in dieser Zeit viele neue Fans gewonnen und alte Lieben wiedererweckt. Diese 13 Tage waren vielleicht die schönste Zeit als Fortuna-Fan.

Ein Gastbeitrag von Oliver Bendt

98. GRUND

Weil Norbert Meier immer für einen markigen Spruch zu haben ist (Teil 2)

- *Das ist jetzt ein fester Termin für mich: Dienstag, ab 2.05 Uhr, Afterwork-Party bei Rudas. Da komme ich wenigstens mal von zu Hause raus.*[33] (Nach einem nächtlichen Ausflug seines Stürmers Andrey Voronin)
- *Natürlich bin ich während des Spiels ganz ruhig an der Seitenlinie geblieben. Wir sind in Duisburg – und da weiß man, was an der Seitenlinie alles passieren kann.*[34] (Zum Spiel in Duisburg, in Anlehnung an seinen Kopfstoß gegen Albert Streit)
- *Lumpi kam morgens in die Kabine und hat gesagt, dass er bleibt. Dann haben wir ihn noch runtergehandelt und das war's.*[35] (Über die Vertragsverlängerung mit Andreas Lambertz)
- *Du darfst nicht alles glauben, was in der Zeitung steht. Wenn du das alles so ernst nimmst, dann müsste Maxi Beister sich ja schon ein Poster von sich selbst aufhängen. Aber das habe ich ihm abgerissen.*[36] (Über den Starkult in der Bundesliga)
- *Wenn ich das jetzt genieße, dann bin ich abgelenkt, auf das was noch kommt. Alles muss jetzt wieder hochgefahren werden. Otto Waalkes hat es ja damals gesagt: Magengrube an Adrenalinspiegel oder wie das hieß.*[37] (Zum Thema Kontinuität)
- *Ich hab von Karneval nichts gewusst. Ich bin dann eines Tages in den Supermarkt gegangen und hatte zu allem Überfluss auch noch eine Lederkrawatte an. Die Krawatte haben sie mir dann natürlich abgeschnitten. Ich wusste auch gar nicht, wie mir geschah, wollte die Polizei holen. Dann haben sie alle gelacht.*[38] (Über sein erstes Weiberfastnacht im Rheinland)
- *Unser kleiner Japaner aus Korschenbroich hat gut dagegengehalten.*[39] (Über Lumpi nach dem Spiel gegen den VfL Bochum)

8. KAPITEL

PHILOSOPHISCHES

FORTUNA, IMMER GROSSE LIEBE, MANCHMAL GROSSE LYRIK

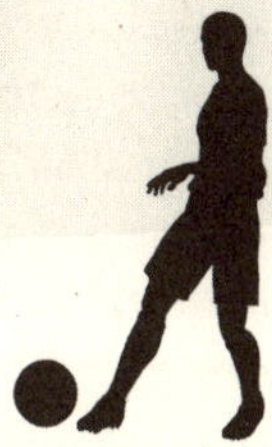

99. GRUND

Weil wir Fortuna immer bewundern und alles verzeihen

Man ist ja als Fan irgendwie ein ewiger Romantiker. Samstagvormittags, wenn es da in der Düsseldorfer Altstadt so nach Altbier riecht und nach Frikadellen, dann ist man für viele nicht nachvollziehbar glücklich. Dann gilt für die nächsten vier, fünf Stunden nur noch Fußball – nur noch Fortuna. Dann hat man den Schal umgewickelt, das Trikot übergestreift und nur noch Fortuna-Lieder im Kopf. Unten im Heinrich-Heine-U-Bahn-Tunnel stehen dann all die anderen Fortuna-Junkies, mit der Erregung kleiner Kinder im Gesicht, weil es gleich wieder um drei Punkte geht. Die Bahn fährt los. Theodor-Heuss-Brücke, Reeser Platz, Aquazoo, Freiligrathplatz – das ist irgendwie eine rituelle Fahrt. Dann kommt das Stadion in Sicht, das Herz fängt an zu pochen, man möchte nur noch rein. Die Treppe hoch, zum eigenen Stammplatz, hinein in die rot-weiße Gedankenwelt.

Es ertönt *95 olé*. Und dann kommen plötzlich elf Götter, elf Helden, elf Kämpfer. Mit so viel Anmut und Grazie stolzieren sie ins Stadion, und das Rot der Trikots leuchtet so schön. Sie winken dem Publikum zu, und für einen kurzen Moment denkt man, sie haben nur für mich gewunken. Und gleich werden sie für mich laufen, passen, schießen. Bitte, lass sie heute doch einfach schön spielen und gewinnen.

Und dann?

Dann krebsen sie sich zu einem 1:1 gegen Aalen. Und du stehst dort oben und bist sauer. Sauer auf das Spiel, auf die Jungs, auf das Leben. Du willst nie wieder zu einem Spiel gehen. Nie wieder, ganz sicher. Und zwar für genau zehn Nanosekunden. Denn dann kommen sie bei dir vorbei. Den Kopf leicht gesenkt, die Hände klatschend über dem Kopf. Und du glaubst, dass sie ja doch alles gegeben haben. Für dich, für Fortuna. Du glaubst, dass sie froh sind, weil du da warst. Und du willst, dass sie wissen, dass du nicht mehr böse bist. Dass du nächstes Mal wiederkommst. Und sie wieder bewundern wirst, egal, was sie tun.

Und es ist egal, wie sehr du über sie herziehen wirst, gleich in der Kneipe – weit weg vom Stadion. Da wird genörgelt und gemeckert. Und von vermeintlich besseren Zeiten geschwärmt. Da werden sie ausgepackt, die Geschichten von früher. Von Bommer und Bockenfeld, vom 7:1 gegen die Bayern oder vom Endspiel in Basel. Aber machen wir uns doch nichts vor: Wir gehen primär nicht zur Fortuna, um solche Siege zu sehen. Wir würden sie gerne sehen. Und wir haben natürlich auch Angst, wir könnten sie verpassen, wenn wir nicht hingingen. Aber eigentlich gehen wir hin, weil wir Romantiker sind. Weil wir 90 Minuten und mehr abtauchen wollen in unsere rote und weiße Welt. Fernab des Alltags. Weil wir leiden wollen und jubeln. Weil wir eine Woche voller Glücksgefühle sein wollen oder voller Ärger und Fatalismus. Weil wir samstags weinen, sonntags fluchen und montags dann doch wieder die Fahrt zum nächsten Auswärtsspiel buchen wollen.

Und deshalb sind auch Sommer- und Winterpause so hart. Denn da reißen einen diese Ereignisse nicht aus dem Alltag und schon gar nicht aus dem lang aufgebauten Alltags-Pessimismus rund um die Fortuna. Da können wir nur nörgeln und Geschichten erzählen, aber dürfen nicht Romantiker sein, nichts bewundern. Und dann kommen die ganzen Sorgen: Geht alles den Bach runter? Interessieren sich die Spieler überhaupt für meine Fortuna? Sitzen im Vorstand nicht nur Pfeifen? Und wann ist dieses Warten endlich vorbei?

Zum Glück geht es immer nach wenigen Wochen wieder los. Auf dem Platz. Im Stadion. Und dann gehen wir wieder hin. Und verehren diese Jungs, die das rot-weiße Trikot mit unserem Schriftzug »Düsseldorf« darauf tragen dürfen. Und dann haben wir alles vergessen, was vorher war. Dann zählt nur noch die Hoffnung auf den Moment.

100. GRUND

Weil Fortuna ein Traditionsverein ist, zu dem schon unsere Väter, Großväter und vielleicht sogar Urgroßväter gingen

Die Debatte um Traditionsklubs und Plastikklubs wie Hoffenheim, Wolfsburg oder RB Leipzig spaltet seit Jahren den deutschen Fußball. Die Nostalgiker wollen keine Neureichen in ihrem Hoheitsgebiet Profifußball – die Neoliberalen sagen, auch der Fußball sei nun mal ein Markt, auf dem sich jeder durchsetzen dürfte. Häufig stellt sich dabei die Frage: Was ist eigentlich Tradition? Vor Kurzem las ich dazu eine sehr, sehr gute Erklärung. Es geht nicht um längst vergangene Titel – auch wenn solche Einträge auf dem Vereinswimpel schön sind. Es geht auch nicht zwingend um die großen Spiele, die sich in irgendwelchen Statistikdatenbanken finden lassen.

Es geht, die Überschrift lässt es erahnen, darum, dass wir mit jemandem über diese Ereignisse sprechen können. Dass es in der Familie eine Tradition gibt, zu diesem Verein, zu unserer Fortuna zu gehen. Gerade deshalb ist es so bedauerlich, wenn irgendein verunglückter Irrläufer in der eigenen Familie plötzlich mit Bayern-Trikot rumrennt, weil in der Schule andere auch im Bayern-Trikot rumrennen.

Mein Großvater ging schon zur Fortuna, da war ich noch nicht mal angedeutet in Planung. Leider weiß ich nur von meinem Vater und einigen sehr frühen eigenen Erinnerungen, wie mein Opa im Stadion war. Zuletzt war er natürlich eher ein Tribünensitzer als ein leidenschaftlicher Stehblockschreier. Ich war noch zu jung, um ihn nach seinen größten Fortuna-Erlebnissen zu fragen, als er starb. Würde er heut noch leben, mein Leben und dieses Buch wären sicher noch um einige schöne Anekdoten reicher.

Doch alleine das Wissen, dass mein Opa zum selben Verein hielt wie ich, wirkt auf eine gewisse melancholisch-testosterongesteuerte Hirngegend von mir und erfüllt mich mit großer Freude und mit

Stolz. Wir haben etwas gemeinsam. Und die Geschichten meines Vaters und meines Onkels, mit denen ich noch heute Woche für Woche zu F95 gehe, inklusive Vorherbier und Nachheranalyse, sind schon Gold wert. Mein Vater war in Basel, sie beide waren bei den Pokalendspielen. Sie haben die goldenen 70er erlebt, als Fortuna im Europapokal mitmischte und mehrfach die Bundesliga durcheinanderwirbelte.

Tradition, das sind Erlebnisse, schöne wie grausame, von denen jemand erzählt. Und zwar jemand, mit dem einen ein tieferes Band verbindet. Keine Geschichten, die ich im Fernsehen hören kann, im Internet nachlesen. Nein, die Authentizität eines Zeitzeugen ist unersetzlich – und am besten ist es, wenn ein sehr guter Freund oder ein Familienangehöriger dieser Zeitzeuge ist.

101. GRUND

Weil die 1895 unser Leben in allen Bereichen beherrscht

Liebe zum Fußball ist auch immer Liebe zur Heimat, zu den eigenen Wurzeln. Noch heute »wohnt« die Fortuna in Düsseldorf-Flingern, wo am 5. Mai 1895 der Turnverein Flingern gegründet wurde, der 1919 mit dem Düsseldorfer Fußballklub Fortuna 1911 zum Düsseldorfer Turn- und Sportverein Fortuna 1895 fusionierte. Die 95 steht auch heute noch im Wappen und ist für die Fans des Vereins zu einer magischen Nummer geworden, die immer wieder auch den Alltag beeinflusst.

Angefangen bei Autokennzeichen mit 1895 bis hin zu Telefonnummern mit einer 95 am Ende, kann dies ja durchaus noch als normal gelten. Man sucht sich eben Insignien, die einen als Zugehörigen zu einer gewissen Gruppe kennzeichnen, und freut sich, wenn man von einem Gleichgesinnten als solcher erkannt wird. Bisweilen treibt die Zuneigung zur 1895 jedoch recht seltsame Blüten.

Wenn man unter Fortuna-Fans eine Überweisung tätigt, rundet man gerne mal auf 18,95 Euro auf. An der Tankstelle versucht man nicht mehr, runde Beträge zu erwischen, sondern bricht in Jubel aus, wenn die Tankanzeige exakt bei 18,95 Euro stehen bleibt. Wenn die Marketingabteilung clever genug ist, ein T-Shirt, das normalerweise für 15 Euro verkauft würde, für 18,95 Euro anzubieten, dann steigert dies tatsächlich die Kauflust.

Ende des Jahres 2012 versuchten die Filmemacher Lars Pape, Holger Schürmann und Mathias Brühl für ein Filmprojekt über Fortunas Legenden 60.000 Euro über Crowd-Funding einzusammeln. Sie wollten den Film jedoch nicht nur über Spenden finanzieren, sondern den Spendern auch einen Gegenwert bieten (was natürlich auch zur Erhöhung der Spendenbereitschaft beitrug). Es gab verschiedene Pakete mit einem T-Shirt zum Film, der späteren DVD, einem Besuch am Set oder bei der Kinopremiere, einem Statement im Abspann oder sogar mit einer Rolle im Film. Die Preise: 18,95; 38,95;189,50; 1895,00.

Es klingt wirklich blöd, dass man sich als Konsument von diesen Dingen ködern lässt, doch es wirkt. Der Verein hat zu dieser Identifikation freilich auch seinen Teil beigetragen. Das Einlauflied heißt *95 olé* und ist wahrlich keine besondere Herausforderung, denn es kommt textlich nicht über die Bestandteile des Titels hinaus. Beliebte Fangesänge orientieren sich an der 1895 – das Gründungsdatum ist ein Markenzeichen, das von allen Seiten gehegt und gepflegt wird.

Vereinsliebe ist eben auch Tradition. Seit 1895 gehen Generationen von Düsseldorfern zu diesem Verein und haben damit einen gemeinsamen Nenner. Mein Vater, mein Großvater und vermutlich auch schon dessen Vater.

102. GRUND

Weil Fortuna immer schon zu ganz großer Literatur inspirierte

Hand hoch, wer hat Theodor Fontanes *Effi Briest* gelesen? Ich musste es während der Oberstufenzeit tun. Und hätte ich damals wenigstens gewusst, dass diese Geschichte auch mit der Historie der Fortuna verwoben ist, ich hätte mich vielleicht etwas mehr dafür interessiert. Kurz zum Inhalt des Romans vom Ende des 19. Jahrhunderts: Effi Briest ist eine 17-Jährige, die bei einer arrangierten Heirat den 38-jährigen Baron von Instetten ehelicht. Dieser zieht mit ihr nach Hinterpommern (heute Polen). Er behandelt sie nicht gut, ihr ist langweilig, da beginnt sie eine Romanze mit einem Hallodri namens Crampas. Der Baron findet das natürlich raus, findet es seinerseits doof und fordert Crampas zum Duell. Beim Duell erschießt der Baron seinen Gegenspieler, Geschichte zu Ende.

Nun aber zum historischen Hintergrund: Das Vorbild für Effi Briest hieß Elisabeth von Plotho, ihre Geschichte hat Fontane zu seinem Roman inspiriert. Elisabeth von Plotho war Tochter eines sachsen-anhaltinischen Gutsherren. »Else« heiratete den späteren Baron Armand Leon de Ardenne und zog mit ihm 1881 nach Düsseldorf. Das hätte er natürlich bedenken sollen. Man zieht nicht mit einer jungen, gut aussehenden Frau nach Düsseldorf und lässt sie dann alleine. Ist doch klar, dass sich dann irgendein Düsseldorfer Playboy um sie kümmert.

Der Playboy hieß Emil Hartwich und war hauptberuflich Jurist. Im Nebenberuf war er so was wie der Turnvater von Düsseldorf und brachte den Fußball in die Stadt. Nun ja, auf jeden Fall verliebten sich Else und Emil, der Baron kam dahinter und es kam 1886 zum Duell. Piffpaff, Emil tot. Sein Nachlass für Düsseldorf lebt hingegen immer noch. In Oberkassel gibt es die Hartwichstraße. Und in Flingern die Fortuna. Emil Hartwich war ein Pionier in Sachen Sport.

Seine Schrift *Woran wir leiden. Freie Betrachtung und praktische Vorschläge über unsere moderne Geistes- und Körperpflege in Volk und Schule* war einer der Gründe, warum Vereinssport Ende des Jahrhunderts in Düsseldorf gesellschaftsfähig wurde.

Bei der Gründung des »Turnvereins Flingern« und des »Düsseldorfer Fußballklub Fortuna 1911« sowie bei der Fusion zum »Düsseldorfer Turn- und Sportverein von 1895« im Jahre 1919 war Hartwich leider nicht mehr dabei – dennoch muss sein Name im Zusammenhang mit Fortunas glorreicher Geschichte zumindest erwähnt werden. Emil Ferdinand Hartwich hatte zwei große Leidenschaften: Elisabeth von Ardenne und den Sport. Während ihm erstere zum Verhängnis wurde, wird die zweite große Liebe den Fans der Fortuna immer wieder zum Verhängnis. Im positiven wie im negativen Sinne.

Elisabeth von Ardenne wurde übrigens 98 Jahre alt und erlebte 1933 im Alter von 79 Jahren die Deutsche Meisterschaft von Fortuna mit. Im Stadion war sie damals aber vermutlich nicht.[40]

103. GRUND

Weil das »Hohelied der Liebe« vermutlich für Fortuna geschrieben wurde

Nahezu auf jeder schlechten Hochzeit kommt irgendwann das *Hohelied der Liebe*, 13. Kapitel des 1. Korintherbriefes, zur Sprache. Dieses Buch hier ist freilich keine Hochzeit, aber es geht um Liebe. Also: »*Die Liebe ist langmütig, / die Liebe ist gütig. / Sie ereifert sich nicht, / sie prahlt nicht, / sie bläht sich nicht auf. Sie handelt nicht ungehörig, / sucht nicht ihren Vorteil, / lässt sich nicht zum Zorn reizen, / trägt das Böse nicht nach. Sie freut sich nicht über das Unrecht, / sondern freut sich an der Wahrheit. Sie erträgt alles, / glaubt alles, / hofft alles, / hält allem stand. Die Liebe hört niemals auf.*«

Schauen wir uns das mal genauer an, viele (wenn nicht alle) dieser Punkte treffen bei Fortuna den Nagel auf den Kopf. Beispielsweise der Punkt »Sie freut sich nicht über das Unrecht«: So ist es! So gehörte es beispielsweise zu den Gerüchten rund um die Spielmanipulationen des Robert Hoyzer, dass das Fortuna-Spiel im Jahre 2004 gegen die Zweite Mannschaft des VfL Wolfsburg verschoben werden sollte. Und zwar zugunsten unserer Fortuna. Und was machen wir? Wir spielen 1:1. Genial! Der Ausgleich für die VW-Freunde fiel übrigens in der 89. Minute (durch den alternden Roy Präger). Die wenigen mitgereisten Fortunen müssen sich wirklich vorgekommen sein, als wenn da etwas nicht mit rechten Dingen zugegangen ist.

»Sie lässt sich nicht zum Zorn reizen«: Nur wirklich selten fliegen Fortunen wegen unbeherrschter Tätlichkeiten vom Platz. Experten werden jetzt anführen, dass Jörg Albertz in der Hitze des 13. August 2005 versuchte, seinem (Kölner) Gegenspieler Tobias Nickenig professionell die Nase zu brechen. Aber sonst? Klar, Lumpi latscht ab und zu mal aus Versehen Mit- und Gegenspielern über den Vollspann. Und einige Ex-Fortunen waren durchaus eine Tätlichkeit an der Fußballästhetik. Aber Zorn und reizen? Nein, Fortunen sind entspannt – neben und auf dem Platz.

»Sie prahlt nicht«: Joaaaah. Gut. Manchmal. Manchmal rufen wir auch: »Kniet nieder, ihr Bauern, die Hauptstadt ist zu Gast!« Ganz ab und zu sind wir auch der Überzeugung, keiner könne uns das Wasser reichen, und haben großes Mitleid mit all jenen, die keine Düsseldorfer sind. Aber prahlen? Das wäre wirklich etwas übertrieben. Und wer wollte hier dem *Hohelied der Liebe* widersprechen.

»Die Liebe hört niemals auf«: Ich denke, viele haben es schon mal versucht. Mal eine Zeit lang ohne Fortuna auszukommen, die Liebe ein Stück zurückzudrehen. Die meisten probierten dies in der Zeit der Viertklassigkeit, als plötzlich Frau, Job oder Hund wichtiger schienen als der Fußballsonntag mit Fortuna. Doch die Liebe hat sie alle ausgelacht. Sie ist zurückgekommen, hat sich ins Leben geschlichen, und inzwischen gehen all diese Männer und Frauen wieder jede Woche hin. Die Liebe zur Fortuna ist immer da. Man kann versuchen, sie zu ignorieren. Doch sie lässt niemals nach und hört schon gar nicht auf.

Das *Hohelied der Liebe* geht übrigens noch weiter. Dann heißt es: »Denn Stückwert ist unser Erkennen.« Man lasse diesen Satz im Zusammenhang mit Fortuna einfach mal wirken.

104. GRUND

Weil Fortuna wie Phönix aus der Asche stieg

Viele Fortunen haben ihre eigene Geschichte vom beispiellosen Abstieg bis in die Viertklassigkeit. Eine sehr gute Kurzzusammenfassung liefert ein Ausschnitt von *Spiegel Online*, der im September 2003 veröffentlicht wurde: »Sie spielten einst im großen Fußball mit. Doch vom Ruhm ist vielen Clubs nichts geblieben außer Erinnerungen. In einer Serie stellt ›Spiegel Online‹ Vereine vor, die es mit den Jahren in die Katakomben des Kickergewerbes verschlagen hat – wie etwa Fortuna Düsseldorf, Viktoria Köln, Röchling Völklingen und den VfR Bürstadt.«[41]

Das Verschwinden von F95 wird hier in einem Atemzug genannt mit Röchling Völklingen und dem VfR Bürstadt – Insidern einst bekannt als der VfR Oli Bürstadt – einer der ersten Vereine, die einen Sponsor (Metallwarenfabrik) im Vereinsnamen trugen. Aber das nur am Rande. Wie mehrfach in diesem Buch angeklungen, Fortuna war ganz unten (für Profimannschaftsverhältnisse).

Aber sprechen wir doch lieber von den schönen Seiten dieses Absturzes: Denn nur so war es Fortuna vergönnt, der bis heute einzige Verein zu sein, der die Rückkehr aus der 4. Liga zurück in die Bundesliga schaffte, nachdem man vorher einmal die große Hafenrundfahrt von der Bundesliga in die 4. Liga absolvierte. Nur so konnte Andreas Lambertz der einzige Spieler werden, der von der 4. Liga bis in die 1. Liga mit demselben Verein kletterte. Nur so gab es drei wunderschöne Aufstiege zu erleben.

Es gibt viele Fahrstuhlmannschaften im deutschen Fußball: Köln, Nürnberg, Bochum – Klubs, die immer wieder zwischen 1. und 2. Bundesliga pendeln. War doch klar, dass Fortuna das irgendwann zu langweilig wurde und man sich einen XXL-Fahrstuhl zulegte. Denn bereits zwischen 1992 und 1995 gelang es der Fortuna bekanntlich, von der Bundesliga bis in die Drittklassigkeit abzustürzen, um daraufhin direkt wieder zwei Aufstiege zu feiern. Auch das ist bis heute eine einmalige Leistung: Einige Klubs schafften den Durchmarsch von der Dritten in die Erste, aber kein anderer, nachdem ihm vorher der Negativ-Durchmarsch gelungen war.

Vor Kurzem hörte ich die Statistik, Fortuna habe nach einem Bundesligaabstieg noch nie den direkten Wiederaufstieg geschafft. Ja, pah! Ist doch auch übelst öde. Richtig spannend wird es doch erst, wenn man ein paar Ligen weiter unten teilnimmt und dann trotz acht Millionen Euro Miese Sätze wie Ex-Manager Thomas Berthold formuliert: »In drei Jahren sind wir wieder oben!«[42] So ist Fortuna. Das ist in etwa so, als wenn man sich mit dem Auto verfahren hat. Angenommen, man wollte von Düsseldorf-Süd nach Düsseldorf-Nord und kommt aus Versehen in Köln raus. Natürlich könnte man umdrehen und sich schnell wieder in sicherere Gefilde flüchten. Aber man kann natürlich auch noch Gummersbach, Oggersheim und die Costa Brava mitnehmen. Man muss nur umkehren, bevor man am Kap der guten Hoffnung angekommen ist. Denn dann könnte es sein, dass man nicht mehr zurück nach Düsseldorf kommt, bevor man den Löffel abgibt.

Fortuna hat immer wieder rechtzeitig die Richtung geändert. Kurz vor der Kreisliga B war Schluss mit dem Absturz, jetzt misst man sich wieder mit den Besten. Die mythologische Figur des Phönix, der aus der Asche steigt, steht für etwas, was schon verloren geglaubt war und dann in neuem Glanz erstrahlt. Meiner Meinung nach erstrahlt Fortuna selbst in der Viertklassigkeit in unauslöschbarem Glanz. Aber der heutige Glanz ist mir dann doch auch lieber.

Ach so, der antike Mythos besagt auch, dass der Phönix im Abstand von mehreren Hundert Jahren erscheint, bei Sonnenaufgang in der Glut der Morgenröte verbrennt und aus seiner Asche verjüngt wieder aufsteigt. Nur alle paar Hundert Jahre fänd ich persönlich jetzt etwas übertrieben. Aber die Gewissheit, dass Fortuna irgendwann immer wieder verjüngt aufersteht, erfüllt mich auch im Bewusstsein der eigenen Sterblichkeit mit einer tiefen Zufriedenheit.

105. GRUND

Weil die Liebe zur Fortuna auch viel mit Angst zu tun hat

Texte über die Liebe zum Fußball und zum Verein kommen normalerweise nicht ohne einen Ausflug zu Nick Hornbys *Fever Pitch aus* und das legendäre Zitat, wie ein Fan zum Verein findet. Seit ich das wirklich besondere Buch *Wenn du am Spieltag beerdigt wirst, kann ich leider nicht kommen* von Christoph Biermann gelesen habe, schwirren mir in diesem Zusammenhang aber immer zwei andere Sachen im Kopf herum. Zum einen diese brillante Textpassage:

»Fußball leert den Kopf. Radikal und komplett. Das war es, was mir damals so gut gefiel und heute immer noch. Für neunzig Minuten gibt es kein Grübeln und keine Gedanken, die über das Spiel hinausgehen. Neben der leichten, schwebenden Leere ist nur noch für ganz einfache Fragen Platz. Wird er seinen Gegenspieler umdribbeln? Wird die Flanke präzise genug sein? Wird der Kopfball im Tor landen? Wird dieser Vorsprung halten? Das Denken wird schlicht, und man gerät in eine wunderbare Balance von Gelöstheit und völliger Anspannung. Je mehr man sich dem Spiel ausliefert, der Hoffnung und Vorfreude auf einen Sieg oder der Angst vor der Niederlage, desto größer wird die Anspannung. Und umso weiter wird man aus der Welt hinausgetragen. Teilt man diesen Zustand mit vielen Menschen, wird der Sog noch größer. In einem Fußballspiel kann ich versinken. Das unterscheidet Fußball von allen anderen kulturellen Veranstaltungen. In Musik, in Bildern, oder Büchern versinke ich nie, eher fliegen die Gedanken davon. Nur im Fußball gehe ich verloren.«[43]

Zum anderen erklärt Biermann in diesem Buch, das man wirklich nur jedem Fußballfan empfehlen kann, anhand eines Australien-Auswanderers, warum wir Woche für Woche zu unserem Verein laufen, egal, wie mies der Kick in der Vorwoche auch war. Es ist natürlich auch die Alltagsflucht, es ist das Bier mit den Freunden, das schöne Ritual des Stadionganges. Doch in erster Linie ist es: die Angst. Die Angst davor, etwas zu verpassen.

Wie ungerecht wäre es, das eine große Spiel zu verpassen, wo man sich doch durch all die relativ belanglosen Spiele gequält hat. Es war unerträglich für diesen Fan, der nun in Sydney saß, in ständiger Angst zu leben, er könnte bei dem einen entscheidenden Spiel nicht im Stadion sein. Am Ende kehrte er deswegen nach Hause zurück. Ich finde diesen Gedanken sehr einleuchtend. Natürlich gehe ich auch ins Stadion, um Stress abzubauen, um Emotionen rauszulassen, um zu jubeln und mir mit meinen Freunden und Verwandten in den Armen zu liegen. Ich gehe zur Fortuna, um zu versinken, um verloren zu gehen.

Aber vor allem gehe ich dorthin, um später meinen Enkeln erzählen zu können, dass ich dabei war. Dabei, als Marco Christ seine berühmte »Schlanke« schlug. Dabei, als Maxi Beister der Hertha nach 25 Sekunden einen einschenkte. Dabei, als Ben Manga damals den FC Bayern im Pokal zerlegte. Oh, Moment, da war ich nicht dabei, da durfte ich nicht hin, weil es spätabends war. Das finde ich heute noch traurig.

Liebe zum Verein, Liebe zur Fortuna, sie wächst mit dem, was wir miterleben, wo wir dabei sind. Je öfter man ins Stadion geht, desto mehr hat man zu erzählen. Liebe entsteht dort, wo wir uns an Vergangenes erinnern und die gänsehautverursachende Vorfreude auf die nächsten Erlebnisse empfinden. Bei Fortuna besteht die Schwierigkeit lediglich darin, die vielen negativen Erlebnisse auszublenden und als ewiger Romantiker und Optimist die guten Erinnerungen auf kommende Spiele zu projizieren. Den Glauben daran nicht zu verlieren, beim nächsten Spiel etwas Großes zu erleben: Wer das kann, wird Fortuna ewig verehren.

Und als nächstes kaufen Sie bitte das oben genannte Buch *Wenn du am Spieltag beerdigt wirst, kann ich leider nicht kommen* von Christoph Biermann. Vielen Dank!

106. GRUND

Weil Fortuna immer wieder zu großer Lyrik inspirierte

Nicht nur Ende des 19. Jahrhunderts, auch in der jüngeren Moderne, inspirierten die Leistungen von Fortuna Düsseldorf immer wieder sprachbegabte Menschen zu großer Poesie. Als Fortuna Ende der 90er Jahre unter Aleksandar Ristić die Bundesliga mit seiner »Spielverhinderungstaktik« (Christoph Daum) entnervte, fasste Sportreporter Manni Breuckmann die Gefühlslage mit dem passendsten aller Sprüche zusammen: »Holt die Antidepressiva raus, Fortuna Düsseldorf spielt.«[44] Der Düsseldorfer Kabarettist und bekennende Fortuna-Fan Dieter Nuhr formulierte es etwas anders, als er sagte: »Wer Fortuna-Fan ist, braucht das Leben nicht zu fürchten.« Im Grunde genommen meinen beide das Gleiche.

Fortuna, das ist literarische Leidenschaft, das ist große Philosophie: »Man ist erst abgestiegen, wenn man abgestiegen ist«, sinnierte einst Holger Fach. Klar, man kann über diesen Satz einfach so weglesen und sich denken, dass der Fach womöglich keine drei Millisekunden über diesen Quark nachgedacht hat. Oder aber man erkennt seine wirkliche Essenz. Die Metaebene. Das Geniale. Oder hier, Aleks Ristić: »Wenn man ein 0:2 kassiert, ist ein 1:1 nicht mehr möglich.« JA! Das ist es. Er spricht aus, was viele denken!

Nicht immer das Negative betonen wie Breuckmann. Nein, in die Offensive gehen. Ein 0:2 ist doch auch nicht mehr als ein notwendiger Schritt für einen 3:2-Sieg. Es ist doch eigentlich totaler Quatsch, die Fortun'sche Lyrik nur auf die Tragödie zu beziehen. Fortuna – depressiv. Emil Hartwich – tot. Da wird einem doch ganz mürbe von. Was ist denn mit der Komödie, den schönen Sätzen?

Tatort: LTU-Arena. Tatzeitpunkt: 23. Mai 2009, 15.50 Uhr. Angeklagter: Jens Langeneke. Fortuna war soeben in die 2. Liga aufgestiegen, der Platz voller Fans, da rettete sich Fortunas Vize-Kapitän in die Katakomben, direkt vor das Mikrofon von WDR-Moderatorin Okka Gundel. Verschwitzt, voller Adrenalin, vom Erfolg beseelt. Und dann sagte er diesen Satz: »Das wird niemand von uns mehr in seinem Leben erleben, und das werden wir bis zum Tod in unseren Herzen tragen.« Da schwingt doch die Liebe mit, die komplette Hingabe. Es fehlt eigentlich nur noch eins zum perfekten Zitat: die typische Düsseldorfer Arroganz. Aber da kann Jörg Daniel Abhilfe schaffen, Torwart der Fortuna beim legendären 7:1-Heimsieg gegen Bayern München im Jahre 1978. Der Keeper fabulierte nach dem Kantersieg ganz sachlich: »Es wäre vielleicht besser gewesen, wir hätten uns ein paar Tore für die nächsten Spiele aufgespart.« Na gut, Lyrik ist das vielleicht nicht. Inspirierend ist es trotzdem.

107. GRUND

Weil die Liebe zu Fortuna auch im Exil hält

Es ist ja nicht das erste Mal, dass ich im Exil lebe. Ich habe unter anderem schon drei Monate in München verbracht, zwei in Plauen und Berlin. Des Öfteren musste ich mich von der Fortuna entfernen, aber ich wusste immer, dass ich nur zeitlich begrenzt so weit weg sein würde. So habe ich in den vergangenen Jahren kaum mal mehr als drei Heimspiele verpasst – die Dauerkarte hat sich immer gelohnt. In diesem Jahr habe ich meine Dauerkarte nicht verlängert. Ich wollte, doch dann kam ich relativ schnell zu der Erkenntnis, dass das ein ziemlich sinnloses Unterfangen werden würde. Ich wohne jetzt 650 Kilometer weit weg und muss relativ häufig am Wochenende arbeiten. Wenn ich Glück habe, erlebe ich in dieser Saison drei Heimspiele. Und plötzlich herrscht dort, wo jahrelang meine Dauerkarte steckte, Leere im Portemonnaie.

Das mag jetzt total affig klingen, doch ich habe mich früher immer gefreut, wenn ich mein Portemonnaie aufgemacht habe und da hing die Karte drin. Das war irgendwie beruhigend – das war innerhalb der Woche die Gewissheit, dass es bald wieder zu F95 geht. Nun ist es komplett ungewiss, wann ich endlich wieder hin kann. Ich sehe die Spiele nur noch im Fernsehen, und es ist sehr erschütternd, dass sich die Emotionalität, mit der man sie dort wahrnimmt, so sehr unterscheidet von einem Besuch im Stadion.

Man eskaliert nicht so wirklich vor dem Fernseher. Klar, man springt mal auf, ballt die Faust, rauft sich die Haare, brüllt mal irgendeinen Spieler an. Aber wie im Stadion? Nein, so ist es leider nicht. Es fehlt diese unbändige Spannung, die Ungeduld. Es fehlt die Nähe zum Spielfeld und den anderen Fans. Es ist nicht das Gleiche, da braucht man sich nichts vorzumachen. Ich stelle mir aus der Ferne vor, wie sich meine Freunde vor den Spielen zum Bierchen treffen, die U-Bahn nehmen, im Block 163 stehen bzw. sitzen (je nach Altersklasse – die Alten stehen, die Jungen sitzen).

Ich bin nicht dabei und ich weiß diesmal nicht, wann ich wiederkomme. Dieses Exil ist jetzt erst mal meine neue Heimat, eine schöne Heimat, aber eben nicht wie Düsseldorf. Es ist sehr schwer, seine Liebe auf diese Weise aufrechtzuerhalten, wie man es vorher getan hat. Klar, man kann sich seine Rituale suchen. Man kann auch sein Bierchen trinken, am Spieltag das Fortuna-Trikot überziehen und – für ganz Bekloppte – noch den Schal umlegen. Aber da, wo sonst die Anspannung ist, wo man sonst mit Freunden jubelt oder trauert – da ist jetzt eine Lücke.

Ich hatte schon bei meinen vorhergehenden Ausflügen ein Gefühl dafür entwickelt, wie es als Exilant so ist. Dass man nicht mal eben zum Training fährt, wenn einem danach ist. Dass das Toni-Turek-Haus für einen kleinen Fortuna-Einkaufsbummel nicht um die Ecke liegt. Dass jede Fahrt zum Stadion einer Fernreise gleicht. Aber dass es so schlimm ist, wenn man dauerhaft so weit weg wohnt … Puh, daran werde ich mich erst gewöhnen müssen – obwohl ich mich gar nicht daran gewöhnen möchte.

Es gibt genügend Gründe, Fortuna weiterhin abgöttisch zu lieben. Aber jetzt muss man viel mehr für diese Liebe tun als vorher. Besonders, wenn einem ein schlechtes Spiel (Pokal-Aus in Wiedenbrück – hust) die Laune verhagelt. Im Stadiongängerkreis kann man danach gemeinsam lamentieren, bis es irgendwann nach etwas Galgenhumor wieder gut ist.

Oder man macht diesen typischen Prozess durch, dass man montags nichts mehr von Fußball wissen will, dienstags schon wieder überlegt, ob man am Wochenende nicht doch hingehen will, und mittwochs die Auswärtskarte kauft und schon wieder wie ein sechsjähriges Kind vor Weihnachten aufgeregt auf der Arbeit sitzt. Hier kann man sich nur aufs nächste Spiel im Fernsehen freuen. Oder darauf warten, dass Fortuna mal zum Exilanten kommt.

108. GRUND

Weil es sich nirgends schöner jubeln lässt als bei Fortuna

Fußball ist Emotion, diese Erkenntnis ist mindestens so alt wie Werner Lorant. Auf dem Platz, auf den Rängen, ja, selbst vor dem Fernseher. Es wird auch noch an anderer Stelle in diesem Buch beschrieben, warum es wichtig ist, diese Emotionen auch auszuleben. Hier sei einmal etwas über Fortuna und das Jubeln philosophiert.

Jubeln war schon immer schön, aber der Wendepunkt waren diese viel beschworenen Tage im Mai 2009. Wer damals regelmäßig dabei war, wird es vermutlich fühlen können, wenn er diese Zeilen liest. Es waren die zwei Wochen vom 10. bis 23. Mai, die mein Jubelleben für immer verändert haben. Natürlich hat man vorher auch gejubelt. Je nach Spielstand und Wichtigkeit des Spiels ist man auch mal gepflegt ausgeflippt. Aber diese Tage im Mai. Das war anders. Das war irre. Ich wusste gar nicht, dass man so jubeln kann. Ich wusste nicht, dass diese Emotionen in uns stecken. Vielleicht war es auch ein Phänomen der Masse, dass dieses Gefühl durch die Gemeinschaft noch ein wenig stärker war als bei jedem Einzelnen.

Wie soll man das beschreiben? Torjubel war nicht einfach nur Torjubel. Ich versuch es mal so: Bei einem normalen Spiel sind wir aus zwei Gründen angespannt. Erstens erwarten wir, dass ein Tor fällt, damit wir uns freuen können. Wir befinden uns im ständigen Wartezustand, unsere Glückshormone sind quasi permanent in Ausbruchstimmung. Das Spiel bestimmt, ob wir sie auch rauslassen dürfen. Zweitens trägt der größere Rahmen zur Anspannung bei – Sieg, Unentschieden, Niederlage, Aufstieg, Abstieg, all solche Sachen. Das fünfte Tor beim Sechszunullsieg als Tabellenachter gegen den Zehnten zwei Spieltage vor Schluss wird nicht zum kollektiven Ausrasten führen. Ein 3:2 in der Nachspielzeit kurz vor dem Sturz in die 4. Liga vielleicht schon.

Und im Mai 2009 war Fortuna plötzlich nach Jahren der Enthaltsamkeit wieder auf dem Weg in die 2. Liga, stand in der 3. Liga in der Spitzengruppe, vier Spieltage vor Schluss. Den meisten von uns fiel es in diesen Wochen schwer, uns überhaupt noch auf etwas anderes als F95 zu konzentrieren. Ich möchte nicht wissen, wie hoch der Produktivitätsausfall der Düsseldorfer Unternehmen war, wie viele Studenten ihre Semesterzahl wegen dieser Wochen um eines steigern mussten, weil sie sich einfach nicht auf die Arbeit fokussieren konnten. Und dann dieses Spiel in Braunschweig. Sonntagnachmittag. Die Gegner hatten vorgelegt, Fortuna konnte mit einem Sieg einen ganz großen Schritt machen. Das ganze Wochenende warten. Sechs Stunden vor dem Anpfiff losfahren. In sengender Hitze im Fanblock stehen. Und dann diese fünf Tore. Bei jedem einzelnen bebte ganz Braunschweig. Ich kann es jetzt noch im Körper spüren, wie damals der Jubel durch den Block schwappte. Diese unglaubliche Anspannung, die sich immer wieder aufbaute und dann löste.

Dann Jena, dann Aalen, dann Bremen II. Das hat süchtig gemacht. Das waren Wochen, die den Adrenalinspiegel auf einem Dauerhöchststand gehalten haben. Vermutlich werden wir das nie wieder erleben, denn diese spezielle Konstellation, diese ewige Durststrecke, wird es hoffentlich nicht so schnell wieder geben. Und wenn doch, dann wird es schon das zweite Mal sein.

Warum das beim Viertligaaufstieg anders war? Ich habe den Eindruck, die 4. Liga wurde gefühlstechnisch eher als Betriebsunfall begradigt, auch wenn die Sorge um den Verein groß war und die Freude, da wieder rauszukommen, auch. Aber der Aufstieg aus der 3. Liga, da war das Gefühl viel stärker gereift, dass es in diesem Leben nicht mehr für Profifußball reichen könnte. Aber Fortuna hat uns eines Besseren belehrt.

Seitdem durften wir richtig oft richtig gut jubeln, spätestens beim Bundesligaaufstieg. Aber so wie 2009 war es auch damals nicht. Dennoch glaube ich, dass wir damals ein Privileg erworben haben. Wir wissen, was möglich ist. Wenn ich manchmal das herzlose Zwei-mal-hüpfen-drei-mal-klatschen-halbe-Faust-Ballen in anderen Stadien sehe, dann grinse ich in mich hinein. Aber vielleicht finden diese Fans der falschen Vereine ja auch noch die Erlösung.

109. GRUND

Weil für Fortuna selbst wir unter die Dichter gehen

Ich habe lange darüber nachgedacht, ob in diese 111 Gründe auch ein Gedicht gehört. Ich bin versucht, zu sagen, dass ich kein besonders begabter Dichter bin. Aber es geht hier nun mal um Liebe. Und auch wenn ich Liebe eher durch Texte oder auch Statistiken ausdrücke – der geneigte Leser wird sagen: Ein 111-teiliger Liebesbrief ohne Gedicht, das ist doch Humbug. Ich lasse es trotzdem, weil ich glaube, dass andere Menschen das besser können.

Ich gucke stattdessen lieber mal, was die philosophischen Strategen von Wikipedia über die Liebe denken. »Liebe ist im allgemeinen die Bezeichnung für die stärkste Zuneigung und Wertschätzung, die ein Mensch einem anderen entgegenzubringen in der Lage ist. Der Erwiderung bedarf sie nicht.« Ich könnte diese Worte für sich stehen lassen, aber dieser letzte Punkt stimmt mich dann doch nachdenklich. Wie weit ginge eine Vereinsliebe, wenn sie denn nie erwidert würde? Und dabei meine ich jetzt nicht von den Offiziellen des Vereins, sondern vom Verein als abstraktes Gebilde. Der Viertligaabstieg war ja ein guter Test. Er ließ die übrig, deren Liebe zum Verein wirklich über Liga- und Schmerzgrenzen hinwegging. Es ist wohl schwierig, im Zwischenmenschlichen jemanden zu lieben, wenn auf Dauer diese Liebe nicht erwidert wird. Wie weit wären wir Fans gegangen?

Vor einigen Jahren war ich mit der DiFo Meets UK Tour in London, mit Ipswich auswärts bei den Queens Park Rangers. Auf dem Weg dorthin machten wir halt beim AFC Wimbledon. Die Geschichte des ehemaligen FA-Cup-Siegers ist schnell erzählt. Der Verein ist einer von vielen in London, nicht unbedingt der erfolgreichste, aber einer mit langer Tradition. Eines Tages kamen Menschen in der etwa 70 Kilometer entfernten Trabantenstadt Milton Keynes auf die Idee, dass sie gerne in ihrem künstlichen Biotop auch noch eine erfolgreiche Fußballmannschaft hätten. Also kauften sie kurzerhand den damaligen Wimbledon F.C. und verpflanzten ihn samt seiner Tradition und Identität nach Milton Keynes.

Einige Menschen aus Wimbledon kamen daraufhin auf die Idee, dass sie ihre Tradition und Identität doch ganz gerne behalten wollen. Also gründeten sie kurzerhand den AFC Wimbledon und starteten in der 9. Liga neu. Zum ersten Freundschaftsspiel kamen damals fast 5.000 Leute. Elf Jahre später kickt der Klub schon wieder viertklassig und ist den Milton Keynes Dons auf den Fersen – auch wenn man jüngst im direkten Vergleich noch deutlich unterlegen war. Die Ausführungen der Verantwortlichen dort haben mich schwer beeindruckt. Sie haben alles selbst organisiert und tun dies auch immer noch, vom kleinen Stadion Kingsmeadow bis zur Bewirtschaftung der Stadionkneipe. Alle Einnahmen des Pubs gehen beispielsweise in den Etat der Mannschaft, alle malochen dort ehrenamtlich für ihren AFC Wimbledon.

Wäre das bei uns auch möglich? Ich vermute ja. Ob in Wimbledon, oder auch in Manchester oder Salzburg, wo es ja ähnliche Neugründungen gab. Ich denke, Fans ticken so und Fortuna-Fans im Speziellen. Natürlich verbiegt man sich weit für den eigenen Klub, was die eigenen Ideale angeht. Aber ab einem gewissen Punkt wäre Schluss. Zum Glück haben die Fortunen per Satzung beispielsweise Vereinsfarben und Logo schützen lassen – sie lassen sich nur per 2/3-Mehrheit ändern. Und noch etwas muss man zum Thema Vereinsliebe sagen: Die Leute, die damals in der 4. Liga Fortuna die Treue hielten, sie finanziell unterstützten – sie haben diesen Verein gerettet und damit auch nichts groß anderes getan als die Fans des AFC Wimbledon. Sie haben dazu beigetragen, dass heute viel mehr Menschen wieder zur Fortuna gehen und sie in ihr Herz geschlossen haben. Dass eine neue Generation Kinder zu Fortuna-Fans erzogen wird und den Verein dann vielleicht in 30 oder 40 Jahren mal retten wird. Er ist es wert. Und es werden immer wieder Zeiten kommen, in denen er die Liebe auch gebührend erwidert.

110. GRUND

Weil Fortuna immer wieder Geschichten rund um das schönste Wort des Fußballs schreibt

91,37 Minuten sind gespielt. Noch 20 Sekunden Zeit. Noch ein langer Ball. Eine letzte Provokation eines Wunders. Sascha Dum schlägt den Ball von der Mittellinie in den Strafraum. Rösler taumelt rückwärts, erreicht den Ball im Fallen und köpft ihn zu Jovanović. Und der Serbe lässt ihn auf dem Oberschenkel abtropfen, nimmt ihn dann mit links volley, das Leder rutscht ihm etwas über den Spann. Der Torwart steht etwas zu weit vor dem Kasten, der Ball fliegt, windet sich über die Hand des Keepers hinweg ins lange Eck. 2:1. Welch eine Ekstase. Fortuna holt drei Last-Minute-Punkte gegen Dresden an diesem Abend im November 2011. Und dann … das schönste Wort des Fußballs im perfekten Moment:

»*Ausgerechnet* Jovanović!«

Es gibt kein schöneres Wort im Fußball. »Ausgerechnet« – das ist die perfekte Beschreibung für diese »Geschichten, die nur der Fußball schreibt«. Jovanović, seit 23 Monaten torlos, von Dutzenden Experten längst abgeschrieben. In dieser Saison gerade einmal mit einem Spiel bisher dabei – und das war ein Fünf-Minuten-Einsatz. Und dann wird er in der 88. Minute gegen Dresden eingewechselt, als Notnagel, als letzter Strohhalm, beim Stand von 1:1. Und dann macht er das Ding. Es gibt kaum Momente, die besser gemacht sind für diese Reporterfloskel – »ausgerechnet«.

Der Vorteil dieses Wortes ist, dass es meist im Zusammenhang mit etwas Gutem fällt. Es kann auch bei Eigentoren, Roten Karten oder schlimmen Patzern gebraucht werden, aber vorzugsweise wird es ausgewählt, wenn ein entscheidendes Tor fällt – und zwar durch einen Exspieler des Gegners, durch einen Langzeitverletzten oder durch einen Spieler, der sich in der Vorwoche noch mit dem eigenen Trainer überworfen hatte.

Letzteres war der Auslöser für das vielleicht schönste »ausgerechnet« der jüngeren deutschen Fußballgeschichte. Es war dieser Tag im Mai 1999, an dem fünf Mannschaften den letzten Absteiger aus der 1. Bundesliga ausfochten, und am Ende stieg der 1. FC Nürnberg ab, obwohl sie vor dem Spieltag auf Platz 12 gelegen hatten, und Frankfurt rettete durch ein 5:1 gegen Kaiserslautern die Klasse, am Ende torgleich mit dem Club, der aber weniger Tore geschossen hatte. Das alles wäre egal gewesen, wenn Rostock in Bochum nicht gewonnen hätte. Dann wären die Hansestädter runtergegangen und Nürnberg hätte Friedel Rausch nicht rausschmeißen müssen.

14 Minuten vor Schluss lag Rostock gegen Bochum noch 1:2 zurück. Victor Agali traf zum 2:2, doch mit einem Bein standen die Ostseestädter am Abgrund. Direkt nach dem 2:2 wechselte Coach Zachhuber Sławomir Majak ein, der einige Wochen zuvor seinem Trainer noch wutentbrannt attackieren wollte, als dieser ihn beim 2:2 in Frankfurt zunächst zur Halbzeit einwechselte und keine 40 Minuten später wieder rausnahm. Zachhuber hatte Stammspieler Majak zudem vor dem Bochum-Spiel aus der Startelf genommen.

82. Minute: Neuville flankt von der rechten Seite und am langen Pfosten rauscht Majak vier Minuten nach seiner Einwechslung heran und köpft den Ball durch die Beine von Thomas Ernst in die Maschen. 3:2 – Rostock ist gerettet. 7.000 Rostocker reißen das halbe Ruhrstadion ab. Majak springt auf den Zaun. Und in dem Moment schürt der *ran*-Reporter alle Emotionen dieses Moments mit diesem einfachen Wort: »*Ausgerechnet* Majak!« – die Mutter aller modernen »ausgerechnets«.

Fortuna kennt das Wort »ausgerechnet« leider auch zu gut, wenn ehemalige Spieler auf ihren Ex-Klub treffen. Ein geflügeltes Wort der letzten zehn Jahre, fast schon eine in den Fortuna-Duden aufgenommene Redewendung lautete beispielsweise: »*Ausgerechnetzedi*«.

Rudolf Zedi, der mit zwei Abstiegen am Niedergang der Fortuna entscheidend mitbeteiligt war (und mit einer Aktion im Spiel gegen Braunschweig kurz vor dem Abstieg 2002 den Zorn vieler

Fans auf sich zog), schoss tatsächlich in drei aufeinanderfolgenden Spielzeiten jeweils das 1:0 für Kickers Emden im Heimspiel gegen Fortuna (Endstand: 2 x 1:0 und 1 x 1:2). Es gibt also auch das sich wiederholende »ausgerechnet«, das erst dadurch seinen richtigen Klang bekommt, dass es ein Déjà-vu eines zuvor noch etwas kleineren »ausgerechnet« ist.

Hinter einem »ausgerechnet« steckt im Fußball immer eine besondere Story. Sobald dieses Wort erklingt, sollte man aufhorchen, meistens ist es der Auftakt zu einer großen Comeback-Geschichte. Oder zumindest zu einer schönen kleinen Anekdote. Weitere Mini-»ausgerechnets« der jüngeren Fortuna-Vergangenheit waren beispielsweise »*Ausgerechnet* Rafael« (nach dem 1:0 im Pokal gegen Gladbach aufgrund seiner Vergangenheit bei den Bauern und seinem holprigen Start bei Fortuna) oder »*Ausgerechnet* Anderson« (nach seinem Elfmeter-Foul an Furuholm beim hochemotionalen 1:1 im Februar 2012).

Es liegt so viel drin in diesem einen Wort, mindestens eine gute Pointe. Natürlich gibt es dieses Wort auch in anderen Sportarten, doch bei keiner davon fokussieren sich die Emotionen auf so wenige große Momente, nirgends ist das »ausgerechnet« ähnlich inhaltsstark. Hoffen wir auf viele weitere »ausgerechnets« bei Fortuna.

PS: Jahrelang war dieses Wort übrigens eher ein Vorwurf an die eigenen Eltern, Freunde oder Geschwister. Meistens kam es in der Frage vor: »Wieso nur *ausgerechnet* Fortuna?«, womit die eigene, leidige Sozialisation als Fußballfan hinterfragt wurde. Heute sieht das zum Glück wieder etwas anders aus, und man klopft seinen Familienmitgliedern öfter mal auf die Schulter und sagt: »Danke, dass du mich damals mit zur Fortuna genommen hast.«

111. GRUND

Weil Fortuna so liebenswürdig unperfekt ist

Lieben wir eher Dinge, die perfekt sind, oder solche, die einen Makel haben, und damit einen Reiz? Die konkrete Antwort: Fortuna hat nicht nur einen Makel, sondern ein ganzes Tohuwabohu von Unperfektigkeiten, die diesen Verein so anziehungskräftig machen. Wo soll man da überhaupt anfangen? Vielleicht bei etwas Grundsätzlichem: Fortuna war ziemlich lange von der Bildfläche der Fußballprofessionalität verschwunden. In diesen Jahren hat sich die Maschinerie von Vermarktung und Professionalisierung enorm weitergedreht. Während bei Fortuna oft nur Geld für den nächsten Sack Trainingsbälle da war, haben andere Vereine in Leistungszentren, Infrastrukturen und fremde Märkte investiert.

Es ist doch ganz klar, dass Fortuna da an manchen Stellen hinterherhinkt, wenn nicht sogar an den meisten. Nehmen wir die Geschäftsstelle am Flinger Broich: Während dieses Kapitel geschrieben wird, eröffnet dort in einer kleinen Containerbehausung ein Fanshop. Bis dato gab es in neuerdings Toni-Turek-Haus getaufter Lokalität nur einen Tresen, hinter dem ein paar Fanartikel hangen. Während andere Bundesligisten ganze Shoppingtempel besitzen, musste man bei Fortuna darauf hoffen, dass Fanartikel überhaupt in der richtigen Größe da waren.

Waren sie meistens nicht. Dafür konnte man sie aber auch nicht anprobieren, wenn sie da waren. Insgesamt war dieses Konzept nicht ganz ausgefeilt. Klar, manch einer wird sagen, man kann diese Sachen doch auch in anderen Läden kaufen. Aber erstens geht es ums Prinzip und zweitens haben diese Läden noch gar nicht so lange ein F95-Sortiment. Jahrelang war die karg eingerichtete Geschäftsstelle die einzige Anlaufstelle für so etwas.

Oder nehmen wir die Einlasssituation an der Arena. Heute geht das ja alles, mit dem schönen abgezäunten Weg hin zum Einlass und dann den vielen kleinen Stegen hin zum Körperkontrolleur. Selbst bei ausverkauftem Haus erlebt man es selten, dass man mal länger als fünf Minuten wartet. Das war vor nicht allzu langer Zeit noch gaaanz anders. Ich erinnere mich sehr gut an Spiele vor 10.000 Zuschauern in der Regionalliga, bei denen ich 20 Minuten vor dem Spiel am Stadion ankam und 20 Minuten nach dem Anpfiff dann tatsächlich drin war.

Diese eine Begegnung mit Dynamo Dresden, als wir noch zu Hunderten draußen standen und alle dachten, dass die sicher später anpfeifen ob dieses Chaos. Und dann machte es die Runde, dass (trotz nicht vorhandenem Druck durch das Fernsehen) einfach losgelegt worden war. Als ich reinkam und es bereits 1:0 für Fortuna stand, warteten andere Leute immer noch in 30. oder 40. Reihe auf ihren Einlass. Was haben wir in dieser Zeit geflucht auf Fortuna und ihr Organisationstalent.

Stundenlang haben wir uns aufgeregt über allerlei Nicht-Perfektionismus in allen Belangen rund um diesen Klub: Kartenvorverkauf, Marketingideen, Fanservice. Aber wie des Öfteren in diesem Buch angeklungen: Grau wäre jede Fußballliebe ohne große Emotionen. Und die bekommt jeder Fan bei Fortuna frei Haus geliefert – es kostet nur jede Menge Nerven.

Ach so, apropos Marketingideen: Noch immer rätseln wir gebannt, wie damals jemand im Fortuna-Marketing ernsthaft auf die Idee kommen konnte, mehr als die üblichen verdächtigen 100 Sammler würden dieses unsägliche rot-blaue Wuppertaler-SV-Gedächtnis-Trikot kaufen. Wie kommt man auf eine solche Idee? Aber wer wären wir, um darüber zu richten. Schließlich gibt es mit Sicherheit auch jede Menge Menschen, die uns Fortuna-Fans argwöhnisch beäugen und sich denken: Wie kommt man auf eine solche Idee?

9. KAPITEL

DIE BONUSGRÜNDE

WAS SEITDEM GESCHAH

BONUSGRUND 1

Weil Fortuna klar zur 50+1-Regelung steht

Die 50+1-Regel im deutschen Profifußball besagt, dass die Vereine immer die Stimmenmehrheit an ihren Kapitalgesellschaften halten müssen. Kein Kapitalgeber darf die Mehrheit erlangen – und damit über die Geschicke des Klubs bestimmen. Damit soll verhindert werden, dass die Vereine zum Spielball der großen Geldgeber werden, aufgepumpt und wieder fallengelassen, womöglich mit einem Berg von Schulden.

Immer wieder stellen Klubs diese Regel infrage, allen voran der Präsident von Hannover 96, Martin Kind. Er will 50+1 kippen, eine Ausnahmeregelung für seinen Klub erwirken. Aber auch die Arroganzfraktion von Bayern München um den Chief Bullshit Officer Karl-Heinz Rummenigge würde die Regel gerne abschaffen.

Bei einer jüngsten Abstimmung der 36 Mitgliedsvereine der DFL auf Antrag des FC St. Pauli sprach sich die Mehrheit der Klubs allerdings für einen Erhalt der Regelung aus. Was Rummenigge stark erboste. Er sagte in Richtung des Kiezklubs: »Es befremdet mich, dass ein Zweitligist, der nach meinem Kenntnisstand noch nie in einem europäischen Wettbewerb mitgespielt hat, auf einmal nicht nur eine so prominente, sondern auch dominierende Rolle einnimmt.«[45] Was für eine ekelhafte Sichtweise. Als ginge es für die Mehrheit der Klubs nicht um die Fairness des nationalen Wettbewerbs, sondern darum, wie Bayern international mithalten kann.

Unsere Fortuna hat sich klar positioniert – und zwar für den Erhalt der Regel. Vorstandsboss Robert Schäfer hat dazu anschließend seine Meinung sehr deutlich gemacht: »Ich bin ganz klar für den Erhalt der 50+1-Regel. Sie gibt alles vor, was wir brauchen. Effizienter können wir auch in den jetzt bestehenden Strukturen werden. Das ist vielleicht komplizierter und mühseliger, findet aber auf breiterer Basis und mit Rückhalt bei den Fans statt. Es macht keinen Sinn, noch mehr Geld in das System zu kippen. Wenn es einen Wettlauf ums große Geld gibt, führt das im ersten Moment nur dazu, dass die Spielergehälter teurer werden.«[46]

Recht hat er. Die Perversion des Profigeschäfts ist ohnehin viel zu weit fortgeschritten. Multimilliardäre, die ihre Kohle in Klubs pumpen, die sich Jahr für Jahr in den ewig gleichen Duellen um die europäische Krone balgen. Multimillionäre, die gut kicken können und ihr Geld mit allerlei Tricks in Steuerparadiese verschieben. Dubiose Spielerberater, die Vereine erpressen. An dieser Stelle sei kurz auf das sehr eindrückliche Buch der Kollegen vom *SPIEGEL* hingewiesen: *Football Leaks – Die schmutzigen Geschäfte im Profifußball.*

Ich freue mich sehr, dass Fortuna sich zu 50+1 bekennt. Das ist ein Bekenntnis zu Kontinuität, zu den Werten des Vereins. Dazu, dass niemals ein Investor den Klub übernimmt, möglicherweise die Vereinsfarben ändert, die Identität vernichtet. Wir sind auch ohne Kapitalherrscher wieder zurück in die Bundesliga gekommen. Wir können auch ohne Milliardär 2033 wieder Deutscher Meister werden.

BONUSGRUND 2

Weil Rouwen Hennings ein abgezockter Hund ist

Was muss das für ein geiles Gefühl gewesen sein an diesem 28. April 2018. Rouwen Hennings zieht fast aus dem Stand ab. Halblinke Position, ein letzter Hurra-Schrei. Marvin Schwäbe im Dresdner Tor streckt sich. Aber dieser Schuss ist zu gut. Es scheppert im Gehäuse. 2:1 für die Fortuna, da ist der sechste Bundesligaaufstieg. Und Hennings rennt. Er spurtet in Richtung der 3.000 mitgereisten Düsseldorfer Fans. Außer Rand und Band, die Fans. Und auch Hennings. Riesenjubel. Was muss das für ein geiles Gefühl sein.

Hennings selbst sagte hinterher, dass sei vielleicht nicht sein schönstes Karrieretor gewesen, aber sein emotionalstes. Und auf die Frage, was denn jetzt noch passiere an diesem Aufstiegstag, sagte der Mittelstürmer trocken: »Alles.«[47] Damit war alles gesagt. Der abgezockte Hund hatte mal wieder doppelt zugeschlagen – im Spiel und nach dem Spiel.

Der Transfer von Rouwen Hennings war ein Glücksfall für die Mannschaft. Die Verantwortlichen suchten einen 15-Tore-Stürmer und haben ihn gefunden. Aber mehr noch. Einen Mittelstürmer, der immer rackert. Der ballsicher ist, passsicher ist, das Spiel öffnet mit faszinierender Präzision. Hennings ist ein Stürmer mit überragender Schusstechnik. Und einer, den du auch mal 89 Minuten nicht siehst und der dann eiskalt zusticht. So wie in Dresden.

Was mir an Rouwen Hennings jedoch am besten gefällt, ist seine Schlitzohrigkeit im Zweikampf. Ich habe seit Dekaden keinen Fortunen-Spieler mehr gesehen, der so gewieft zum Ball geht. Wenn der Gegenspieler einen Schritt Vorsprung hat und gedanklich schon plant, wo er das Leder hinspielt, gurkt Hennings irgendwie noch eine Fußspitze in den Zweikampf und überlistet den verdutzten Gegenmann. Mit seinem Tippelschritt-Antritt schiebt er seinen leicht untersetzten Körper so wurschtelig elegant zwischen Ball und Gegner, ich sehe regelmäßig die härtesten Abwehrbrocken der Liga verzweifeln.

Ich liebe solche abgezockten Hunde. Typen wie Sascha Rösler. Und jetzt Hennings. Das sind Jungs, die eine Mannschaft mitreißen können. Und die eben auch mit einer außergewöhnlichen Situation das Spiel entscheiden. Während seine Mitspieler hinterher zugaben, dass sie Hennings Haudrauf eher für einen »Verzweiflungsschuss«[48] (Kaan Ayhan) hielten, stellte der Torschütze nach dem Spiel noch klar: »Ich wollte ihn wirklich genau dahin haben, wo er dann eingeschlagen ist. Ich war mir sicher, dass das die Entscheidung war – wenn du so nah davor stehst, dann lässt du dir das nicht mehr nehmen.«[49] Danke, Rouwen!

BONUSGRUND 3

Weil Fortuna Düsseldorf keine Laptop-Trainer braucht

Nach dem Bundesligaabstieg 2013 versuchte es Fortuna mit einer Menge Trainer. Doch an der Aufgabe, den Klub in ruhige Fahrwasser zu führen, scheiterten sowohl Mike Büskens, Lorenz-Günther Köstner, Oli Reck, Frank Kramer und auch Marco Kurz. Immer wieder schwebte F95 in Abstiegsgefahr. Trotz der angeblich so modernen Trainer, die man sich leistete.

Frank Kramer beispielsweise wurde in Düsseldorf »Laptop-Trainer« genannt. Als Synonym für eine Generation von Fußballlehrer-Jahrgangsbesten, die jedes Spielsystem nachts um drei rauf und runter beten können. Die Stürmer abkippen lassen, vertikal gegenpressen und allerlei sonstigen Humbug verneudeutschen. Auch Fortuna reizte offenbar diese Philosophie. Doch auf dem Platz klappte das nicht. Entweder waren die Spieler zu limitiert, um die taktischen Vorgaben umzusetzen, oder Kramer zu limitiert, um sie ihnen beizubringen. Ein funktionierendes Spielsystem war in seiner Amtszeit jedenfalls schwerlich zu erkennen.

Gut sechs Monate nach Kramers Entlassung brachte aber jemand ein funktionierendes Spielsystem nach Düsseldorf zurück, und zwar ausgerechnet ein Haudegen, der längst zur ausrangierten alten Garde gehörte: Friedhelm Funkel. Zugegeben, nicht in all seinen Spielen war von Beginn an zu sehen, welch Trainerfuchs er noch immer ist.

Aber peu à peu führte Funkel die Fortuna aus dem spielerischen und tabellarischen Keller. Und jetzt hat er seine Karriere gekrönt. Der sechste Aufstieg. Mit einem Team, das vor der Saison 2017/18 niemand so richtig auf der Rechnung hatte. Mit Spielern, die zuvor noch verunsichert wirkten. Er hat ihnen die Sicherheit zurückgegeben, sie einmal mit Selbstbewusstsein aufgepumpt und hat mit seiner ruhigen Art auch in Krisensituationen die Ruhe bewahrt.

Die Stimmung in der Mannschaft soll super sein, genauso wie einst unter dem ähnlich knorrigen Norbert Meier.

Ich vermute, dass auch Friedhelm Funkel schon mal einen Laptop bedient hat. Dass er moderne Trainingsformen nutzt, sich von einem Funktionsteam unterstützen lässt. Aber vielleicht ist es dann die Menschenführung, die einen gut ausgebildeten von einem guten Trainer unterscheidet. Ein Coach wie Funkel steigt ja über knapp 30 Jahre nicht umsonst sechs Mal auf. Das schafft man nicht, wenn man sich nicht ständig selbst neu erfindet und gleichzeitig auf seine große Erfahrung vertraut.

Funkel ist Stand jetzt 64 Jahre alt. Wie ein Fußballrentner wirkt er trotz weit mehr als 1000 Profispielen als Spieler und Trainer aber noch lange nicht. Funkel hat die überragende Chance, jetzt noch einmal 1. Bundesliga zu trainieren. Er kann es noch einmal allen zeigen, denen er es eigentlich eh schon längst gezeigt hat. Und mit einem Klassenerhalt könnte er sich in Düsseldorf ein Denkmal setzen.

BONUSGRUND 4

Weil der 1.FC Köln neuerdings immer absteigt, wenn wir aufsteigen

Der 1.FC Köln ist inzwischen ein bemitleidenswerter Verein. Sechs Abstiege in 20 Jahren. Das geht an keiner übrig gebliebenen Hirnzelle auf der falschen Rheinseite spurlos vorüber. Und dann erwischt es sie zum sechsten Mal ausgerechnet ein Jahr nach der Europapokal-Glückseligkeit zum Ende der Saison 2016/17.

Dabei hätte es den Kölnern klar sein müssen, dass sie bald wieder runter gehen. Denn eine gute neue Tradition besagt: Steigt die Fortuna auf, flüchtet der FC nach unten. Schon 2012, beim Bundesligaaufstieg nach 15 Jahren Abstinenz, hatten die Geißböcke nichts Besseres zu tun, als schnell in die entgegengesetzte Richtung zu verschwinden. Zu groß womöglich die Sorge, am Ende hinter der Fortuna zu landen. Und so war doch klar, dass es wieder passieren würde. Schließlich wussten wir alle, dass die Fortuna früher oder später wieder zurückkehrt. Hust. Und so haben die Kölner dieses Kunststück nun schon zum zweiten Mal fabriziert.

Eines muss man den Kölnern lassen. Sie haben etwas von der Fortuna gelernt: Demut. Sie nennen sich jetzt »spürbar anders« und statt beim Abstieg das Stadion in Schutt und Asche zu legen, feiern sie ihre sportlichen Totengräber jetzt trotz Misserfolgs. Auch die Zeiten, in denen jeder Kölner nach zwei Siegen von der Champions League träumte, sind mittlerweile vorbei. Es ist angenehmer Realismus eingekehrt jenseits des Rheins, sogar trotz der unerwarteten Europapokal-Qualifikation 2017.

Die Kölner machen durch, was wir Fortunen längst hinter uns haben. Unsere Gelassenheit, die wir uns in Jahrzehnten von Berg- und Talfahrt (vor allem Talfahrt) angewöhnt haben, ist den Rhein heraufgeschwappt. Und genau das macht mir Hoffnung: Erfahrene Fortunen werden wissen, dass dies nicht die erste Auf-Abstiegs-Parallele ist. Auch 2004 stieg der FC aus der Bundesliga ab, die Fortuna damals aus der Oberliga in die Regionalliga auf. Und da sind wir dann auch bei den richtigen Stichworten. Denn genau das wünsche ich dem 1.FC Köln auch einmal: die Regional- oder Oberliga. Einmal so richtig nach unten kriechen. Demut für Fortgeschrittene. Viel Spaß dabei, Geißböcke.

BONUSGRUND 5

Weil Fortuna durch das unverdienteste Tor aller Zeiten in der 2. Liga geblieben ist

Ich konnte nicht im Stadion sein, also saß ich vor dem Fernseher und hatte mich mit allem abgefunden. Wir spielten unglaublich schlecht, und obwohl der Gegner aus Würzburg mindestens genauso schlecht war, lagen wir 0:1 zurück. Lukas Fröde hatte soeben in der 86. Minute das Tor für die Kickers geschossen, Fortuna war auf den Relegationsplatz gerutscht, eine klinisch tote Mannschaft. Zwei Spieltage vor Schluss waren die Wolken über Düsseldorf plötzlich so düster wie nur möglich.

Ich war richtig sauer. Es drohte eine verheerende Niederlage gegen einen Gegner, der seit Monaten nix mehr gewonnen hatte. Diese Truppe setzte die Zukunft unseres ganzen Vereins aufs Spiel. Resignierend saß ich auf der Couchkante, selbst der ewige Fortunaoptimist in mir hatte sich geflüchtet. »Die haben es verdient abzusteigen«, sagte ich zu mir selbst. Ich glaube, die Spieler sagten das in dem Moment auch zu sich selbst.

Fortuna stümperte weiter, bekam dann noch einen Freistoß, irgendwo um die Mittellinie herum. Der begnadete Freistoßkünstler Julian Schauerte nahm sich den Ball, vermutlich weil er als ungefährlichster Strafraumspieler galt. Schauerte schaufelte die Murmel in höchstem Bogen in den Strafraum. Würzburgs Keeper Siebenhandl rannte dem Ball entgegen, wollte ihn etwa am 5-Meter-Raum runterpflücken. Siebenhandl prallte dort auf Fortuna-Kicker Alexander Madlung samt dessen Gegenspieler. Und dank einer herausragend merkwürdigen Flugkurve segelte die Kugel über alle Spieler hinweg, titschte einmal auf und ins Tor. Ein echtes Kacktor in einem echten Kackspiel. Und übrigens bis dato das einzige Tor von Julian Schauerte für Fortuna überhaupt. Die weitere Geschichte ist bekannt. Irgendwie aufgeweckt durch dieses unverdienteste Tor aller Zeiten, holte die Fortuna anschließend ein Last-Minute-3:2 in Nürnberg und ein 1:0 gegen Aue und blieb irgendwie in der 2. Liga. Ein Jahr später schaffte eine völlig verwandelte Funkel-Truppe den Aufstieg in die Bundesliga. All das wäre vielleicht unmöglich gewesen ohne das hässlich-schönste Tor der Fortuna-Geschichte.

BONUSGRUND 6

Weil wir die schönsten Last-Minute-Tore schießen

Last-Minute-Tore sind das Salz in der Suppe für jeden Fußballfan. Bis zur letzten Sekunde glaubt der Fußballoptimist noch an den ersehnten Ausgleich, an den nicht mehr für möglich gehaltenen Siegtor-Jubel. Meistens bleibt er aus. Doch manchmal gibt es ihn. Und weil Fortuna 2017/18 dank eines Last-Minute-Geniestreichs aufgestiegen ist, der alle Fans in absolute Ekstase versetzte, kommt hier eine völlig beliebige Last-Minute-Top-Elf aus meiner Zeit mit Fortuna Düsseldorf – samt krönendem Abschluss.

13.04.1991: Thomas Allofs, 87. Minute, zum 2:1 bei Bayer 05 Uerdingen

03.03.2007: Denis Wolf, Nachspielzeit, zum 1:1 gegen Dynamo Dresden

19.05.2007: Andreas Lambertz, 90. Minute, zum 3:2 gegen Hamburger SV II

01.04.2009: Sebastian Heidinger, 88. Minute, zum 1:0 bei Bayern München II

03.08.2009: Andreas Lambertz, 120. Minute, zum 3:3 im Pokal gegen den HSV

04.11.2011: Ranisav Jovanović, Nachspielzeit, zum 2:1 gegen Dynamo Dresden

09.03.2014: Martin Latka, Nachspielzeit, zum 1:1 bei Dynamo Dresden

14.05.2017: Abdelhamid Sabiri (Eigentor), 88. Minute, zum 3:2 beim 1.FC Nürnberg

27.08.2017: Rouwen Hennings, 90. Minute, zum 2:1 beim SV Sandhausen

10.09.2017: Florian Neuhaus, 90. Minute, zum 3:2 gegen Union Berlin

28.04.2018: Rouwen Hennings, 90. Minute, zum 2:1 gegen Dynamo Dresden und damit zum Aufstieg in die Bundesliga

BONUSGRUND 7

Weil nach vielen Jahren endlich eine Japaner-Zange bei Fortuna funktioniert

Tausende Japaner leben in Düsseldorf, die Stadt ist eines der wichtigsten wirtschaftlichen Zentren für japanische Firmen in Europa. Schon seit Langem hofft das Umfeld der Fortuna, dass es auch mal zu einem starken japanischen Export zur Fortuna kommt. Doch bisher dribbelten die Okuderas, Takaharas oder Hasebes woanders in Deutschland. Und Fortunas Japan-Versuche mit Spielern wie Sanshiro Matsumoto, Genki Ōmae oder Kōzō Yūki gingen eher in die fußballerische Grütze.

Bis jetzt. Auch Takashi Usami, früherer Spieler von Bayern München und dem FC Augsburg, drohte in Düsseldorf ein wenig zum Flop zu werden. Immer wieder ließ er in der Hinrunde 2017/18 zwar sein Können aufblitzen, aber insgesamt wirkte er gehemmt, phlegmatisch, manchmal lustlos.

Dann kam in der Winterpause Genki Haraguchi. Der hatte sich bei Hertha BSC irgendwie ins Abseits geschossen. Und suchte in Düsseldorf sein Glück. Er wurde zum Glück für Fortuna – und für Takashi Usami. Immer wieder betonten Trainer und Team, dass Haraguchi zum Lebensgeistwecker für Usami wurde, die beiden zu den Witzbolden der eingeschworenen Truppe mutierten.

Die beiden japanischen Techniker hatten in der Rückrunde 2017/18 entscheidenden Anteil am Bundesligaaufstieg, wirbelten durch die gegnerischen Abwehrreihen, ihre Tore und Vorlagen machten den Unterschied zu all den anderen Zweitligateams, die sich Woche für Woche gegenseitig die Punkte klauten. Die Japaner-Zange verdrängte sogar Shootingstar und Publikumsliebling Benito Raman zeitweilig auf die Bank.

Während ich dieses Kapitel schreibe, ist noch unklar, wie es mit den beiden Japanern weitergeht. Usami gehört noch dem FC

Augsburg, Haraguchi weiter den Berlinern. Fortuna-Boss Robert Schäfer betont gebetsmühlenartig, dass man beide halten wolle, mit beiden Vereinen in Kontakt stehe. Die Fans hoffen inständig auf eine Weiterbeschäftigung.

Eine Festverpflichtung wäre ein großartiges Signal. Dafür, dass die Fortuna auch solche Spieler binden kann. Dafür, dass die Bundesliga ein erfolgreiches Abenteuer werden kann. Aber vor allem auch dafür, dass Japaner bei Fortuna ein Erfolgsmodell sein können. Japanische Fans, japanische Unternehmen, das alles passt wie die Faust aufs Auge zu Düsseldorf und zur Fortuna. Vielleicht haben Usami und Haraguchi ja einen Giganten geweckt.

BONUSGRUND 8

Weil Fortuna sich wahrscheinlich nie für die Champions League qualifiziert

Vor einigen Monaten habe ich ein großartiges Zitat zur Fußballwelt in der *Stuttgarter Zeitung* gelesen: »Das Drumherum ist eine Kloake. Das Spiel bleibt eine Schönheit.«[50] Genauso ist es. Die Fifa schleppt sich von einem Skandal zum nächsten – Korruption, Größenwahn, der Fußball hat sich längst ans große Geld verkauft. Großinvestoren aus Katar, Russland oder den USA werfen mit Millionen, fast Milliarden, um sich. Star-Spieler erpressen oder erstreiken ihre Transfers, beeinflusst von mafiaähnlichen Beratern, die im Millionengeschäft abkassieren, die Vereine auspressen wie eine Zitrone. Ganze Vereine hängen am Tropf dieser Maschinerie, teilweise verstrickt in Knebelverträge, häufig genauso schnell verrottet wie hochkatapultiert.

Offshore-Konten, Steuerhinterziehung, Schweigekartelle. Der Spitzenfußball hat schon lange nichts mehr mit dem Traum des kleinen Jungen zu tun, der auf der Straße kickt und abends mit dem

Ball im Arm einschläft. Der Spitzenfußball ist ein erbarmungsloses Business. Reiche Vereine werden immer reicher, verlieren jeden Kontakt zur Realität. Zum Breitensport. Zum Bolzplatz. Die Orte, für die der Fußball wirklich da sein sollte. Wo Kinder unbeschwert spielen. Wo sie Sozialkompetenz erlernen. Sich bewegen. Das ist wichtig. Der Spitzenfußball ist eine tolle Idee, solange er für die Menschen da ist. Das ist er nicht mehr. Er ist einfach nur noch ätzend.

Natürlich ist Fortuna Teil dieser Maschinerie. Längst sind wir Mitglied im Konzert des Geldes. Auch bei Fortuna gibt es inzwischen Millionen-Ablösen, wir können uns den Gesetzen des Marktes nicht entziehen.

Doch an manchen Stellen ist Fortuna zum Glück ein bodenständiger Verein geblieben. Und ich habe die Hoffnung nicht verloren, dass das so bleibt, solange sich Fortuna nie für die Champions League qualifiziert, dieses Symbol für alles, was ich verachte am Fußball. Ich möchte bei Fortuna keine Spieler sehen, die ihre Steuern in Paradiese verschieben, um von ihren horrenden Gehältern möglichst wenig abzugeben. Ich will keine Halbkriminellen, die nur nicht in den Knast müssen, weil sich kein Richter traut, ein gerechtes Urteil zu vollstrecken. Ich möchte keine zurechtgegelten Werbefiguren sehen, die sich in Verträge schreiben lassen, mit dem Privatchat durch die Gegend fliegen zu dürfen. Keine Millionensöldner, die zum nächsten Verein weiterziehen, weil sie da noch drei Millionen netto mehr verdienen.

Ich will Menschen sehen. Ich will Jungs, mit denen ich mich annähernd identifizieren kann. Ich will die Illusion aufrechterhalten bekommen, dass die Helden dort unten auf dem Platz nach dem Spiel mit ihrem Auto nach Hause fahren und nicht mit dem Hubschrauber geflogen werden. Wie bereits in diesem Buch erwähnt, würde ich unglaublich gerne einmal mit Fortuna im Europapokal auswärts unterwegs sein. Aber nicht auf Kosten der Werte, die im Fußball prägend sein sollten. Fair Play. Aufrichtigkeit. Toleranz.

Teamgeist. Bitte lieber Fußballgott, lass Fortuna noch möglichst lange für solche Werte stehen.

BONUSGRUND 9

Weil Fortuna ein Superausbildungszentrum für junge Innenverteidiger geworden ist

In den 90er-Jahren hatte Fortuna zum letzten Mal einen Innenverteidiger, der nach Ansicht aller Fortunen mindestens das Zeug zum Nationalspieler, wenn nicht gar zum Kapitän der DFB-Elf gehabt hätte: Karlo Werner Fußballgott. Nach der Jahrtausendwende dann mühten sich ziemlich lange eher mäßig überbegabte zentrale Abwehrspieler in Fortunas Deckungsverbund. Und ohne hier die Leistungen eines Hamza Çakır oder Oliver Barth schmälern zu wollen. Abgesehen von Jens Langeneke erreichte kein Fortuna-Verteidiger das Prädikat bundesligareif.

Doch in den vergangenen zehn Jahren lotsten die Fortuna-Manager plötzlich immer wieder Abwehrkanten nach Düsseldorf, die dann in die Beletage verschwanden. Zunächst den eleganten Bamba Anderson, der nach dem Zweitligaaufstieg die Arena verzückte und an der Seite von Langeneke derart reifte, dass er von Borussia Mönchengladbach und schließlich Eintracht Frankfurt abgeworben wurde. Dort wurde Anderson zum Bundesligakicker, machte mehr als 100 Spiele, viele Verletzungen kosteten ihn schließlich die Karriere.

Dann lockte die Fortuna Assani Lukimya-Mulongoti an den Rhein. Zwei Jahre lang kantete der gebürtige Kongolese alles aus dem Fortuna-Strafraum, was nicht freiwillig den Ball hergab. Das Resultat: Fortunas Bundesligaaufstieg, inklusive Tor von Lukimya im wichtigen letzten Saisonspiel gegen Duisburg. Lukimya zog nach dem Aufstieg weiter zu Werder Bremen, der zweite starke Fortuna-Innenverteidiger-Verlust in kurzer Zeit.

Der Nächste und vielleicht Beste im Bunde: Jonathan Tah. Wer den jungen, damals 18-Jährigen im Fortuna-Trikot spielen sah, dem musste klar sein, dass der Junge früher oder später nicht nur in der Bundesliga, sondern in der Nationalelf landen würde. Immer einen Gedanken schneller, einen Schritt schneller, ein Zweikampfverhalten wie ein erfahrener Recke. Leihspieler Tah ging zurück zum Stammverein Hamburger SV und von dort für 8 Millionen Euro zu Bayer Leverkusen.

Gibt es ein besseres Ausbildungszentrum in Deutschland? Denn das war ja noch lange nicht alles. Als Nächstes spielte Kevin Akpoguma in Düsseldorf vor. Bei seinem zweijährigen Engagement wurde er zunächst als Außenverteidiger verschenkt, wurde dann aber unter Friedhelm Funkel im Abwehrzentrum zum uneingeschränkten Stammspieler. Nach seiner schlimmen Verletzung hat er sich inzwischen auch in Hoffenheim zur festen Größe entwickelt. Der vierte starke Innenverteidiger in acht Jahren.

Und immer noch nicht alles. Aktuell hat die Fortuna gleich mehrere Abwehrspieler, die das Zeug für die Bundesliga haben. Allen voran Kaan Ayhan, der sicher seinen Weg gehen wird, wenn er fokussiert bleibt. Aber vor allem auch Robin Bormuth. Der kam 2013 von Darmstadt 98 zu Fortunas U19. Seitdem hat er alle Schritte gemacht. Über die zweite Mannschaft in den Profikader, von der Bank in die Startelf. Bei allen noch vorhandenen Defiziten hat Fortuna hier das nächste große Innenverteidigertalent. Der Vorteil: Diesmal gehört der Junge F95. Die Bundesliga kann er schließlich auch hier erobern.

BONUSGRUND 10

Weil Fortuna sich drei Mal auf die gleiche Weise blamieren kann

25. Oktober 1980: Bundesligist Fortuna Düsseldorf ist vor etwas mehr als 11.000 Zuschauern zu Gast bei 1860 München. Mit einem Sieg bei den abstiegsgefährdeten Münchnern könnte sich die Fortuna an diesem 11. Spieltag Richtung Tabellenmittelfeld absetzen. Und das gelingt in der Live-Tabelle schnell. Denn durch ein Tor von Amand Theis und einem Doppelpack von Klaus Allofs führt Fortuna nach 32 Minuten mit 3:0. Großartig.

Doch in der Halbzeitpause müssen die Düsseldorfer gedanklich schon auf der Rückfahrt sein. Denn in der zweiten Hälfte drehen die 60er die Partie. Angeführt von Dreifachtorschütze Rudi Völler zwingen die bayerischen Löwen den rheinischen Löwen noch in die Knie.

3:0 geführt, 3:4 verloren. Ein einmaliges Erlebnis für jeden Fußballklub.

Für Fortuna? Natürlich nicht.

Am 31. Mai 1991 spielt Fortuna zu Hause vor 11.000 Zuschauern gegen den VfL Bochum. F95 steht vor diesem 32. Spieltag auf Rang 9 der Bundesligatabelle – sogar noch mit latenten Chancen auf den Europapokal. Dementsprechend engagiert spielt die Fortuna den abstiegsbedrohten VfL zunächst an die Wand. Es gibt ein YouTube-Video davon. Jörn Andersen, Martin Spanring und Thomas Allofs schießen die Fortuna nach rund 30 Minuten mit 3:0 in Front. Was für ein schöner Freitagabend im Rheinstadion.

Von wegen. Denn Fortuna schafft es, diesen Sieg noch aus der Hand zu geben. Mehr noch. Fortuna liegt nach 69 Minuten plötzlich 3:4 hinten und verliert.

Na gut. Zweimal 3:0 geführt und 3:4 verloren. Das reicht dann aber für den Rest der Vereinsgeschichte. Hahaha.

Freitag, 23. Februar 2018. Fortuna setzt dramaturgisch noch einen drauf. Als Tabellenzweiter gastiert F95 vor knapp 11.000 Zuschauern bei Aufsteiger Jahn Regensburg. Nach 15 Minuten führt die Fortuna 3:0. Rouwen Hennings, Benito Raman und Takashi Usami haben den bemitleidenswerten Keeper Philipp Pentke gleich drei Mal überwunden. Kurze Zeit später vergibt Usami die Großchance zum vierten Treffer, Ayhan scheitert mit einem Traumschuss am Pfosten. Die Floskel »Den Gegner im Griff haben« passt selten so gut wie an diesem Abend.

Aber Fortuna kann bekanntlich alles. Angepeitscht von ihren Fans und aufgestachelt durch Fortunas Unfähigkeit in der Defensive, dreht der Jahn die Begegnung bis zur 65. Minute in ein 4:3. Fortuna wirft alles rein, hat sogar noch Chancen, kann das Ding aber nicht mehr ausgleichen.

Unfassbar. Fortuna hat es wirklich ein drittes Mal geschafft. Der 3:0-3:4-Hattrick sozusagen. Und ich kann nur jeden warnen. Wenn Fortuna mal wieder vor 11.000 Zuschauern spielt und 3:0 führt, geht einfach nach Hause, liebe Fortunen.

BONUSGRUND 11

Weil Adam Bodzek und Oliver Fink sich mit dem Aufstieg ein Denkmal gesetzt haben

Oliver Fink (2009) und Adam Bodzek (2010) kamen für insgesamt 250.000 Euro zur Fortuna. Zwei absolute Schnäppchen, wenn man sich anschaut, was sie hier in der Folge geleistet haben. Inzwischen haben beide gemeinsam mehr als 400 Pflichtspiele für die Fortuna gemacht – und sich mit dem Aufstieg 2018 endgültig ein Denkmal gesetzt.

Das Amüsante daran: Fink und Bodzek waren in ihrer Fortuna-Zeit schon zigfach abgeschrieben und kamen immer wieder zurück. Sowohl die Fans als auch mancher Ex-Trainer hielten die beiden Veteranen schon des Öfteren für zu alt, zu langsam, zu untalentiert, um noch mitzuhalten.

Und jetzt haben ausgerechnet die beiden – Bodzek inzwischen 32 Jahre alt, Fink sogar 35 – in der entscheidenden Saisonphase Fortuna Richtung Liga eins geführt. Wiederbelebt hat sie ausgerechnet ein anderer Alterspräsident: Friedhelm Funkel, ältester Coach der 2. Liga 2017/18. Er hat verstanden, dass es rund um die talentierten Jungspunde auch immer erfahrene Kräfte braucht. Zumal vor allem Fink fußballerisch über jeden Zweifel erhaben ist. Wie er in dieser Saison vor allem mit Rouwen Hennings harmonierte, damit gewann die Fortuna das ein oder andere Spiel.

Fink und Bodzek sind Fortuna auch nach dem Zweitligaabstieg treu geblieben, haben jahrelang Abstiegskampf in der 2. Liga ertragen. Jetzt geht es für sie noch einmal rauf. Ein letztes Karriere-Hurra. Das ist eine ganz spezielle Geschichte.

Oliver Fink war beim entscheidenden Aufstiegsspiel in Dresden verletzt, verbrachte die 90 glorreichen Minuten im Gästeblock. Hinterher sagte er: »Vom Platz bekommt man nur die Hälfte mit, was da in der Fankurve abgeht. Was die da an Emotionen reinpacken, ist sensationell.«[51] Und weiter: »Es ist ein besonderer Moment, aber ich brauche noch ein bisschen, um ihn zu begreifen. Das ist unser aller Aufstieg und das, was die Stadt Düsseldorf in diesem Jahr verdient hat.«[52] Und was Fink und Bodzek verdient haben.

Doch wie geht es weiter? Beide haben noch einen Vertrag bis 2019. Und dann greift das Zitat vom alten Fahrensmann Andreas »Lumpi« Lambertz, der direkt nach dem Dresden-Spiel sagte: »Ich freue mich für meine alten Kumpel. Dass Adam Bodzek mit 40, Michael Rensing mit 42 und Oliver Fink mit 45 noch Bundesliga spielen können, ist ja super.«[53] Hoffentlich wird das wahr.

Quellen

1 www.fortuna-duesseldorf.de/verein/struktur/mitgliedschaft/
2 www.bild.de/sport/fussball/fortuna-duesseldorf/fortuna-boss-an-herthas-stelle-wuerde-ich-mich-schaemen-24226780.bild.html#
3 www.faz.net/aktuell/sport/fussball/bundesliga/hoffenheim-maezen-hopp-microsoft-oder-google-wuerde-es-mit-dieser-denke-nie-geben-1540588.html
4 Bolten/Langer (2005, S. 341)
5 www.fortuna-duesseldorf.de/verein/historie/epochen/1933-1962
6 Bolten/Langer (2005)
7 Bolten/Langer (2005)
8 Bolten/Langer (2005)
9 Bolten/Langer (2005)
10 www.rheinische-geschichte.lvr.de/persoenlichkeiten/T/Seiten/ToniTurek.aspx
11 www.rheinische-geschichte.lvr.de/persoenlichkeiten/T/Seiten/ToniTurek.aspx
12 web.ard.de/special/helden1954/pages/2445.php
13 www.11freunde.de/interview/braunschweig-trainer-torsten-lieberknecht-im-interview
14 www.spiegel.de/sport/fussball/glaubensbekenntnis-holt-die-antidepressiva-raus-fortuna-spielt-a-474521.html
15 www.rp-online.de/sport/fussball/vereine/fortuna/fortuna-bestraft-grosse-sprueche-1.1124688
16 Grüne (1996)
17 Grüne (1996)
18 Bolten/Langer (2005)
19 Bolten/Langer (2005)
20 Grüne (1996)
21 www.express.de/fortuna-duesseldorf/-walk-of-fame--denkmal-fuer-fortuna-held-klaus-allofs,3292,23077988.html
22 Daten: weltfussball.de, fussballdaten.de und transfermarkt.de
23 www.wz-newsline.de/lokales/duesseldorf/sport/fortuna-duesseldorf/fangesang-geschichte-deutscher-meister-33-nur-damit-es-jeder-weiss-1.955299
24 www.rsssf.com/tablesc/ciutatdepalma.html#89
25 Daten von weltfussball.de, fussballdaten.de, transfermarkt.de
26 www.kicker.de/news/fussball/bundesliga/startseite/571870/artikel_meier_you-know-what-auskotzen-means.html
27 www.spiegel.de/fotostrecke/bundesliga-sprueche-fotostrecke-96848-11.html
28 www.express.de/fortuna-duesseldorf/grund-fuer-vertragsverlaengerung-dauerbrenner-lumpi--in-46er-pumps-bis-2014, 3292,11234506.html
29 www.express.de/fortuna-duesseldorf/fortuna-coach-meier-gut-gelaunt-nach-muenchen,3292,22038606.html
30 www.welt.de/nrw/article991237/Ein-Spruecheklopfer-als-Ueberlebenskuenstler.html
31 waz.m.derwesten.de/dw/incoming/als-pele-vor-50-jahren-die-fortuna-schwindelig-spielte-id361229.html?service=mobile
32 waz.m.derwesten.de/dw/incoming/als-pele-vor-50-jahren-die-fort-

una-schwindelig-spielte-id361229.html?service=mobile

33 www.express.de/fortuna-duesseldorf/haeme-fuer-voronin-meier---er-soll-sich-in-den-keller-setzen-und-den-kanal-vollhauen-,3292,20885008.html

34 www.express.de/fortuna-duesseldorf/triumph-mit-fortuna-meier---unser-erfolg-ist-nicht-vom-baum-gefallen-,3292, 11272824.html

35 www.express.de/fortuna-duesseldorf/grund-fuer-vertragsverlaengerung-dauerbrenner-lumpi--in-46er-pumps-bis-2014,3292, 11234506.html

36 50jahre.bundesliga.de/de/kurioses/0000248466.php

37 www.wz-newsline.de/lokales/duesseldorf/sport/fortuna-duesseldorf/der-f95-jahresrueckblick-von-sahne-toren-skippy-und-einem-ueberflieger-1.1193877

38 50jahre.bundesliga.de/de/kurioses/0000248466.php

39 www.express.de/fortuna-duesseldorf/1-1-in-bochum-erkaempft-serie-haelt--auf-oldie-roesler-ist-verlass, 3292,11291174.html

40 Dieser Beitrag beruht neben eigenen Recherchen insbesondere auf den Inhalten aus Bolten/Langer (2005) und dem WDR-Zeitzeichen zum 27. November 1886

41 www.spiegel.de/sport/fussball/fussball-niederungen-tradition-in-truemmern-a-260317.html

42 www.spiegel.de/sport/fussball/fussball-niederungen-tradition-in-truemmern-a-260317.html

43 Biermann, Christoph (1995)

44 www.spiegel.de/sport/fussball/glaubensbekenntnis-holt-die-antidepressiva-raus-fortuna-spielt-a-474521.html

45 www.kicker.de/news/fussball/bundesliga/startseite/720211/artikel_rummenigge_ich-habe-mich-von-der-dfl-geistig-verabschiedet.html

46 www.spiegel.de/sport/fussball/50-1-regel-reaktionen-der-bundesliga-klubs-a-1199413.html

47 Interview bei Sky nach dem Spiel

48 www.wz.de/lokales/duesseldorf/sport/fortuna-duesseldorf/fortuna-macht-gegen-dresden-den-aufstieg-perfekt-die-stimmen-zum-spiel-1.2671192

49 rp-online.de/sport/fussball/fortuna/reaktionen-zu-fortunas-aufstieg-2018_iid-21628805#6

50 Stuttgarter Zeitung, 27.11.2017, Seite 21.

51 www.wz.de/lokales/duesseldorf/sport/fortuna-duesseldorf/fortuna-macht-gegen-dresden-den-aufstieg-perfekt-die-stimmen-zum-spiel-1.2671192

52 www.f95.de/aktuell/news/profis/detail/22203-das-ist-unser-aller-aufstieg/u19-junioren/aa4b719c53e-02f6ec0c6351aefdccc40/1/

53 www.wz.de/lokales/duesseldorf/sport/fortuna-duesseldorf/fortuna-macht-gegen-dresden-den-aufstieg-perfekt-die-stimmen-zum-spiel-1.2671192

Literatur

Biermann, Christoph (1995): Wenn du am Spieltag beerdigt wirst, kann ich leider nicht kommen. Die Welt der Fußballfans

Bolten, Michael/Langer, Marco (2005): Alles andere ist nur Fußball Die Geschichte von Fortuna Düsseldorf

Grüne, Hardy (1996): Enzyklopädie des deutschen Ligafußballs 1. Vom Kronprinzen bis zur Bundesliga 1890 bis 1963

Und alles, was wir so über all die Jahre gelesen haben, aus dem Miniaturversatzstücke für unser Fortuna-Wissen stammen!

Websites

11freunde.de • 95erforum.de • bild.de • bundesliga.de • derwesten.de • express.de • faz.net • fernsehgelder.de • f95.de • fussballdaten.de • kicker.de • rheinische-geschichte.lvr.de • rp-online.de • rsssf.com • spiegel.de • transfermarkt.de • web.ard.de • welt.de • weltfussball.de • wz-newsline.de

Wer schrieb was?

Folgende Gründe stammen aus der Feder von Jens Wangenheim: 7, 40, 41, 42, 43, 44, 45, 48, 50, 52, 64, 84, 92, 93, 98, dazu die Zitate aus Grund 11.

Danke!

Wir bedanken uns sehr bei unserem Verlag Schwarzkopf & Schwarzkopf und bei unserem Agenten Martin Brinkmann – für das in uns gesetzte Vertrauen und die Geduld.

Wir sind sehr dankbar für alle Gastbeiträge, insbesondere danken wir Carsten Koslowski und dem überragenden Jonas Zimmer, dessen Comic zur Deutschen Meisterschaft 1933 hier zum ersten Mal erscheint und einfach genial geworden ist.

Danke auch an den einzigartigen Oliver Bendt, SH73, Björn Weigle und Fortunas Fanbeauftragten Dominik Hoffmeyer.

Ein fortunistischer Dank geht ebenso an all jene, die in unzähligen Gesprächen zum Wissensschatz dieses Werks beigetragen haben.

Und zu guter Letzt bedanken wir uns bei unserer launischen Diva F95, ohne die dieses Buch natürlich nie möglich gewesen wäre.

DIE AUTOREN

NIKO HINZ UND JENS WANGENHEIM, beide 1985 in Düsseldorf geboren, Berufsschreiberlinge, sind Fortuna-Fans qua Geburt. Sozialisiert durch zahllose Abstiege und Aufstiege, denken und träumen sie in Rot-Weiß. Dauerkarten auf der Südtribüne, Mitgliedschaftsausweis immer im Portemonnaie – Pflicht für die beiden Chef-Chronisten der jüngeren Fortuna-Geschichte.

Niko Hinz & Jens Wangenheim
111 GRÜNDE, FORTUNA DÜSSELDORF ZU LIEBEN
Eine Liebeserklärung an den großartigsten Fußballverein der Welt
Aktualisierte und erweiterte Neuausgabe mit elf Bonusgründen

ISBN 978-3-86265-731-5

ZWÖLFTER MANN – Das Programm für Fußballfans von Schwarzkopf & Schwarzkopf | Die Reihe ZWÖLFTER MANN wird von Martin Brinkmann und Oliver Schwarzkopf herausgegeben | Aktualisierte und erweiterte Neuausgabe |

VERLAG
Schwarzkopf & Schwarzkopf Verlag GmbH
Kastanienallee 32, 10435 Berlin
Telefon: 030 – 44 33 63 00
Fax: 030 – 44 33 63 044

INTERNET | E-MAIL
www.zwoelftermann.de
www.schwarzkopf-schwarzkopf.de
www.facebook.com/schwarzkopfverlag
info@schwarzkopf-schwarzkopf.de